인생 멘토링

SELF MATTERS
by Phillip C. McGraw

Copyright © 2001 by Phillip C. McGraw
All Rights Reserved.

Korean translation copyright © 2009 by Chungrim Publishing
This Korean edition is published by arrangement with the original publisher,
Free Press, a Division of Simon & Schuster, Inc., New York
through Korea Copyright Center, Seoul.

이 책의 한국어판 저작권은 한국저작권센터(KCC)를 통해 저작권자와 독점 계약을 맺은
청림출판에 있습니다.
저작권법에 의해 한국 내에서 보호를 받는 저작물이므로 무단 전재와 복제를 금합니다.

오프라 윈프리의 상담 코치 필립 맥그로의 특별한 인생 상담

인생 멘토링

필립 맥그로 지음 | 장석훈 옮김

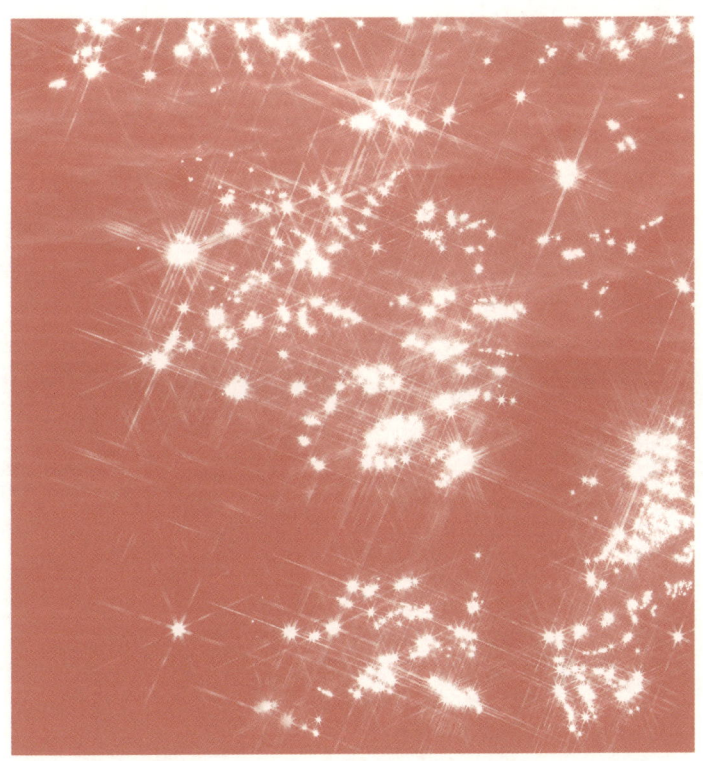

청림출판

한 그루의 나무가 모여 푸른 숲을 이루듯이
청림의 책들은 삶을 풍요롭게 합니다.

프롤로그

지금 나는 원하는 삶을
살고 있는가

태양이 황량한 주차장에 서 있는 한 청년을 사정없이 내리쬐고 있었다. 오후가 되면서 태양의 열기로 인해 숨이 막힐 듯했고, 검은 아스팔트가 끈적거리며 녹고 있었다. 뜨거운 기운이 그의 얼굴에 훅 끼쳤다. 그가 마을 외곽에 있지 않거나 반드시 교환원을 통해 전화를 해야 하는 상황이 아니라면 그는 공중전화를 사용하기 위해 거기 서 있을 이유가 전혀 없었다.

지난 몇 년 동안 그는 여러 차례 자신의 집에 전화를 한 적이 있다. 하지만 이번 통화의 목적은 전혀 달랐다. 이번에 그는 교환원에게 어떤 남자의 전화가 아닌 '의사 선생님doctor'으로부터의 전화라는 것을 분명히 밝혀 달라고 요청했다. 아버지가 수화기를 들었을 때 교환원이 자신의 이름 앞에 의사라는 말을 붙이는 것을 듣고 있자니 기분이 묘했다. 그것은 의사 아들이 의사 아버지에게 거는 전화였다. 그 통화가 이루어지기까지 얼마나 길고도 험난한 과정을 거쳐야 했던가.

정확히 11년이라는 시간이 걸렸다. 읽고 연구한 책의 분량으로 따지면 수만 쪽을 읽어 낸 시간이며, 그 많은 시험을 준비하기 위해 수많은 밤을 지새웠던 시간이다.

하지만 그는 이렇게 버텨냈다. 학과 교수들은 그의 최종 이수 과정 내용에 한 장씩 서명을 하고 그 과정에서 최고 점수를 얻은 그를 축하했다. 의사라! 정말 대단하지 않은가. 그는 자신의 아버지가 얼마나 자랑스러워할지를 알고 있었다. 이 전화로 말미암아 아버지는 당신의 꿈을 실현하는 길에 한층 더 가까워질 것이다. 아버지와 아들, 의사 부자가 나란히 진료하는 꿈 말이다.

사실 그의 집안은 초라하고 별 볼일 없는 집안이었다. 그와 그의 아버지는 친가와 외가를 통틀어 유일한 박사 학위자일 뿐 아니라 유일하게 대학에 진학한 사람이기도 했다. 따라서 전화를 하는 지금 이 순간은 참으로 감격적이지 않을 수 없었다. 긴 여행은 여기서 끝났다. 승리는 이미 주어졌고, 부모와 가족들은 그를 매우 자랑스러워할 것이다.

이제 모든 준비가 갖춰졌다. 이제 그를 기다리는 것은 개업의로 화려하게 데뷔하는 것이었다. 그가 정력과 영감을 쏟아붓기만 하면 크게 번창할 준비가 다 된 것이다. 그와 그의 아내는 더 이상 돈에 연연하면서 살 필요가 없고 중고차를 몰고 다닐 필요도 없었다.

무엇보다 젊은 의사는 남을 도울 수 있다는 데 마음이 끌렸다.

이제 바로 그러한 일을 할 수 있는 기회가 주어진 것이다. 이 모든 것이 잘못될 이유가 하나도 없었다. 그렇지 않은가?

그는 자신이 느끼는 미묘한 기분이 그저 기우일 뿐이고 크게 성가신 일은 없을 거라고 생각했다. 그는 자신의 일에 충실할 수 있는 능력을 갖고 있으며, 목표로 삼을 만한 일이 있고, 젊음과 용기로 뭉친 순수한 열정을 갖고 있으니 무슨 일이든 할 준비가 되어 있었다. 물론 의심도 생기고, 막 나선 길에 대한 막연한 불안감도 있었다. 모든 것이 제대로 진행되고 있는 것인가 하는 불길한 생각도 들었다. 하지만 그는 많은 사람들이 그를 자랑스럽게 생각하도록 만들 참이었다.

그로부터 10년 후…….

10년의 세월 동안 수천 명의 환자를 치료한, 더 이상 젊지도 어수룩하지도 않고, 세상 물정 모르는 의사가 아닌 그와 그의 아내는 많은 사람들이 바쁘게 오가는 도시 한가운데 위치한 공항에서 자신의 고객이 내준 전용기에서 내리고 있다. 10월의 상쾌하고 화창한 일요일 오후였다.

그의 의술에 대한 소문은 미국 전역에 널리 퍼져 있었다. 그는 자신의 분야에서 최고였다. 그가 알고 있는 몇 가지 기준에서 보면 그건 분명 성공한 삶이었다. 안정된 삶은 말할 것도 없고, 집과 차도 최고급이었다. 아이들도 두 명이나 되고, 결혼생활도 화목했다. 그에게는 부족한 것이 없었다.

그런데 10년 전 뜨거운 햇볕이 내리쬐는 외딴 주차장의 공중전화 앞에 서서 아버지에게 전화했던 것과 비교할 때 왜 더 떳떳한 느낌이 들지 않는 것일까? 10년 전 자신의 길을 가겠다고 선언했던 것이 그의 뇌리를 떠나지 않았다. 그는 이따금 그 말을 하지 말았어야 했다는 생각이 들었다.

진실을 감출 수 없었던 뼈아픈 순간들이 있었다. 특히 그가 일에 지쳤거나 혹은 흔하지는 않지만 한가할 때 그 순간들은 더욱 견디기 어렵게 다가왔다. 그는 그러한 순간들이 두려웠다. 그를 조롱하는 내면의 목소리를 듣는다는 것은 괴로운 일이었다.

'만약 내가 이 일을 돈 때문에 하고 있다면, 그리고 마지못해 하고 있는 것이라면 나는 뿌리를 내리지 못한 것이다. 나는 결코 내 영혼까지 팔아넘기지 않을 것이며, 열정 없이 살지도 않을 것이다. 안정된 삶이 보장되어 있으며 손쉽다고 해서 일을 벌이지도 않을 것이다.'라고 스스로와 했던 약속이 그의 양심을 깨운다.

그는 그렇게 되지 않겠다고 맹세했지만 결국 돈과 생활에 자신을 팔아넘겼다는 것을 알고 있다. 자신의 삶을 적극적으로 이끌어 가는 것이 아니라 그것에 발목이 잡힌 형국이 되었다. 그의 마음은 열정, 희망, 낙관, 에너지가 무엇인지를 기억하고 있다. 그 마음은 때때로 잔혹하고 무감각한 세상이 요구하는 역할에 굴복하는 것을 거부했다. 자신이 생각하는 스스로의 모습은 자신이 정말 하고 싶어하는 게임을 하도록 만들고 있다. 그것은 다른 어느 누구도 아닌 바로 자신에게 의미가 있는 게임이다. 그것은 무엇이 진짜인지를 안다. 하지만 아직 침묵 속에 놓여 있다.

분명한 사실은 그는 아직 그가 원하는 혹은 그가 선택한 삶을 살지 못하고 있다는 것이다. 그는 많은 사람들을 만족시키는 삶을 살고 있긴 하다. 정작 그 자신을 제외한 거의 모든 것이 뜻대로 되어 가고 있었다.

그는 그의 아버지가 의사라는 이유로 의사의 길을 걷고 있지만 자신의 삶이 편하다고 생각하지 않았다. 그는 자신의 일을 하기 위해 용기를 내야 했다. 모든 것이 따분하기 그지없었다. 거기에는 열정도 설렘도 없다. 그는 자신의 진정한 꿈을 일부러 외면하고 있다. 하지만 그러면 그럴수록 그 꿈은 더 강해졌다.

그는 자신이 가진 것을 모두 버리고 뭔가 변화를 취하고, 진정한 열정을 발휘할 수 있는 일을 추구하는 것이 아무런 문제도 없다는 것을 알고 있다. 하지만 그에게는 아내와 아이들이라는 어깨에 지워진 책임이 있다. 자신의 꿈을 좇는다는 이유로 어떻게 그들에게 친구와 학교와 기존의 생활을 포기하라고 말할 수 있겠는가?

그는 자신이 정말 이 문제 때문에 주저하는 것인지, 아니면 본인이 두렵기 때문에 망설이는 것인지 확신하지 못하고 있다. 아마 그는 한 가지 재주밖에 부릴 줄 모르는 조랑말인지도 모른다. 아니면 그에게 재능이라고는 전혀 없는지도 모른다. 그도 아니면 그의 운은 거기까지이기 때문에 다른 일에서는 성공할 수 없는 것인지도 모른다. 그는 과거와는 달리 자신에게서 어떤 확신을 발견하지 못한 것인지도 모른다. 또는 한때는 날카롭고 확연했던 그 확신이 지금은 무뎌지고 흐트러진 것일지도 모른다.

그는 아내와 함께 차를 몰고 모든 것이 제대로 돌아가는 이 마을을 가로지르고 있다. 그는 이번만큼은 자신을 거역해 보겠다고, 자신의 감정에서 우러나는 대로 진실을 말하겠다고 결심했다.

"결국 나는 여기서 미친 바보가 되어 갈 것 같소. 당신에게 이런 말을 하기는 싫은데 내 인생의 많은 부분이 잘못되어 있소. 내 자신이 벗어날 수 없는 수렁에 깊이 빠져드는 것을 참을 수 없소. 지금 내가 하고 있는 일도 싫소. 이 일을 시작할 때부터 싫었소. 나는 10년 전 바로 이 주차장에 서서 아버지에게 전화를 했고 그때 이미 알고 있었소. 이 황량한 마을에 들어와서 이처럼 쓸쓸한 일을 하기는 싫다는 것을 말이오. 많은 시간을 허비하고 난 지금, 나는 내가 싫어하는 삶의 족쇄를 차게 된 것이오.

나는 내가 원하는 것이 아닌, 사람들이 내게 원하는 것을 위해 내 인생을 바쳤소. 나는 내가 하는 일에 아무런 흥미도 느끼지 못하고 있소. 나는 마지못해 그 일을 할 뿐이고 그렇게 하는 것도 이제 하루하루가 힘들기만 하오. 뭔가 내 인생에서 짜릿한 흥분을 맛보고 싶은데 현실은 전혀 그렇지 못하오.

나는 당신과 아이들을 속이고 있소. 지금의 나는 본연의 내 자신이 아니오. 아, 숨이 막힐 것 같군. 나는 이제 마흔이오. 내 인생의 10년을 허비해 버렸소. 돌이키려야 돌이킬 수도 없게 되었소. 안락한 삶을 망가뜨리고 싶진 않지만 이렇게 된 것이 참을 수 없을 지경이오. 내가 뭔가를 어떻게 할 수 있다면 이 모든 것을 다 던져 버리고 내가 원하는 곳에서 원하는 일을 할 것이오. 미안하지만 그게 진심이오. 당신에게 이런 소리를 해서 미안하오. 하지만 나는 여기서 내 삶의 원기를 소진하고 있는 느낌이오. 누굴 탓하겠소? 모두 다 내 잘못이고 나를 주장할 배짱이 없어서 이렇게 된 건데 말이오. 참으로 어리석은 일이 아닐 수 없소."

나는 그가 차에서 나눈 이야기며 그가 그때 어떤 심정이었는지를 시시콜콜히 알고 있다. 그 차 안에 있었던 사람은 바로 나이기 때문이다. 고백과도 같은 이 이야기는 바로 나의 이야기다. 1979년 주차장에 서 있던 남자는 바로 나였다. 그리고 1989년 아내 로빈과 함께 러브필드에서 차를 몰고 나온 사람도 나였다.

그 10년의 세월 동안 나는 뒤죽박죽인 인생을 살아왔다. 내가 살아온 모습과 내가 선택했던 것들은 나 자신의 참모습과는 정반대였다. 나는 내가 온 마음을 다할 수 없는 일을 하고 있었고, 내가 진정으로 하고 싶은 일을 하지 못하고 있었다.

문제는 내가 하고 있는 모든 일이 내 기대와는 무관하게 다른 사람의 기대감을 충족시키고 기쁘게 만들기 위한 것이라는 사실이었다. 비참하기 그지없었다.

만약 사람들이 내게 이런 질문을 한다고 하자. "이것이 당신이 원하는 삶인가요?", "이것이 당신이 원하던 일인가요?", "당신은 자신의 삶의 목표를 충족시키고 있나요?" 나는 다른 대답을 할 도리가 없을 것이다. "아뇨, 전혀 그렇지 않습니다."

나는 내가 원하지 않는 삶을 살고 있었고 내 인생이 꼬여 있다는 것을 알고 있었다. 하지만 지난 10년 동안 나는 그것을 어떻게든 수습해 보려고 하지 않았다. 다른 사람을 실망시키는 것보다 그대로 있는 것이 훨씬 편했기 때문이다. 어디를 가든 늘 나를 따라다녔던 무기력증을 하소연하지도 않고, 나를 성가시게 만드는 것을 근본적으로 제거할 생각도 하지 않고, 그저 현상을 유지하기만 했다. 누가 봐도 어리석은 행동이었지만 사실이 그랬다.

마치 가까이 지내던 친구가 알고 보니 적인 것처럼 나는 나 자신을 무시한 채 내가 원하지 않는 사람들과 목적을 위해 살아왔다. 그것은 허구적인 대리 인생이었다. 나 자신의 삶과 경험은 그저 기만과 허상에 지나지 않았다.

열정을 가질 수 있었다면 아무런 문제가 없었을, 내가 행한 많은 것들이 마치 개가 하늘을 날려고 하는 것처럼 어색하고 부자연스러웠다. 즐거움도 설렘도 없었다.

나는 하루 일을 마치면서 "오늘 정말 멋지게 일했어. 기분이 좋군."이라고 말해 본 적이 없었다. 나는 거울을 보면서 바로 그 기분을 느끼기를 바랐다. 내가 어딘가에 속해서 어떤 목적을 향해 가고 있다는 느낌을 간절히 원했다.

나는 누구의 인생을 살고 있는가

마침내 나는 내 인생에서 내 것이 아니었던 부분을 완전히 다시 설계하고 새로운 삶을 만들어 나갈 수 있었다. 일단 이런 헛된 인생을 사는 것을 멈추고 내 자신의 목소리와 바람에 귀를 기울이자 삶에 대한 느낌이 변하기 시작했다. 지난 10년의 시간을 되돌릴 수는 없지만 나는 그 10년의 시간을 통해 내 삶의 진정한 주인이 되어 가고 있다. 이전의 힘들었던 시간들은 하루가 다르게 희미한 옛 기억으로 변하고 있다.

이제 나는 여러분에게 내가 어떻게 그렇게 할 수 있었는지를 이야기하고자 한다.

지난 시간 동안 내가 살아온 삶에 스며 있었던 고통과 허무를 나는 결코 잊지 못할 것이며 그러고 싶지도 않다. 그처럼 외진 곳에서 10년을 보내고 나서 나는 스스로가 다시는 그곳에 돌아가지 않을 것임을 알았다.

만약 당신이 오랫동안 어리석기 짝이 없는 일을 해오다가 어느 날 그 일을 그만두고 다른 일을 하게 된다면 그 느낌이 어떤 것인지 알 수 있을 것이다.

과거를 돌아보면서 당신은 이렇게 말할 것이다.

"오, 하느님! 제가 왜 그렇게 어리석었을까요? 참으로 많은 시간을 허비했습니다."

나는 그러한 심정이 어떤 것인지 안다. 소용없는 짓을 몇 번이나 되풀이하다 마침내 제대로 된 방법을 찾은 적이 있기 때문이다. 내가 10년간 몸에 익숙해진 나의 삶을 전부 청산하고 새롭게 시작할 때 어떤 기분이었을지 상상할 수 있을 것이다. 나는 아주 커다란 안도감을 느꼈다.

만약 여러분이 그와 같은 처지에 놓여 있다면 거기서 빠져 나오기를 바란다. 너무 두려워할 필요는 없다. 결혼생활이나 가족들을 모두 팽개치라는 것은 아니니까 말이다. 자기에게 맞지 않는 인생을 산다는 것은 자신이 처해 있는 공간, 일, 심지어는 자신과 삶을 공유하고 있는 사람과도 겉돌게 마련이다. 중요한 것은 다른 사람의 것이 아닌 나만의 방식으로 내 일을 하는 것이며 그것이 가장 큰 차이점이다.

다음의 질문에 답해 보자.

"당신에게 아주 만족스럽고 신나는 삶을 살 수 있는 기회가 왔는데 당신이 그것을 알아차리지 못해서 넘어가 버리거나 아니면 알아차렸는데도 그냥 기존의 삶에 머무는 것이 과연 가능한 일일까? 당신은 자신을 완전히 드러내고자 하는 욕구가 강한 사람인데 그 강한 개성을 포기하고 자신을 책임이라는 덫에 옭아매고 틀에 박힌 삶을 지속할 것인가?"

위의 질문은 앞으로 이 책을 읽을 당신을 준비시키기 위해 의도적으로 해본 것들이다. 위의 두 가지 질문에 대해 여러 유보 조항이 따르는 "그렇다."라는 대답이 나올 것이다. 나의 이런 생각이 맞다면 당신의 자아개념에는 문제가 있는 것이고 자신뿐만 아니라, 자식들과 배우자 등 당신 인생 속에 존재하는 모든 사람들을 기만하고 있는 것이다.

나도 과거에는 그러했다. 더 읽어 가면서 나의 이런 말이 옳은지 확인해 보도록 하자. 내 말이 맞다고 해서 절망할 필요는 없다. 나는 이 책을 지금 읽는 당신만큼은 나처럼 10년을 허비하지 않도록 안내할 것이다. 이제 우리는 환한 빛을 비추어 삶을 풍성하게 만들 준비가 되었다.

이 책은 어떻게 자기주도적인 삶을 살 수 있는가를 직접적이고 일상적인 언어로 표현한, 평범한 진리를 담은 책이다. 여기서 자기주도적인 삶이란 내가 '참된 자아authentic self'라고 부르는 것을 당신이 되찾음으로써 얻게 되는 삶을 말한다.

참된 자아라는 말을 통해 내가 이야기하고자 하는 바를 알고 싶다면 당신의 인생이 절정기를 맞이했던 때로 한번 돌아가 보면 된다. 당신의 인생에서 더할 나위 없이 행복했던 시절이자 가장 충만하고 가장 진실했던 순간 말이다. 그 한가운데 있는 자신을 돌이켜 보는 것이다.

그때 당신의 삶은 에너지와 열정으로 가득 차 있었고 동시에 내면이 아주 고요했다. 당신은 아마도 자신이 함께하고 싶은 사람들과 하고 싶은 일을 하면서 자신이 있어야 할 곳에 제대로 존재한다고 느꼈을 것이다. 직장생활을 하고 있었다면 일은 고된 노동이 아니라 즐거운 놀이였을 것이다. 스스로에 대한 믿음으로 충만했던 시기였기에 자신의 가치가 무엇인지도 주저 없이 말할 수 있었다.

매사가 즐겁고 다른 사람이 어떻게 생각하는지는 아랑곳하지 않았다. 두려움이라든가 불안함이라든가 자신에 대한 회의가 끼어들 여지가 없었다. 인생의 모든 부분이 조화를 이루고 있었다. 오직 현재에 살고 있었으며 또한 미래도 현재와 같이 흥미롭고 재미있을 것이라는 기대와 낙관적인 전망을 갖고 있었다. 삶은 생기와 아름다운 색깔로 가득 차 있었다.

당신의 삶은 당신이 아는 한 가장 흥미로운 것이었으며 그 삶이 어떻게 변할 것인가를 굳이 지켜볼 필요가 없었다. 거기서 무엇보다 중요했던 것은 자신의 자아를 있는 그대로 받아들이는 것이었다. 그 결과 당신은 방탄벽을 친 것처럼 다른 사람의 판단에 의해 좌우되지 않을 수 있었다. 자신에 대해 매우 긍정적이고 굳은 의지를 가지고 있으며 자기 통제가 가능한 사람이었기에 다른 사람들이 어떻게 생각하든 전혀 개의치 않았다. 중요한 것은 자기 자신이었다. 이기적인 차원이 아닌 자신감의 차원에서 그러했다.

누가 얘기해주지 않아도 당신은 자신에 대해 자부심을 느끼고 있었으며 자신감과 자기 확신을 갖고 살았다. 미래가 어떻게 될지 알 수 없었지만 그것을 감당할 수 있다는 자신감을 갖고 있었다.

이렇게 자신을 인정한다는 것은 삶에서 가장 행복한 시기가 시작될 토대가 마련됐다는 뜻이며 그것은 인생이라는 기차를 끌고 가는 엔진과도 같은 것이다. 이와 같이 참된 자아를 다시 찾는 작업은 세상이 자신을 변질시키기 전의 참된 자아로 돌아가는 길을 찾기 위한 것이고 이런 과정은 내면에서부터 우러나오는 것이다.

이 책은 다른 누가 아닌 바로 당신에 관한 책이다. 이 책은 당신으로 하여금 무슨 일인가에 열정을 갖도록 하기 위한 것이며, 또한 타인이 아닌 당신에게 진정 중요한 것으로 삶을 채우기 위해 쓰였다. 나는 당신이 현실에서 겪는 모든 경험을 다룰 것이다. 그것은 당신이 인생에서 느끼고 싶은 것을 느끼고, 원하는 것을 하고, 정말 할 필요가 있는 것을 하도록 돕겠다는 뜻이다.

그것은 자신의 모습과 일에 있어서 스스로를 존중할 수 있는 삶을 살도록 만들기 위한 것이기도 하다. 또한 자신을 돌아볼 수 있게 하는 것이고 그저 겉으로 잘 살기 위해 자신에게 중요한 것을 희생할 수 없음을 의미한다.

   그리고 "중요한 게 뭐지?", "왜 내가 이런 것들을 하고 있을까?", "삶은 고단하기만 하고 나는 이렇게 살다가 죽겠지."라고 말한다는 것은 건전한 삶의 태도가 아니라는 것을 충분히 인식하고 살아간다는 것을 의미한다. 만약 스스로가 생각하고 행하고 느끼는 모든 것에 관여하고 자신뿐 아니라 주변의 모든 사람을 위한 가치를 만들어 내고 싶다면 당신은 제대로 길을 찾은 것이다.

필립 맥그로

CONTENTS

프롤로그 _ 지금 나는 원하는 삶을 살고 있는가 • 5

1장 | 자기주도적인 삶을 살고 있는가

1. 인생의 가장 좋은 시절은 아직 지나가지 않았다 • 25
인생에서 가장 소중한 것을 포기하지는 않았는가 • 31
지금 내 모습은 나를 위한 것인가 • 38

2. 만약 다른 식으로 살 수 있다면 • 42
불행하고 외로운 삶을 이어가고 있지는 않은가 • 45
나는 지금보다 훨씬 더 잘될 수 있다 • 50
용기를 내라, 나를 가두어 두지 마라! • 59

3. 한 번뿐인 내 인생 남에게 맡기지 말자 • 62
나는 세상과 어떤 식으로 관계를 맺는가 • 65
나는 내 인생에서 스타가 될 수 있다 • 70

2장 | 지금의 나를 만든 것은 무엇인가

4. 나를 둘러싼 모든 것들 • 77
　자기 자신만 느끼는 마음의 상처 • 81
　나를 삶의 사슬에 꽁꽁 묶은 장본인은 바로 나다 • 83

5. 삶을 변화시키는 결정적 사건들 • 87
　몇 가지 사건들이 내 인생의 요약본이다 • 95
　내 인생의 결정적 사건은 무엇인가 • 103

6. 내 인생을 바꾼 일곱 가지 선택 • 114
　인생은 선택의 연속이다 • 116
　선택의 기준은 무엇인가 • 121
　왜 스스로 선택해야 하는가 • 129
　특별한 선택이 낳은 결과 • 133

7. 나를 비춰주는 거울 같은 사람들 • 141
　미처 몰랐던 가능성을 열어준 사람들 • 150
　그들은 내게 어떤 영향을 미쳤는가 • 152
　나는 내 인생의 중심인물인가 • 156

3장 | 나 자신과 대면하라

8. 내 안의 나를 찾아라 • 161
　내가 어떻게 반응하느냐가 중요하다 • 168

9. 나도 모르던 나를 발견하라 • 172
　건강 통제위치 검사 • 173
　자아 통제위치 검사 • 175
　통제위치에 따라 무엇이 달라지는가 • 177
　잘되고 못 되고는 나하기에 달렸다고 생각하는가 • 183
　잘되고 못 되고는 환경에 달렸다고 생각하는가 • 184
　잘되고 못 되고는 운에 따라 결정된다고 생각하는가 • 185
　나의 실제 모습은 어떠한가 • 190
　변화의 빗장은 안에서만 열 수 있다 • 194

10. 나에게 상처줄 수 있는 사람은 오직 나뿐이다 • 200
　나는 어떤 프레임 안에 갇혀 있는가 • 202
　나는 나 자신과 어떤 대화를 나누는가 • 206
　부정적인 생각이 부정적인 인생을 만든다 • 211
　내 마음은 온갖 쓰레기로 가득하지 않은가 • 218
　왜 부정적인 생각에 더 끌릴까 • 219
　긍정적인 자기 암시가 잘되는 나를 만든다 • 223

11. 나는 정해진 꼬리표대로 살고 있지 않은가 • 232
　　잘되라고 한 말이 평생 남는 꼬리표가 되는 경우 • 239
　　그저 정해진 꼬리표에 따라 살고 있는 것은 아닌가 • 241

12. 이제 내 인생의 대본은 내가 쓴다 • 252
　　당신의 모든 것을 기록한 테이프가 있다 • 254
　　다른 사람이 쓴 대본에 따라 살고 있지 않은가 • 265
　　나만의 인생 대본을 쓰라 • 278

4장 | 이제 내가 원하는 진짜 삶을 살자

13. 어제와 다른 오늘 • 285
14. 진짜 나답게 살기 위한 5단계 실천 매뉴얼 • 290
　　5단계 계획을 실현한 론다의 이야기 • 294
　　내 삶에 5단계 실천 매뉴얼 적용하기 • 299
　　감정의 감옥에서 탈출하려면 • 320
　　행복한 삶과 성공적인 인생을 위하여 • 323

자기주도적인 삶을
살고 있는가

SELF MATTERS

인생의 가장 좋은 시절은
아직 지나가지 않았다

> 어떻게 해서든지 우리는 우리 자신이 누구인지를
> 알아야 하고 그에 따라 살아야 한다. – 엘리노어 루스벨트

나는 우리 모두가 삶이라고 부르는 것에 얽매여 있다고 생각한다. 오늘날 많은 사람들이 너무나 바쁜 생활에 휩쓸린 나머지 자신의 고유한 색깔을 잊거나 퇴색시키며 살고 있다. 한편으로 그것은 너무도 안이한 삶이다.

그럼에도 당신은 아침에 일어나서 단 5분도 자신의 마음과 정신을 돌아보는 데 할애하지 않고, 자신의 실체가 아닌 겉모습 치장에 한 시간도 좋고 두 시간도 좋고 많은 시간을 할애한다. 얼마나 많은 에너지가 피상적인 것에 허비되고 있는지를 잠시 멈춰서 생각해 볼 일이다.

삶은 안에서부터 피어나는 것이다. 스스로를 내면의 본질에 두어야 한다. 그리고 시간을 내서 자신에게 집중해야 한다. 이때의

자신은 사회적 가면이 아닌 바로 당신 자신을 말하는 것이다. 자신과 내면의 모습에 대한 이런 파악은 매우 중요한 일이다. 색깔이 없는 삶이란 설렘과 열정을 제거해 버린 삶과 같다. 그것은 기계적으로 살아가는 이도 저도 아닌 삶으로서 아무런 감흥도 없이 마지못해 살아가는 인생일 뿐이다. 우리는 자신의 모든 에너지를 타인의 기대를 충족시키는 데 사용한다. 인생을 사는 것이 아니라 그저 생존할 뿐이다.

　잠자리에서 일어나서 자식들을 먹이고 돈 문제로 고민하고 직장에 나갔다가 퇴근하여 집으로 돌아오고 옷을 세탁하고, 음식을 만들고, 자식 걱정을 하고, 잔디를 깎고, 또 돈 걱정을 하고 텔레비전을 보고 좀 더 먹고, 좀 더 걱정하고, 그러고는 잠자리에 든다. 똑같은 일을 1년 365일 동안 수도 없이 반복한다. 거기에는 한 치의 오차도 없다. 정해진 일을 하면서 정해진 삶을 살고, 평온한 상태로 인생을 영위하는 것이 삶의 유일한 목적이라면 결국 진정한 삶의 목적은 없다고 할 수 있다.

　마음 붙이기도 어렵고 도전 의식도 생기지 않는 판에 박힌 삶과 안위를 맹목적으로 추구하고 그것이 단 하나의 인생의 목적이 된다면 진정한 삶은 존재하지 않는다. 목적이 없으면 열정도 없을 것이고, 열정이 없으면 자신을 자신이 아닌 다른 것에 팔아넘기게 될 것이다. 열정이 없는 삶에서는 피상적인 것이 진정 중요한 것을 대신한다. 가령 다른 사람들이 다 돈을 좇는다고 하여 자신도 그것을 인생의 목표로 삼는 그릇된 일이 생기거나 삶을 잡다한 것들로 채우게 되면, 그것들이 당신의 삶과 열정을 지배할 것이고 점점 더 무의미한 삶이라는 벼랑 끝으로 몰리게 될 것이다. 그렇게 아무것도 아닌 일을 하고, 아무것도 아닌 것을 믿게 된다면, 당신은 아무것에나 이끌려 거기로 빨려 들어가고 말 것이다.

우리 모두는 이번 생에서 다해야 할 소임이 있다. 그러한 임무를 자각하지도 찾아내지도 이루지도 못한다면 육체와 영혼은 피폐해질 수밖에 없다. 인생이라는 게임에서 실패가 없을 수는 없지만 우리는 이기기 위해 살아야 한다. 그런데 그 승리에는 각자 다른 의미를 부여할 것이다. 자기 식이 아닌 다른 사람이 인정하는 방식이나 사회적인 기준으로 그 의미를 정의한다면 그것은 '나는 누구인가'를 부정하는 것이 된다.

자, 이제 당신은 자신의 삶에서 기본으로 삼고 출발할 수 있는 어떤 색깔과 열정도 없다는 것을 알았을 것이다. 자신이 열정을 가진 적이 있었다면 그때에 대해 생각해 보고 자신이 얼마나 많은 아름다운 색깔들을 빛바래게 했는지 따져 보자. 그것은 여기저기서 아주 천천히 일어나는 것이기 때문에 눈에 잘 띄지 않는다. 도대체 어떤 식으로 생생한 색깔로 가득했던 삶이 잿빛 그림자밖에 남지 않게 된 것일까? 인생에서 진정으로 설렘을 느껴본 지 얼마나 됐는가를 자문해 보라.

내가 여기서 이야기하고 있는 것은 당신이 자신의 목적을 달성하거나 그것을 잘해 나가고 있을 때의 열정과 설렘이다. 자신에 대한 믿음에서 우러나오는 확신이다. 그것은 당신이 참된 자신이 되려는 용기를 갖고 있으며 중요한 시기에 자신을 위한 선택을 하고 그 선택에 따를 때 느끼는 조용한 확신이다. 그러한 용기는 자신이 원하는 일을 선택할 때나 자식을 두어야 할지를 결정할 때 혹은 험담을 일삼는 주변 사람을 대할 때 당당한 자신의 모습을 내세울 수 있도록 만들어준다.

열정, 설렘, 확신은 당신이 매일 섭취해야 할 비타민과 같이 매우 중요한 것들이다. 그것들은 단순한 형태로 나타난다. 가령 과거의 기억 속에 사는 것이 아니라 지금 즐겁고 재미있는 삶을 살겠다는 요구가 그 중 하나다.

몇 해 전 나는 대학 동창회에 가서 여러 명의 미식축구팀 동료들을 만났다. 멋진 아내와 훌륭한 가정, 그리고 잘 나가는 직장을 가진 잘 살고 있는 친구들이었다. 내 관심을 끈 것은 미식축구를 했던 과거에서 헤어나지 못하는 몇몇 친구들이었다. 그들은 점점 바래가는 과거의 영화에 기대고 있었다.

"이봐, 필, 우리가 마지막 15분을 남겨놓고 후미의 디펜스백까지 모두 기세해서 OU팀의 쿼터백을 묵사발 만들었던 것 기억나? 그건 정말 엄청난 도박이었지?" 그 물음에 나는 "그래 맞아. 정말 대단했지."라고 대답했다. 하지만 사실 내 마음은 이렇게 대답했다.

'아니, 기억이 안 나. 30년 전 그 경기를 한 이후로 나는 아마도 900만 가지 이상의 일을 했을 거야. 보아하니 자네는 그렇게 많은 일을 하지 않았나 보군. 그런데 자네가 좋아서 회상하는 그때의 승리는 프로들이 보기엔 정말 우스운 일이지. 솔직히 말하면 우리는 형편없었어.'

당신이 과거의 어떤 좋았던 시절만을 생각하는 유일한 이유는 자신이 일궈낸 현재의 모습이 마음에 들지 않기 때문이다. 나는 당신에 대해서 아는 바가 없다. 하지만 적어도 나는 20대로 다시 돌아가긴 싫다. 부분적으로는 행복한 시절이었을 수도 있지만 전체적으로 봐서는 그렇지 않기 때문이다.

인생에서 가장 좋은 시절이 이미 지나가 버린 과거라면 뭔가 잘못돼도 한참 잘못된 것이다. 어떻게 이런 식의 생각을 할 수 있는지 생각해 보자. 우리는 나이를 먹을수록 점점 더 능력 있는 사람이 된다. 인생은 살아갈수록 더 좋은 쪽으로 발전한다. 점점 더 나은 삶을 살 수 있는 능력을 갖게 된다고 말할 수 있다.

따라서 자신의 참모습과 자신이 진정으로 원하고 필요로 하는 것을 외면하고 그것을 주어진 환경 탓을 하며 합리화하거나 정당화하는 것은 한마디로 허튼수작이다. 나는 당신을 잠시 무대 한가운데 세워놓고 자신의 희망, 꿈, 바람, 그리고 미래에 대한 비전 등을 희생하지 않을 수 있는 곳에 이르게 할 방안을 얘기하고 싶다.

당신은 '제기랄, 나에 대해 전혀 모르면서 나를 그렇게 몰아붙이지 말라고. 나를 만난 적도 없으면서 어떻게 나와 나의 인생에 대해 다 알고 있다고 생각하지?'라고 생각할지 모른다.

나는 당신이 정말로 자신을 몰아붙이지 말고 그냥 내버려 두라고 말하지 않을 거라고 생각한다. 내가 단도직입적으로 그리 달갑지 않은 말을 한다고 해서 내 말에 귀를 닫지는 말기 바란다. 당신이 듣고 싶어하는 얘기는 누구나 할 수 있다. 그리고 솔직히 말해서 그런 일은 내게 식은 죽 먹기다.

하지만 그렇게 되면 이 책은 다른 수많은 책과 별 다를 게 없어진다. 당신이 이 책을 샀다면 그것은 자신의 인생에 대해 심각하게 생각하고, 당신 자신과 당신에게 소중한 사람들을 보살피는 데 최선을 다하고 싶기 때문일 것이다.

나는 당신의 인생이 어떻게 흘러가는지 자세히 안다고 말할 수 없지만 다음과 같은 두 가지 이유에서 그래도 어느 정도는 알 수 있다고 생각한다.

첫째, 나는 내 인생을 통해 당신과 비슷한 경험을 했고, 둘째 나는 당신과 나 같은 사람을 매년 수없이 대면한다. 그리고 나는 그들의 인생과 얼굴과 눈에서 그것을 보았다. 그들의 삶은 너무도 바쁘게 돌아가고 자신의 역할에서 벗어날 수 없으며 스스로를 깊이 탐색하기에는 외부적인 일들에 너무 얽매여 있다.

그럼에도 불구하고 당신이 행복하고 별 문제가 없다는 결론에 도달한다면 더 말할 나위 없다. 하지만 그러한 확신은 적어도 자신의 삶과 마음과 영혼을 자세히 살펴보고 나서야 얻어지는 판단이어야 한다. 당신은 분명히 자신이 알게 되는 사실에 경악을 금치 못할 것이다. 그리고 마침내는 이렇게 잠에서 깨어나게 된 것에 감사하는 마음을 갖게 될 것이다.

그렇다. 나는 당신을 잠에서 깨우고자 한다. 내가 10년간을 그랬던 것처럼 당신이 그렇게 잠에 빠져 있도록 하고 싶지는 않다.

인생에서 가장 소중한 것을 포기하지는 않았는가

많은 사람들이 자신의 모습을 찾지 못하는 이유는, 우리가 사는 이 세상이 통제 불가능할 정도로 완전히 미쳐 돌아가기 때문이다. 우리는 지금 외부로부터 유입되는 정보에 압도되어 내면의 목소리나 메시지 같은 것을 들을 수 없는 지경에까지 이르렀다. 정신없이 돌아가는 세상 속에서 완전히 길을 잃고 헤매게 된 것이다.

이것은 마치 너무 빨리 도는 회전목마에 탄 것과 같아서 떨어지지 않기 위해 제대로 붙잡고 있기도 어렵고, 거기서 내리기도 힘들다. 우리가 할 수 있는 것이라곤 고작 쪼그려 앉은 채 빨리 거기서 벗어날 궁리를 하는 것이다.

어쩌다 조금의 여유가 생긴다 하더라도 우리는 그 시간을 자신을 돌아보는 데 사용하지 않는다. 오히려 시간이 남으면 불안해한다. 안절부절못하고 뭔가 할 일을 찾거나 자기에게 무슨 일인가를 시킬 사람을 찾는다. 자신의 의지로 선택하지 않았을 사소한 일로 인해 너무 바쁜 나머지 정작 스스로가 무엇을 원하고 필요로 하며 주의를 기울이고 싶어하는지를 모른다.

그런데 자신의 진정한 모습을 무시한 선택을 순순히 받아들였는지, 아니면 자신의 참모습이 원하는 바에서 우러나온 행동과 삶의 환경을 선택했는지를 쉽게 알아볼 수 있는 방법이 있다.

일상생활을 돌이켜 봤을 때 늘 피곤하고 스트레스를 받으며 지루하고 심지어 우울하다면, 언제나 불안하고 행복감을 느끼지 못한다면, 참된 자아를 찾지 못해 무의미한 삶을 살고 있는 것이다. 자신의 삶에 정말로 싫어하는 것이 있는데도 그것을 계속 방치한다면 스스로를 속이는 것이다.

가령 당신은 자신이 뚱뚱하다고 불평을 하면서도 그런 상태로 계속 머물러 있지 않은가? 또는 직장을 그만두고 다시 학교로 돌아가거나 다른 일을 할 엄두를 내지 못하고 있지는 않은가? 생기를 잃어버린 결혼생활을 어찌하지도 못하며, 어린 시절에 학대받았던 기억이나 상처를 극복하지 못하고 있지는 않은가?

삶이 늘 불안과 걱정으로 가득 차 있는데 그것을 바꾸고자 하는 시도를 전혀 하지 않는 것도 좋지 않은 징후다. 내 아버지는 "걱정이란 마치 흔들의자에 앉아 몸을 앞뒤로 왔다갔다하는 것과 같다. 그것은 분명히 하나의 움직임이지만 그렇다고 나를 어디로 데려가지는 않는다."라고 말씀하시곤 했다.

만약 타성에 젖어 옛날만큼 예민하지 못하다면 그것은 단순히 늙거나 바보가 되어서가 아니라 참된 자아가 땅에 묻혀 버리고 말았기 때문이다. 이제 숨을 쉴 공기를 얻기 위해 싸워야 할 판이다. 당신의 마음이 냉소적이고 절망적이며 비관적인 것은 당신이 자신에게 가장 중요한 것을 포기했기 때문이다. 만약 해야 할 일을 정할 때 자신이 아닌 다른 사람이 원하는 것을 그 목록의 맨 앞에 둔다면 '가상의 균fictional infection에 감염된' 것이라고 할 수 있다. 진정한 자아가 스스로를 부정하고 대신 허구적인 자아를 만들어낸 수많은 균에 감염된 것이다.

참되고 고유한 자신을 부정하는 것은 말 그대로 자신을 죽이는 행위다. 말하는 대로 이루어진다고 했다. 자신의 모습을 부정하면 나라는 '체계system'는 너무도 극심한 스트레스를 받아서 그야말로 녹초가 될 것이며, 제 나이보다 훨씬 더 늙어버리고 말 것이다. 자신이 아닌 다른 어떤 존재가 되기 위해 스스로를 몰아붙이거나 자신의 참모습을 내팽개친다는 것은 이루 말할 수 없을 정도로 잔인한 행위다. 그것은 수명을 단축시킬 정도다. 실제로 얼마나 많은 신문의 부고訃告가 다음과 같은 의미를 담고 있는가.

"로버트 잭슨 씨는 어제 생전에 그가 원하지 않았던 힘든 생활에서 비롯된 여러 가지 합병증으로 세상을 떠났습니다. 자신이 하고 싶어했던 일을 많이 하지 못함으로써 그분의 상태는 더욱 심각해졌습니다. 전문가들은 그의 사인死因이 다른 사람의 인생관을 자신의 육체와 정신과 생활에 주입시킨 것이라고 말합니다. 거기서 오는 공허감을 메우기 위해 잭슨 씨는 일, 자동차, 폭식, 폭음에 빠졌고, 세 번의 결혼을 했으며, 골프 라운드를 2,000번 돌았습니다.
　자신의 것이 아닌 다른 사람의 기대에 부응하려 했지만 그것은 서글프게도 허사로 돌아갔습니다. 불행히도 이것은 잭슨 씨의 기운을 모두 빼앗아 마침내 그를 쓰러뜨리고 20여 년이나 일찍 생을 마감하게 했습니다. 최근 몇 년은 그에게 시련을 가져다주었습니다. 어제도 그는 집에서 평화롭게 숨을 거두지 못했습니다. 그는 그가 좋아하지 않았던 직장의 동료들에게 둘러싸여 있었고 그의 가족 역시 그만큼이나 불행했습니다."

이것은 부고를 좀 과장한 것이긴 하지만 그렇다고 없는 얘기를 지어낸 것은 아니다. 의료 전문가들은 내가 묘사한 바대로 지속적인 스트레스에 노출되면 예정된 수명보다 14년 이상이 단축된다고 말한다.

나의 주장이 사실이라면 이 모든 일은 어떻게 일어나게 된 것일까? 분명 당신의 입에 바보가 되는 약을 집어넣은 사람은 아무도 없고, 당신은 정신병동의 환자도 아니다. 당신은 단지 삶이라는 탈선된 열차에 붙잡혀 있었던 것이다. 단지 역동적인 삶을 살지 못했을 뿐이다. 시간이 흐를수록 당신은 다른 사람에게보다 스스로에게 "아니오!"라고 말하는 것을 더 수월하게 생각했다.

머릿속에 스스로에게 집중하는 것은 이기적이라고 가르치는 프로그램이 깔려 있는 듯하다. 당연히 그 프로그램은 수많은 타인들에 의해 만들어진 것으로 그 타인들은 모든 면에서 당신으로 하여금 당신 스스로가 원하는 것이 아닌 그들이 원하는 것에 집중하도록 만들려고 하는 존재들이다.

한편 당신이 살면서 매일 뭔가에 설렘을 갖고 자신의 모습과 하는 일에 만족한다면 당신은 진정한 자아의 모습으로 살아간다고 말할 수 있다. 당신이 평화롭고 충만한 느낌을 가지고 자신이 이 세상을 살아가는 이유와 그 역할을 알고 거기에만 집중한다면 당신은 참된 자신과 함께 조화로운 삶을 살고 있는 것이다.

나는 이 책을 읽은 많은 사람들이 이렇게 말하기를 바란다.

"이봐, 잠깐만. 다른 모든 사람의 기대와 그들을 만족시키기 위한 행위는 그만두게. 그들은 내 집세를 내주지도 않고, 저녁에 내 집에 와서 아이들을 씻겨주지도 않고 저녁 밥상을 차려주지도 않아. 그런데 왜 내가 엉뚱한 사람들이 내게 기대하는 것을 충족시키기 위해 살아야 하지?

그들은 더 이상 내 권리를 빼앗을 수 없어. 나는 더 이상 그들을 위해 내 힘을 쓰지 않을 거야. 그것을 다시 찾아서 진정한 내 자신이 되는 데 사용할 거야.

나는 내가 정말 관심을 가지고 있는 일을 하고 내 자신에게 솔직해짐으로써 행복해지고 싶어. 음악을 좋아한다면 내 삶에 음악이 깃들게 하고 싶어. 뚱뚱한 모습에 진력이 난다면 나는 무엇보다 내 생활방식을 바꿀 거야. 만약 내가 다른 사람들로부터 존중받지 못한다면 지금뿐만 아니라 미래를 위해서도 좋은 일이 아니야.

다른 사람들과 힘들게 지내느니 차라리 혼자 있는 편이 나아. 아이 걱정, 돈 걱정, 일 걱정, 상사 걱정, 부모 걱정, 남의 시선 걱정에 항상 노심초사하는 것도 진절머리가 나. 나는 지금 바로 긍정적인 삶을 원해. 살아 있다는 느낌을 갖고 싶어. 다른 사람과 나 자신으로부터 가치 있는 사람이라는 것을 인정받고 싶어. 아침을 겁내지 않고 당당히 일어나고 싶어. 내가 왜 세상에 나왔는가와 살아가는 동안 무엇을 해야 하는가를 분명하게 알고 싶어. 사는 것은 연습이 아니라는 것을 분명히 자각하고 싶어.

이것은 단 하나뿐인 내 삶이야. 자식들도 그 사실을 알고 어리석은 가짜가 아닌 온전한 나를 받아들여주길 원해. 나는 아이들이 온전한 내 모습과 관심사, 그리고 나의 유머 감각과 가치관 등을 제대로 보기를 바라. 나는 어떻게 타협하는가를 보여주는 대신 스스로 떳떳하게 살아가는 모범을 보여줌으로써 아이들에게 제대로 사는 법과 인생이 어떤 것인지를 가르쳐주고 싶어. 나는 평화롭게, 충만한 상태에서 기쁨과 설렘을 느끼면서 살고 싶어. 하루를 보내면서 오늘 하루 정말 근사했다는 말을 할 수 있기를 원해.

현재 내 모습과 내가 하는 모든 일들이 좋다는 말도 할 수 있었으면 좋겠어. 고요하고 평화롭기를 원해. 만족감을 느끼고 싶어. 기분이 좋다고 말할 수 있었으면 좋겠어. 사람들과 잘 어울리며 내가 원하는 것을 누릴 자격이 있으면 좋겠어. 왜냐하면 나는 나 자신을 위해 살아가고 내게 중요한 것을 우선순위에 놓을 수 있는 사람이기를 바라기 때문이지."

자, 어떤가? 어쩌면 당신은 내가 고집불통에 정신이 나간 이기주의자라고 생각할지도 모른다. 하지만 그것은 오해다. 듣기 좋은 말만 하는 것은 정략적인 의미에서만 옳다. 자신이 갖고 있지 않은 것은 버릴 수도 없다는 것을 잘 아는데 어째서 자신을 돌보는 행위가 이기적일 수 있는가? 당신은 다른 누군가를 챙기기 전에 먼저 자신을 챙겨야 한다.

나는 당신이 더 이상 아무런 생각 없이 오늘에서 내일로 넘어가는 일이 없기를 바란다. 자신의 진정한 모습을 이 세상과 조화시킬 수 있는, 근원적이고 단호한 결심을 하도록 하고 싶다. 나는 당신이 자신과 무관하며 전혀 중요하지도 않은 허구적인 자아의 모습에 따라 사는 것을 원하지 않는다. 자신에게 진정 중요한 것이 무엇인지를 물어보기 바란다. "내가 원하는 것은 무엇인가? 나의 사명을 찾기 위해 필요한 것은 무엇인가? 인생에서 나의 사명은 무엇인지, 아니면 적어도 자신의 인생에서 큰 몫을 차지하고 있는 부분이 무엇인가?"에 관해 적어 보기 바란다.

자연친화적인 삶, 지금과 다른 생활방식, 아이, 여가, 열정, 일에 대한 자부심, 의미 있는 인간관계, 고상한 삶, 건강 등 계속 써내려 갈 수 있다. 이렇게 목록을 작성해 보라고 권하는 것은 당신이 서서히 여기에 영향을 받도록 하기 위함이고 자신의 인생에서 진정 바라던 것이 무엇인가를 생각해 볼 기회를 마련해 주기 위해서다.

한 가지 다행인 것은 이 모든 교정 작업을 하기 위해 당신에게 필요한 사람은 오직 당신 자신뿐이라는 사실이다. 부모, 배우자, 직장 상사, 그 누구도 필요하지 않다. 내 이론에 따르면 이 모든 것이 당신에게 달려 있다. 자의였건 타의였건 간에 자신에게 소중한 것을 우선순위 목록의 맨 아래로 미뤄놓은 사람은 바로 당신이기 때문이다. 당신은 그것을 완전히 방치해 왔다.

내가 말하고자 하는 것은 참된 자신의 모습으로 돌아갈 권리가 있다는 것이 아니라, 그래야 할 책임이 있다는 것이다.

당신이 "이제 깨달았어. 내가 지금 세상을 살아가는 이유는 나 자신과 내가 사랑하는 사람 때문이라는 것을 말이야."라고 말할 수 있기를 바란다. 나는 핵심적이고 근본적인 현실을 보여주고 싶다. 그 현실이란 당신이 당신의 삶 속에서 빛날 수 있도록 만들어주는 질료이자 형상이다. 그것은 곧 당신이라는 사람의 '개인적 진실'이다.

지금 내 모습은
나를 위한 것인가

    가고 싶은 곳을 어떻게 가야 하는지를 효과적으로 찾아내기 위해서는 먼저 어디서 출발하는지를 정확히 알아야 한다. 지금 서 있는 위치, 나에 대한 모든 것, 내가 하는 모든 일은 개인적 진실이라고 부르는 것으로부터 시작되고 거기에 바탕을 두고 있다.
    내가 말하는 개인적 진실이란 절대적이고 그 어떤 통제도 받지 않는 자신의 존재 자체로, 스스로에 대해 믿고 있는 바를 말한다. 이러한 개인적 진실은 매우 중요한 의미를 지닌다. 만약 그것을 믿고 사실로 받아들인다면 그것은 자신의 매일의 모습을 결정하는 아주 구체적인 현실이 될 수 있다.
    개인적 진실은 긍정적이고 올바른 것일 수도 있고 두려움, 고통, 혼란으로 점철된 과거에 근거를 두고 있는 잘못된 믿음에 의한 '탈선된 열차'일 수도 있다. 대부분의 경우 개인적 진실에는 이 모든 것들이 섞여 있을 것이다.
    자신에 대해 믿고 있는 바가 자신을 위한 것이 아니라는 점을 똑똑히 자각해야 한다. 당신은 자신의 내면에 대해 알고 있다고 믿는 것의 범위에서 도망치지도, 그것을 넘어서지도 못하고 있다.
    개인적 진실과 마주하기 전까지는 결코 진정한 자신이 될 수 없다. 당신은 다른 모든 사람들과 마찬가지로 세상 속에서 자신의 체험으로부터 복잡하고 잘못된 메시지들을 받아들였고, 잘못된 메시지 그대로 해석한 결과 자신의 개인적 진실을 왜곡시키고 말았다.

잘못된 개인적 진실에 제대로 맞서지 못하면 스스로를 배신하거나 배신당하게 된다.

이제 나는 반평생 동안 이른바 전문가들이라고 하는 사람들이 '자아실현', '내면의 자아', '실현된 자아', '중심 잡기'와 같이 멋있고 고상한 말들로 우리 삶에 대해 이러쿵저러쿵 말하는 것이 무엇을 의미하는지 전혀 몰랐다는 것을 고백해야겠다. 모든 것이 나 같은 시골 사람에게는 너무 허황되고 복잡하게 느껴진다. 하지만 나의 단순한 사고방식에 따르자면 이 모든 논쟁들은 자신이 스스로에 대해 갖고 있는 믿음인 개인적 진실이라는 것으로 귀결된다.

만약 자신에 대한 믿음이, 자신이 진정 어떤 사람인가를 진지하게 따져본 연후에 나온 것이라면 우리는 스스로에게 힘이 되는 자아개념을 갖고 살 수 있으며, 그것이 자신을 능력 있고 진실된 사람이 될 수 있도록 만들어줄 것이다.

반대로 그 믿음이 왜곡된 것이라면 우리는 편협하고 왜곡된 자아개념을 갖게 될 것이다. 그것은 자신의 참모습을 저버리도록 할 것이며 모든 노력을 허사로 만들어 버릴 것이다. 그런 일이 생기게 해서는 안 된다.

다음 장에서 참된 자아와 허구적 자아에 대해 좀 더 자세히 얘기하도록 하자. 그 전에 당신에게는 오직 하나의 자아밖에 없었지만 그것은 카멜레온처럼 자신이 살아온 지난날과 환경에 따른 감성적 색깔을 띤다는 사실을 이해하도록 하자. 자아개념은 태어난 그대로의 모습인 참된 자아의 이미지와 세상이 주입한 모습인 허구적이고 왜곡된 자아의 이미지를 끊임없이 왔다갔다한다.

그처럼 오고가다가 자신이 어디에 있는가 하는 것은 삶에서 자신이 어떤 외적 경험을 하느냐에 따라, 살면서 관찰하고 나름대로 풀이하여 내린 개인적 진실이 어떤 것이냐에 따라 좌우된다.

이러한 개인적 진실과 그것으로부터 비롯되는 자아개념은 일종의 DNA와 같다. 우리는 이 DNA를 파악해 자신의 삶을 다시 찾기 위한 여정을 어디서 시작해야 하는지 알아야 한다.

나는 당신이 자신에게 도움도 안 되는 잘못된 개념들을 무너뜨리도록 만들 것이다. 그리고 성공하기 위해 필요한 참된 자아개념을 다시 만들 수 있도록 안내할 것이다. 또한 자아개념을 둘러싼 모든 주장들의 실체와 당신이 자신에 대해 어떻게 생각하고 느끼고 믿는가를 낱낱이 밝힐 것이다.

아주 쉬운 말로 개인적 진실이라는 것이 당신 삶의 모든 특징들을 어떻게 갖추고 규정하는지, 그것을 왜곡하면 결과적으로 어떻게 변화하는지도 보여줄 것이다.

참된 자아를 찾는 데 지금보다 더 적당한 때가 올까? 그것은 쉽지 않은 일이다. 지금 이 순간, 당신은 자신의 처지에서 그만한 노력을 기울일 가치가 있는지 혹은 그것이 자신에게 적합하고 스스로의 열정, 힘, 재능을 드러나게 해줄지 몰라 망설이고 있는지도 모른다. 나는 그것은 가능한 일이고 당신은 그럴 만한 가치가 있다고 확신한다. 내 말을 믿어도 좋다.

또 하나 알았으면 하는 것이 있다. 이와 같은 일들을 하는 데는 1주일이나 한 달 혹은 1년이 걸릴지도 모른다. 하지만 그 시간은 반드시 지나가 버리게 마련이다. 분명한 것은 내년 이맘때면 자신의 삶은 지금보다 더 나아져 있거나 그렇지 않을 것이라는 점이다. 결코 제자리에 머물러 있지는 않을 것이다. 그것을 더 나은 쪽으로 가져가느냐 마느냐는 의심할 여지없이 전적으로 자신에게 달려 있다.

자, 이제 그 길을 보여줄까 한다. 그저 삶에 약간의 윤활유를 제공하는 정도만 필요하다고 느끼든, 아니면 더 이상 희망이 없는 절망적인 상태로 느끼든 간에 이 일은 곧 일어날 것이다. 당신의 도움이 필요하다. 적어도 마음을 열고 적극적인 의지를 보여주어야 한다. 서두르도록 하자.

SELF MATTERS

만약 다른 식으로
살 수 있다면

이 세상에서 당신이 변화시킬 수 있는 것은 자신뿐이다.
하지만 그것은 엄청난 변화를 불러일으킨다. – 셰르

　나는 심각한 어조로 얘기를 꺼내는 것을 싫어한다. 하지만 당신의 삶에 커다란 변화를 주기 위해서는 내가 본 바를 사실대로 말해야 한다. 나는 지금까지의 내용이 많은 사람들이 살아가는 모습을 그대로 말해 준다고 생각한다. 내가 '산다'고 말할 때 나는 그들의 개인적이며, 은밀한 삶의 경험을 말하는 것이지 그들이 머릿속에 그리는 삶의 모양새를 말하는 것이 아니다. 내 판단이 옳았는지는 자신 외에는 아무도 모른다.

　자신이 내린 판단을 내가 내린 판단으로 대신하라고 요구하는 것은 아니다. 그보다 내가 조심스럽게 얘기해야만 하는 것을 당신이 잘 판단해서 들어달라는 것이다. 제아무리 자신과 자신의 인생의 어떤 부분을 인정하는 것이 두려울지라도 스스로에 대해 전적으로 솔직한 태도를 보여주기 바란다. 기억할 것은 스스로 자각하지 못하는 것을 바꿀 수는 없다는 사실이다.

만약 당신의 삶이 세상의 다른 많은 사람들의 삶과 별 차이가 없다면, 다시 말해서 예전의 내 삶과 별반 다를 것이 없다면 당신은 어떤 규제도 받지 않고 순조롭게 잘 살아갈 것이다. 하지만 그것은 겉모습을 보고 판단한 것일 뿐이다.

우리는 다른 사람들이 지금 당신에게 원하는 것에는 관심이 없다. 우리의 관심은 오로지 당신이 원하는 것에 있다. 나중에 그 균형을 맞출 시간은 충분하다.

거울 같은 연못을 미끄러지듯 헤엄치는 오리처럼 당신도 뭍에서 그렇게 살 수 있다. 하지만 오리가 물 밑에서 어떻게 하는지를 생각해야 한다. 우아하게만 보이는 물 밖의 모습과는 대조적으로 물속에서는 발로 헤엄을 치느라 여념이 없다. 우리의 삶도 그와 같다.

이야기를 펼치기 전에 잠시 이런 상상을 해보자. 만약 아주 어린 시절부터 현재까지의 인생을 다시 살 수 있다면 어떤 시나리오를 쓸 것인가?

만약 자신이 책임과 기대라는 메시지만 있는 인생의 소용돌이에 빨려들지 않았다면, 현실을 그대로 받아들이지 않았다면, 그리고 특정한 집안, 특정한 삶의 조건을 안고 태어나지 않았다면, 더 이상 다른 선택의 여지가 없다고 여겨질 정도로 깊은 수렁에 빠지지 않았다면 어떤 선택을 했을 것인가?

만약 스스로 하루 벌어 하루 먹는 식으로 경제적인 쪼들림이 없거나 부양할 가족이 많지 않았다면 어떤 선택을 했을 것인가? 만약 그러한 굴레에 빠지지 않고 자신의 진정한 모습과 색깔을 간직하여 스스로에게 의미 있는 삶을 만들어갈 기회를 얻었다면 삶은 어떤 모습이 될까?

기회가 한 번 더 주어진다면 당신은 이 모든 것을 바꿀 용의가 있는가, 아니면 익숙한 것이 안전하다는 생각으로 기존의 것을 그대로 유지할 것인가? 다시 주어진 기회를 붙잡을 것인가, 아니면 새로운 것을 시도할 엄두가 나지 않아서 마지막 순간까지 꾹 참고 있을 것인가?

이러한 질문들이 단순한 가정에서 나온 것이 아님을 알게 될 것이다. 인생에서 일어나는 일들 가운데 생각했던 것보다 더 많은 선택권이 자기 자신에게 주어져 있음을 알게 될 것이다. 자신의 과거가 더 이상 현재의 자신과 미래를 좌우할 수 없도록 하는 법을 터득하게 될 것이다. 이 여정은 현재의 삶을 두둔하거나 변명을 하지 않는 데서 시작된다. 만약 자신이 원하는 것과 필요한 것을 가지고 있지 않다면 그것을 분명하게 말해야 한다.

누군가에게 "당신은 누구십니까?"라고 물으면 많은 사람들이 이렇게 답할 것이다. "전 주부예요.", "전 의사입니다.", "전 배관공이죠.", "전 회계사입니다.", "전 시장이에요.", "전 비벌리힐에 사는 사람이에요." 아이들은 이렇게 대답할 것이다. "전 응원단원이에요.", "전 축구 선수예요.", "전 우등생이에요.", "전 문제아죠."

어른이나 아이 할 것 없이 자신이 누구인지 제대로 얘기하는 사람이 없다. 그들은 자신들이 하는 일과 사회적 위치를 얘기했을 뿐이다. 그들은 스스로를 하는 일이나 역할로 규정한다. 자신들이

'누구인지'를 답할 수 없으므로 '무엇을 하는가'로 답한다.

당신이 무엇을 하느냐는 것은 당신이 누구인가를 보여주는 한 요소임에 틀림없다. 하지만 인생살이에는 다른 모습도 존재한다. 그것은 내가 무슨 일을 하느냐와는 다른 것이다. 그것은 자신이 누구인가를 보여주는 것으로 객관적이고 정확하며 진정으로 나라는 사람 전체를 일컫는 것이자 본질을 말하는 것이다. '객관적이고 정확하고 진정한 존재'가 내가 말하고자 하는 참된 자아다.

불행하고 외로운 삶을 이어가고 있지는 않은가

계속해서 얘기하고 있는 참된 자아에 대해 좀 더 생각해 보자. 참된 자아란 자신의 가장 깊은 내면에서 발견되는 자아다. 그것은 직업이나 지위 혹은 역할로 규정할 수 없는 것으로 자신만이 갖고 있는 재능, 기술, 관심, 수완, 통찰 등을 통틀어 일컫는 말이다. 그것은 그렇게 행동하도록 만들어졌다고 믿게끔 조작되어진 것과 달리 자신만이 갖고 있는 고유한 힘과 가치를 가리킨다.

또한 자신이 가장 행복하고 가장 충만한 순간에 부지불식간에 피어나는 자아를 말한다. 그것은 부모가 이혼함으로써 상처를 받기 전, 학창시절 잘난 척하는 남자아이가 멜빵바지나 치마를 갖고 장난을 치는 바람에 마음의 상처를 받기 전의 자아를 가리킨다. 그것은 배우자와 수없이 말다툼을 벌인 끝에 혼자 남겨지는 것이 두려워 그 요구를 받아들이기 전의 자기의 모습을 말한다.

그것은 아직 어떤 모습이 되어야 하는지는 모르지만 현재의 모습보다 더 나은 모습이 되라고 말하는 자아를 말한다.

아주 구체적인 의미에서 참된 자아가 어떤 것인지 알고 있는가? 한 번이라도 그 목소리에 귀를 기울여본 적이 있는가? 살면서 어딘가에서 그 목소리를 놓쳤다는 것을 알고 있는가? 만약 그렇다면 자신을 통제하려는 세속의 외침에만 귀를 기울일 것이 아니라, 다시 한 번 그 목소리를 찾아 그것이 전하는 말에 귀를 기울여야 한다.

자신의 행동과 사람들 앞에서 나타나는 인격은 참된 자아를 규정하는 가치관, 믿음, 욕망, 열정, 비전 등과 같은 것과 조화를 이루고 있는가? 만약 그렇지 않다면 스스로 통제할 수 있는 힘을 일찍이 포기한 것이고, 안에서 밖으로 펼쳐지는 삶이 아니라 밖에서 안을 규정하는 삶을 살고 있는 것이다.

자신의 참된 자아에 충실한 모습으로 살지 않으면 언제나 불완전하고 허전한 느낌을 갖게 된다. 지금과 다른 일을 해야 하는 것이 아닌가 하는 망설임을 갖게 된다. 뭔가를 애타게 찾는 공허한 느낌이 떠나지 않는다. 마치 영혼에 구멍이라도 난 것 같다. 당신은 그 구멍을 다른 여러 가지 것으로 메우려 할지도 모른다.

때로는 아주 외로울 것이다. 사람들 속에 파묻혀 있는데 이상하게도 이별의 아픔을 느낀다. 다른 사람들에게 말을 걸지만 그들은 귀를 기울이는 것 같지 않다. 용기를 내어 자신의 감정을 과감히 표현하는데도 사람들은 그것을 오해하는 듯하다.

때로 가족을 포함한 타인의 손길이 두려울 것이다. 그들의 손길이 제아무리 부드러운 것이라 할지라도 그 손길의 의미를 알 수 없기 때문이다. 가슴 아픈 일이지만 친구와 가족들이 나를 버리고 떠날 수도 있으며 나의 참된 자아를 위해 중요한 것은 무시하고, 이해관계에 어긋남이 없이 행동하고 살기를 바란다는 것을 알게 될지도 모른다. 그리고 자신의 삶을 변화시키고 공허한 것을 채우려는 과정에서 점점 수동적이 되어가고 있을지도 모른다.

우리는 어떤 것이 위기인지 솔직해질 필요가 있다. 참된 자아의 모습이 아닌 주어진 역할에 맞춰 이 세상을 살아가게 되면 진정으로 가치 있는 일을 추구하는 데 필요한 생명 에너지를 엉뚱한 곳에 허비하게 된다.

그와 반대로 일단 참된 자아의 모습으로 삶을 살아가기 시작하면 잘못 쓰였거나 헛되이 쓰인 생명 에너지는 자신의 인생이라는 고속도로에서 속력을 낼 수 있게 만들어준다. 자신이 원하고 그래야 할 필요가 있었던 삶을 살아감으로써 더 많은 것을 성취할 수 있게 되는 것이다.

참된 자아의 모습을 억누르는 에너지가 어떤 것인지를 알고 싶다면 여름날 바다에서 수영하며 놀았던 어린 시절을 회상해 보면 된다. 비치볼이 있었다면 공을 물속으로 밀어 넣는 놀이가 상당히 재미있었을 것이다.

그때 비치볼이 물 표면을 뚫고 들어가기 위해 애쓰다가 공중으로 퉁겨져 올라가던 것을 기억하는가? 힘을 가할수록 그것을 밀쳐내며 자연의 부력을 따르려고 이리저리 발버둥치는 비치볼을 물속으로 밀어 넣기 위해 얼마나 많은 에너지가 필요했는지 기억하는가? 이것은 자신의 참된 자아를 억누를 때 생기는 현상과 비슷하다. 자신의 삶에서 매일, 매시간, 매분을 똑같은 싸움을 하면서 얼마나 지쳤는지를 생각해 보라.

잠시 동안 내가 지금까지 말한 허구적 삶을 사는 데 얼마나 많은 에너지가 드는지 생각해 보자. 내가 여기서 언급하고 있는 삶이란 스스로 자신의 진정한 재능과 능력을 보지 못하게 하며, 대신 외부로부터 주어진 역할만을 수행하도록 만드는 삶을 말한다. 자, 이제 언덕 꼭대기에 돌을 올려놓기 위해 마지막 안간힘을 쓰고 있는 자신의 모습을 그려 보자. 그러다 그것은 자신의 손에서 미끄러져 굴러 떨어지고 만다.

다음에 제시하는 서로 다른 두 개의 일을 비교해 보자. 하나는 길고도 힘든 하루를 보내고서야 한 개의 돌을 언덕 위에 올려놓는 것이고, 다른 하나는 같은 시간 동안 똑같은 언덕에서 매번 처음 시작한 것처럼 힘들이지 않고 돌을 수천 개 굴려 내려보내는 것이다. 돌을 언덕 밑으로 굴러가도록 하는 것은 중력의 법칙에 순응하는 것이기 때문에 후자가 훨씬 쉽다.

우리의 인생에서도 똑같은 법칙이 적용된다. 우리는 누구나 자신만의 핵심적 특징인 자질, 재능, 수완, 필요, 욕구를 갖고 있다. 우리에게는 이 세상을 살아가는 중요한 목적이 있다. 그래서 나란 존재의 의미가 무엇이며, 왜 존재하는지를 무시한다는 것은 자신이 뭔가 아주 부자연스러운 일을 하고 있음을 뜻한다.

당신이 허구적 자아의 모습에 따라 살아간다면 당신은 한 손으로는 비치볼을 물속으로 집어넣으려 하고, 다른 한 손으로는 돌을 언덕 정상에 올려놓으려고 하는 것과 같다. 당신은 자신의 소중한 생명 에너지를 자연을 거스르는 싸움에 허비하고 있다. 그 에너지는 진정 원하는 일에 사용되어야 할 에너지인데 말이다.

내가 말하고자 하는 것의 핵심은 그 비치볼을 그냥 놓아두라는 것이다. 당신이 선택한 바 없고, 그저 당신에게 주어진 일들이나 아무런 생각 없이 하는 것을 그만두라는 것이다. 계속해서 그렇게 한다면 당신은 정신적으로나 육체적으로 스스로를 기만하는 것이 된다. 이러한 상태가 장기간 계속된다면 어떻게 될까? 자신의 진정한 모습을 부정하는 것은 결국 자신을 죽이는 것과도 같다. 이 말은 결코 과장이 아니다.

마이클 로이젠Michael Roizen 박사는 자신의 저서 『진짜 나이Real Age』에서 과도한 스트레스를 받으면 매년 수명이 3년씩 줄어든다고 강조했다. 그의 연구 결과에 따르면 만약 누군가에게 스스로의 솔직한 열정을 발산할 통로가 없다면 그의 수명은 6년이나 단축된다고 한다. 어떤 사람으로 인해 자신의 에너지를 혼란과 갈등으로 소모시킨다면 그 사람의 수명은 8년이나 단축된다고 한다. 거기에 스트레스와 허구적 자아의 모습으로 살아가느라 단축되는 수명까지 합한다면 무려 32년이나 줄어든다는 계산이 나온다.

생각해 보라. 32년이라면 평균 수명의 3분의 1이 넘는다. 이 모든 것이 참된 자아의 모습에 적합한 삶을 찾아 그 모습대로 살지 않고 허구적인 새장에 갇혀 사는 인생을 택했기 때문에 비롯된 것이다.

나는 지금보다
훨씬 더 잘될 수 있다

　이제는 자신의 얘기를 할 차례가 되었다. 나는 당신의 삶이 다른 사람을 먼저 생각하고 정작 자신과 자신이 필요로 하는 것은 항상 뒷전이었을 것이리라 생각한다. 하지만 마음 한쪽에는 자신을 바라보는 것에 대한 필요성을 느끼고 있을 것이다. 어떤 면에서 당신은 지금과는 다른 일을 할 준비가 되어 있다. 나는 그렇게 준비된 부분을 활용하고자 한다.
　스스로 잊고 있다는 사실조차 깨닫지 못했던 자신의 놀라운 잠재력을 마침내 발휘하게 되었을 때 삶이 얼마나 극적으로 변할 수 있는지 당신은 모를 것이다. 당신은 현재의 모습보다 훨씬 나은 존재이며 지금보다 더 나은 것을 할 수 있는 능력이 있다.
　당신이 참다운 자신의 모습과 세계를 찾는다면 자신의 삶을 더 멋지게 만들 수 있다. 그렇게 되기 위해 해야 할 일은 자기 자신과 내밀한 만남을 갖는 것이다.
　따라서 당신은 다른 사람의 도움을 받아 스스로를 진단할 필요가 있다. 자신에 대한 제대로 된 질문에 답하다 보면 당신은 현재의 상황에서 한 발짝 뒤로 물러서서 자신을 솔직하게 대할 수 있고, 또 다른 자신의 모습을 생각해 볼 기회를 가질 수 있다.
　만약 당신이 "난 이대로도 괜찮아!"라고 말한다 해도 그것이 타협에 의한 것이라면 당신은 적어도 그 점을 자각하고는 있어야 한다. 때문에 나는 당신과 대화하듯 이 과정을 함께할 것이다. 내가 개념들을 하나하나 설명하면 그 개념이 삶의 경험 속에 녹아내릴 수 있도록 타임아웃을 부르기 바란다.

시작하기 전에 한 가지 약속할 것이 있다. 한 단계, 한 단계 나아갈수록 힘들지만 부인할 수 없는 사실에 직면하게 될 것이다. 일단 당신이 자신의 문제를 털어놓으면 나는 당신이 사람들의 의견과 억측에 연연하지 않고 문제에 직면하도록 만들 것이다.

다시 말해서 입증되지 않은 억측은 받아들이지 않을 것이다. 자신의 모습을 객관적으로 보기 위해서는 과거의 모습과 현재의 모습을 기계적으로 받아들여서는 안 되기 때문이다. 단지 당신이 무언가를 오랫동안 그렇게 믿어왔거나 혹은 자신은 이렇다 하고 규정했던 것 중 어떤 것은 실제의 모습과 전혀 맞아떨어지지 않는 경우도 있다는 것을 기억해야 한다.

당신은 믿어왔던 모든 것을 하나씩 확인해 보겠다는 자세를 가져야 한다. 예를 들어, 만약 당신이 오랫동안 자신이 열등하거나 이류에 불과하다고 생각했다면 도대체 그 근거는 어디에 있는가? 그것은 사실일까, 아니면 그저 당신이 오랫동안 가져왔던 편견에 지나지 않을까? 우리에게는 오직 사실만이 필요하다. 오로지 사실만을 다루는 데 몇 년이 걸릴 수도 있다. 그냥 지나친 거짓말이 결국은 사실로 둔갑하고 만다는 것을 잊어서는 안 된다. 자신에 대해 주변에서 말하거나 스스로 그렇다고 믿은, 말도 안 되는 소리들을 우리는 습관처럼 믿어 왔다.

어떤 사람이 당신의 가치와 소망과 감성 등과 같은 것에 대해서 전혀 객관적이지도 못한 사실을 함부로 말한다고 가정해 보자. 그런 것들은 단순 명료하게 잘라 말할 수 없는 성질의 것들이다. 나는 당신에게 당신이 지닌 진가를 반의반도 보여줄 수 없다. 당신이 스스로가 쓸모없는 존재라고 믿든 다른 사람이 그렇게 생각하든 간에, 당신이 알아야 할 것은 오로지 사실이다.

내가 번번이 놀라움을 금치 못하는 사람들의 이상한 습성이 있다. 그것은 사람들이 같은 것에 몇 번이고 속아 넘어간다는 사실이다. 주변의 어리석은 사람들이 막연하고 근거 없는 비난을 하면 충분한 사실을 축적하지 못한 우리는 그 비난을 사실로 받아들이고 그것을 자신이라는 사람의 진정한 모습으로 규정한다. 우리는 자신에 대해 스스로 내린 판단에 대해서도 그렇게 행동한다.

따라서 자신의 자아개념을 면밀히 살펴보면서 무엇이 사실이고 무엇이 그렇지 않은지를 명확히 할 필요가 있다.

개인의 견해는 언제고 바뀔 수 있는 것이다. 나는 당신이 자신에 대한 사람들의 견해에 연연하는 것을 그만두고 당신 자신에 대한 진실만을 똑바로 볼 수 있도록 도와주고 싶다.

일단 그러한 진실을 파악하게 되면 당신은 이전과는 판이한 방식으로 이 세상을 살아갈 수 있다. 당신은 현명하고 풍요롭고 재미있고 아름답게 살아갈 권리를 얻어야만 한다고 강박관념처럼 스스로에게 말할 필요가 없어질 것이다.

그 대신 자신이 이 세상에 존재할 이유가 있다고 말하면서 이 세상과 교감을 나눌 것이다. 이렇게 확신할 수 있는 것은 내가 스스로 그만한 자질을 갖고 있다는 것을 안으로부터 자각했기 때문이다. 나는 나 자신이 갖고 있는 자질을 알고 있다.

당신의 경우에는 그것을 알아차리는 데까지 시간이 걸릴 수도 있고 그렇지 않을 수도 있다. 하지만 적어도 나는 내가 누구인지를 알고 있다. 그리고 그러한 나를 알아볼 수 있다면 이제 우리는 함께 걸어갈 준비가 된 것이다.

우리가 어떤 삶을 살고 있든 간에 심각하게 왜곡된 근거 없는 편견은 어느덧 자아에 대한 인식과 생각에 스며든다. 종종 그것은 부지불식간에 일어난다.

당신의 진정한 모습은 스크린에 비춰진 영상과도 같다. 처음에 그 영상은 생기가 넘치고 뚜렷하다. 색깔도 선명하다. 어떤 영상인지 명확하다. 만약 누군가가 당신에게 "당신은 어떤 사람이요?"라고 묻는다면 당신은 그 영상을 가리키며 주저 없이 "이것이 바로 나요."라고 답할 것이다.

그리고 나자 세상이 그 영사기를 흔들기 시작한다. 불화, 갈등, 어려움이 나타나 그것을 뒤흔들기 시작하면서 영상은 흐려진다. 그러한 진동과 혼란에 대한 당신의 태도는 흔들림을 더욱 심하게 만든다. 동요는 수년간 지속된다. 그렇게 살다 보면 더 이상 일을 정확히 처리하기 위해 모든 것을 찬찬히 살펴볼 수 없게 되고 다른 무엇인가가 그 자리를 차지하게 된다. 그런 뒤 스크린을 보면 얼룩과 보푸라기로 뒤죽박죽이 되어 있을 것이다. 참된 자아는 완전히 초점을 잃게 되고, 진실은 당신과 당신을 최우선으로 생각하지 않는 타인에 의해 엉망이 된다.

이것은 결국 지금 이 순간 스스로에 대해 갖고 있던 생각이나 감정, 태도 등을 모두 점검해야 할 때가 됐음을 의미한다. 자신의 생각에 확신을 갖는 것은 당연하고 정상적인 일이지만 만약 그러한 생각이 잘못된 것이라면 어떻게 할 것인가? 자신에게 가장 중요한 것을 놓치고 있다면 어떻게 하겠는가? 만약 그러한 자신의 생각을 기정사실로 받아들인다면 당신은 더 이상 새로운 정보를 찾으려 하지 않을 것이다. 이미 알아야 할 것은 다 알고 있다고 생각할 수 있기 때문이다. 그렇게 되면 놓쳐서는 안 될 자신에 대한 중요한 사실을 부인하게 된다. 그리고 초점이 완전히 빗나간 엉뚱한 이미지에서 스스로에 대한 정보를 취하게 된다.

자신에게 익숙한 양식과 정보를 의심해 보기 바란다. 그리고 자신의 자아를 왜곡시킨 장본인이 누구인지 혹은 무엇인지 찾아보기 바란다. 자신을 왜곡시킨 것을 찾아낼 수 있다면 우리는 그것을 바로잡을 수 있다. 또한 스스로에 대한 새로운 정보를 찾기를 권한다. 세상에 대한 경험과 스스로의 선택이 마구 뒤섞인 곳에 이제 막 떠오르려는 자신의 참된 자아의 모습이 있다.

자신의 진정한 모습을 알아차리지 못하는 것은 매우 슬픈 일이다. 당신은 그 베일을 벗겨내지 못한 채 가장 어두운 부분에만 온통 매달려 있었다.

오로지 사실만을 다루고자 할 때 유효한 몇 가지 일반적인 사실을 소개한다. 이 사실들은 당신의 참된 자아를 되찾는 여정에서 중요한 초석이 될 것이다.

1. 우리가 원하는 모든 것은 우리 안에 있다.

산업심리학에서는 적절한 사람과 그에게 주어진 직무man-task

interface를 찾는 연구를 한다. 그 연구의 목적은 적임자에게 적당한 업무를 할당하기 위한 것이다.

가령 비슷한 지적 능력을 가진 두 사람이 같은 일을 하는데 각기 다른 결과가 나온다고 가정해 보자. 그 까닭은 두 사람의 참된 자아에 내재되어 있는 핵심적인 특징들이 다르기 때문이다. 그들이 제아무리 비슷한 지적 능력을 가졌다 하더라도 한 사람은 그 일에 필요한 특정한 요구 조건을 충족시킬 수 있었던 것이고, 다른 사람은 그러지 못했던 것이다.

만약 자신이 직업, 인간관계, 금전, 가족, 감정, 자아에 대한 기대감 등 인생의 어느 부분에서 고전을 면치 못하고 있다면 그것은 당신 자신에게 문제가 있기 때문이 아니라 자신의 참된 자아의 모습에 걸맞지 않는 사람과 목표와 삶을 좇고 있기 때문이다. 내가 앞에서 말했듯이, 고정된 생각에 사로잡혀서는 안 된다. 자신의 삶의 모든 단면들을 하나하나 살펴보아야 한다. 자신에게 맞지 않는 것들을 원하고 추구하는 현실도 따져 보아야 한다.

2. 내가 바라는 삶은 손을 뻗으면 닿을 그 자리에 있었다.

당신이 갖고 있는 특징과 속성, 그리고 정확하고 왜곡되지 않은 지식은 당신이 어떤 사람인가를 보여주며 그것은 이 세상에서 자신과 다른 사람들을 구별해 준다. 그러나 이러한 구분이 옳은 것이 되기 위해서는 자신의 고유한 자아가 온전히 드러나는 삶을 살 수 있어야 한다. 참된 자아를 보여주고 스스로 자신의 인생의 주역으로 설 수 있게 해주는 진실한 모든 속성들을 포착해야 한다.

참된 자아의 모습을 다시 찾는 것은 깊은 산 속에 사는 도사의 도움을 받아야 하는 신비한 일이 아니다. 그것은 누구나 가능한 일이다. 스스로 충분히 할 수 있고 또한 그래야만 하는 일이다. 스스로를 모른다면 우리는 자기 자신이 될 수 없다. 길은 열려 있지만 그 길을 가느냐 마느냐는 오로지 자신에게 달려 있다. 그 길을 가지 못하면 우리는 그저 그런 사람 중의 하나가 될 것이다.

3. 우리의 삶을 이끌어 가고 있는 자아는 그냥 생겨난 것이 아니다.

삶은 때로는 외적이고, 때로는 내적인 일련의 상호작용으로 이루어진다. 세상과의 외적인 상호작용은 살아가는 데 필요한 바탕이 되어 삶을 굳건하게 만들어주거나, 반대로 삶을 수포로 돌아가게 하고 공격하고 손상시킨다. 내적인 요인과 그 반작용은 자신의 삶에서 일어난 일을 판단하고 그에 대해 어떤 반응을 보일 때 외적인 요인보다 더 큰 영향을 미친다.

만약 당신이 불친절하고 무감각한 인생의 여행에서 비롯된 존재라면 그 최종 목적지는 허구적 자아다. 허구적이라고 말하는 이유는 당신이 삶에서 겪은 부정적인 경험과 그러한 경험에 대한 당신의 해석과 반작용들—어쩌면 이것이 더 중요할지도 모른다—이 자신을 본래의 모습으로부터 분리시키기 때문이다. 그렇게 되면 자신이 누구이며 어떤 존재인지, 그리고 자신이 무엇을 원하고 필요로 하는지 모르게 된다. 대신 이러한 자아는 자신의 모습을 어떠한 이탈도 꿈꾸지 않는 순종주의자로 만든다. 그저 참고 받아들이고, 아무런 문제도 일으키지 않게 된다.

순종적인 자아는 세상을 살아가는 데 편할지 모르지만 결국 희망과 열정과 정열이 사라져버린 혼란스러운 인생에 당신을 내버려둔다. 이 같은 허구적 자아에서 벗어나 진정한 자아의 모습을 회복하기 위해서는 외적인 요인과 내적인 요인이 어떻게 자신이 지금과 같은 삶을 살도록 만들었는지를 이해해야 한다. 그리고 그렇게 주어진 영향을 스스로가 진정으로 원하고 필요로 하는 것을 만드는 데 사용하기 위해 조절할 수 있다는 것도 알아야 한다.

즉 당신이 좌절을 겪었고(외적인 요인), 그 때문에 스스로를 형편없다고 탓하게 되면(내적인 요인), 자신의 참된 자아가 아닌 허구적 자아에 연결된다. 그 허구적 자아는 실제 자신과 거의 관련이 없으며 오히려 다른 사람과 관련이 있다.

4. 잘못된 정보가 만든 나답지 않은 나.

나답지 않은 나, 즉 허구적 자아는 자신이 누구이며 어떤 존재여야 하는지에 대해 잘못된 정보를 줄 뿐만 아니라 참된 자아를 찾는 데 필요한 정보를 차단하기까지 한다. 허구적 자아가 제시하는 정보에 의존한다는 것은 고장난 나침반을 믿는 것과 같다.

갈림길에서 오른쪽 길로 가야 하는데 왼쪽으로 갔다고 생각해 보자. 이렇게 되면 문제가 이중으로 발생한다. 왼쪽 길로 가면 갈 필요도 없는 길을 가는 것이며 더 심각한 것은 오른쪽 길에서 점점 더 멀어진다는 것이다. 오른쪽 길로 10마일을 가야 할 시간에 왼쪽 길로 10마일을 갔다면 엉뚱한 길로 10마일, 다시 갈림길로 돌아오는 데 10마일, 원래 가야 할 방향으로 다시 10마일, 이렇게 30마일이나 잘못된 길을 간 것이 된다.

　이것은 허구적 자아에 의한 삶에서 특징적으로 나타나는 복합적인 오류의 한 예다. 이것은 왜 지금 타임아웃을 불러서 자신이 어디에 있는지를 확인해야 하는가에 대한 이유이기도 하다. 과연 당신의 삶은 당신이 가고자 하는 방향으로 가고 있는가?

5. 다른 삶을 살 수 있다는 가능성을 보라.

　만약 지금보다 더 나은 삶을 살 수 있다면 자신에게 "왜 나는 그렇게 살지 않는가?"라고 물어볼 필요가 있다. 우리는 지금 바로 그 질문을 던져야 한다. 지금 당장 삶을 어떻게 이끌어갈지 자문해야 한다. 아마 사신이 옴짝달싹할 수 없는 상황에 처해 있기 때문에 별다른 해결책을 기대할 수 없다고 생각할지도 모른다. 즉 자신에게 선택의 여지가 없다고 생각할지 모른다.

　돈이 없거나 기회가 없어서 혹은 나의 성공을 시기하는 다른 사람 때문에 이런 모습이 되었다고 생각할지 모른다. 어디로 가야 할지, 무엇을 원하고 추구해야 하는지 모를 수도 있다.

　스스로가 처한 상황이 어떤 것이든 간에 그런 이유는 변명이 될 수 없다. 쉽든 어렵든 자신과 자신의 가족, 그리고 더 나아가 이 세계에 대한 책임, 즉 참된 자아를 실현하는 삶을 살 책임을 갖고 있다는 것을 알아야 한다.

　만약 자신이 부정적인 자아에 갇혀 있다면 앞으로 다가오는 시간은 모두 헛되이 흘러가 버릴 것이다. 자신의 인생에서 경이롭고 소중하게 쓰일 수 있는 시간들임에도 불구하고 말이다.

오늘 하루가 그에 대한 적절한 예가 될 수 있을까? 한번 생각해 보자. 다른 수많은 날들처럼 오늘은 지나가면 다시 돌아오지 않는다. 자신이 무엇을 하고, 느끼고, 어떤 일 때문에 힘들어하고 즐거워했든 간에, 그리고 사람들과 무엇을 나누었든 간에 오늘 하루는 다시 돌아오지 않는다.

다른 삶을 살 수 있다는 가능성에 마음을 연다면 당신은 오늘로서 다른 삶을 살게 된다. 이것은 매우 중요한 차이다. 삶과 세상의 혼란 속을 헤쳐 나가는 여행이자 자신에게로 돌아가는 여행을 시작한 것이기 때문이다.

용기를 내라, 나를 가두어 두지 마라!

자신이 이루거나 이루지 못한 모든 것은 우연의 소산이 아니다. 우연이란 애당초 존재하지 않는다. 삶이라는 늪에서 허우적대고 있는 듯한 느낌을 가질 수도 있지만 실제로는 그렇지 않다. 당신은 과거에 얽매여 있지 않으며 마치 돌에 깔린 듯이 인생에 붙들려 있는 것도 아니다.

삶의 질은 우연히 얻어지는 것이 아니라 궁극적으로 외적 혹은 내적인 차원에서 자신의 선택을 통해 얻어지는 것이다. 즉 자신이 그것을 알든 모르든 간에 자신의 삶을 선택할 힘은 과거에도 지금도 있으며 미래에도 있을 것이라는 뜻이다.

문제는 자신이 그러한 결정적인 선택을 할 수 있다는 것과 선택의 기회가 있었다는 것을 몰랐다는 데 있다. 사실 자기가 아무리 원해도 선택하지 않는 것은 불가능하다. 선택은 필연적이다. 선택하지 않는 것 역시 선택이다.

뒤에서 당신의 삶을 하나하나 들여다보면 뭔가 뒤죽박죽되어 이해하기 어려웠던 것들이 뚜렷해질 것이다. 바른 선택에 힘입어 새로운 것을 만들어 낼 수 있고, 자신의 잘못된 선택을 되돌림으로써 취약한 부분을 극복하게 될 것이다. 그중 가장 중요한 선택은 자신을 대하는 태도와 관련된 선택이다.

결론적으로 말해서 당신은 스스로의 선택을 통해 참된 자아를 안에서부터 체계적으로 이끌어 낼 수 있을 것이다. 그것은 바로 눈앞의 결과뿐만 아니라 먼 훗날의 결과까지도 좌우하게 될 것이다. 세상이 당신을 가만히 놓아둘 리 없지만 그것에 끌려다니기 전에 먼저 그것을 끌고 가는 쪽을 선택해야 한다.

우리는 당신이 수동적으로 받아들인 것을 따져 볼 것이다. 그렇다. 당신은 알을 깨고 나오는 것 같은 각성의 시기를 맞이할 것이다. 그동안 허튼 것을 부여잡고 있었다는 것을 깨닫는 순간, 충격을 받을지도 모른다. 나 역시 그랬다.

또한 당신은 이제 암호를 풀게 될 것이다. 당신의 마음은 일상의 매순간을 넘기는 데도 너무 바쁘므로 일정 정도를 넘어서면 그것을 모두 의식하기에는 벅찬 상태에 이르게 된다. 우리는 일단 속력을 늦출 것이고 자신이 그동안 받아들이고 감수했던 것의 실체가 드러나면 거짓 보상을 받는 일을 그만두게 될 것이다.

이 모든 일을 하기 위해서는 용기가 필요하다. 분명 당신의 인생이 한마디로 잘못된 것이었음을 깨닫는 각성의 시기가 왔을 때 당신은 너무도 오랫동안 자신의 생명 에너지를 낭비했다는 것을 알고 망연자실할 것이다.

그러나 그것은 커다란 전환의 시기다. 그러므로 당신이 생각하고 행동하는 바를 묻는 모든 질문에 솔직하게 답해야 한다.

자신의 삶이 최대한 그 날개를 펴도록 하기 위한 개인적 진실-자신의 자아개념 속에서 나타나는 변화-은 전적으로 안에서 밖으로 나오는 것이다. 그것은 참으로 진실하고 소중한 것이다.

우리는 세상의 흐름을 바꿀 수 없다. 그리고 자신의 관할 범위 내에 있는 것 역시 바꾸기가 어렵다. 우리가 바꿀 수 있는 것은 우리가 세상에 참여하는 방식이다.

다시 말해서 희미했던 자신의 참된 모습을 성공적으로 드러내는 데 필요한 사람은 바로 우리 자신이다.

나는 당신이 진정한 자아의 모습을 찾고 그렇게 사는 법을 배운 적이 없거나, 아니면 완곡하고 현학적인 혹은 심리학적인 말만 들어왔을 것이라고 생각한다. 번지르르한 말이 그럴 듯해 보일 수는 있으나 실제 자신의 삶과 존재라는 건축물을 만드는 데에는 아무런 소용이 없다.

SELF MATTERS
한 번뿐인 내 인생
남에게 맡기지 말자

우리 안에 있는 것에 비하면 우리 뒤에 있는 것과
우리 앞에 있는 것은 매우 보잘것없다. - 랠프 왈도 에머슨

삶을 변화시키기 위해서는 먼저 자아란 무엇인가에 대해 명확하게 정의를 내릴 필요가 있다. 자아의 의미를 애매한 상태로 남겨둘 수 없기도 하거니와 당신이 그 말을 적절하게 사용하지 못하는 일이 생겨서는 안 되기 때문이다.

나는 우리가 자아개념을 이해하는 데 있어 때려 맞추기 식으로 하지 않기를 바란다. 나는 단순히 자아의 모습만을 밝혀내고자 하는 것이 아니라, 어떻게 그러한 자아의 모습이 형성되었는지를 밝혀내고자 한다. 그러기 위해서 당신에게 다음과 같은 몇 가지 중요한 질문을 던질 것이다.

> 1. 당신이 이 세상에서 온전한 독립적 개체가 되기 위해 그동안 해 왔으며 현재 하고 있는 구체적인 행동은 어떤 것인가?
> 2. 자신을 어떻게 바라보고 느끼는가에 영향을 미치는 동시에 그것으로부터 영향을 받는 사고와 감정의 패턴은 어떤 것인가?
> 3. 그 패턴을 자각한 순간 일상생활에서 나타나는 행동과 반응은 무엇인가?
> 4. 당신이 지금 안고 살아가는 결과를 가져온 스스로의 선택은 어떤 것인가?
> 5. 당신은 더 생산적인 결과를 가져오기 위해 어떤 방식으로 새로운 선택과 행동을 하는가?

이러한 질문의 의미와 중요성을 간파하고 자신의 삶에 대해 질문을 던지기 시작한다면 당신은 자신의 자아개념을 이해하는 아주 중요한 과제를 시작하는 것이다.

모든 사람들은 아주 구체적인 자아개념을 가지고 있다. 자아개념이란 자신에 대한 믿음, 사실, 견해, 인식으로 이루어진 집합이다. 우리는 그것을 가지고 인생이라는 여행을 한다.

이 책을 읽는다고 해서 없던 자아개념을 새로 갖게 되는 것은 아니다. 문제는 당신이 자아개념에 포함된 내용의 반 이상을 제대로 인식하지 못하고 있다는 사실이다. 내가 지금 연필과 종이를 주면서 당신이 스스로에 대해 믿고 있는 바를 모두 쓰라고 한다면 아마 반도 못 쓸 것이다.

바로 이것이 문제다. 부정할 수도, 그리고 다른 것으로 바꿀 수도 없는, 스스로에 대한 강력한 믿음을 견지할 가능성이 있다는 것이다. 그러한 믿음의 존재조차 인식하지 못하고 있기 때문이다.

이 말은 스스로는 모르고 있지만 세상 속에 자신의 모습을 드러내는 자기 나름의 방식이 있다는 것을 의미한다. 자신의 자아개념이 계속해서 변화하고 있거나, 아니면 오랫동안 변화가 없었을 수도 있지만 어쨌든 누구나 자아개념이 있으며 자신이 행동하고 느끼는 모든 것은 이와 같은 자아에 대한 인식에서 유래한다.

자아개념이 왜 그토록 중요한가에 대해서는 충분한 설명이 되었으리라 믿는다. 자아개념에 대해 확신이 있는 사람은 그렇지 못한 사람과 달리 자신의 세상을 바꾸기 위한 행동을 할 수 있다. 자신을 어떻게 믿고 자신의 실체를 어떻게 보느냐 하는 것은 곤경에 처했을 때 매우 중요하다.

자기개념과 인생의 궁극적인 모습은 서로 직접적인 관계가 있다. 그 두 가지 요소가 서로 연결되는 방식은 다음과 같다. 특정한 삶의 경험을 축적하여 그 경험에 대해 행동으로 반응하거나 그 의미를 나름대로 풀이한다. 그로부터 자신에 대한 믿음이 형성된다. 가령 자신의 능력, 매력, 영향력, 추진력과 활력 등에 대해 나름대로 판단이 서게 된다.

이러한 자기평가에 기초해서 자신을 특정한 속성으로 분류하게 되면 당신은 세상에 자신을 내어 보일 일관된 페르소나(persona, 개인이 사회 속의 인간관계를 원활히 하기 위해 갖춘 의식적이고 피상적인 성격 — 역주)를 채택하게 된다.

이와 같이 자아와 관련되어 있고 자아에서 파생된 자기 동일적인 특성들과 그것이 세상에 드러나는 모습을 기반으로 해서 세상에서 일어나는 모든 일에 대해 자기주장을 견지하게 된다. 성공과 실패, 사랑, 돈, 업적, 명예, 평화, 조화 등과 같은 결과물들은 모두 스스로 결정해서 만들어 낸 페르소나에서 유래한다.

세상에 대해 자기주장을 견지한다고 말할 때 알아야 할 것이 있다. 사람은 말, 행동, 감정, 몸, 마음, 또는 그것이 섞인 형태로 메시지를 보내므로 의사소통의 오직 7퍼센트만이 말로 표현되며 그 말 속에 담긴 모든 생각은 생리적으로 연관성을 가지고 있다는 것이다. 꼭꼭 숨겨두었다고 생각했던 자아개념이 드러난다면 자신이 행하는 의사소통의 나머지 93퍼센트가 무엇을 외치고 있는지 스스로에게 물어보라.

세상을 향해 나아가는 태도와 처신에 대해서도 생각해 보라. 그것들은 자신에 대해 어떤 말을 하고 있는가?

나는 세상과 어떤 식으로 관계를 맺는가

내가 접하는 세상의 반응은 내가 만든 것이다. 즉 내가 다른 사람들과 관계를 맺는 자세와 태도가 그들이 나에게 어떤 반응을 보이느냐를 결정했다는 뜻이다. 내가 화를 내면 그쪽에서도 화를 낼 것이다. 실패자의 모습으로 사람들과 관계를 맺으면 사람들 역시 나를 실패자로 대할 것이다. 내가 하는 말이나 태도가 피해 의식으로 가득 차 있다면 사람들은 나에게 진력이 날 것이다.

이것만이 사람들을 진력나게 하는 것은 아니다. 반대의 접근 방식도 불쾌감을 불러일으킬 수 있다. 내가 세상을 향해 "나는 내 멋대로 할 것이다. 이 세상은 내 놀이터다. 당신이나 당신이 원하는 것에 대해서 나는 조금도 개의치 않을 것이다."라고 말한다면 사람들은 더 이상 나와 어울리고 싶지 않다는 결론을 내리게 된다.

사람들이 세상과 관계를 맺는 방식은 각각 다르다. 그런데 세상과 자신을 엮는 스스로의 방식을 찬찬히 살펴보는 사람은 거의 없다. 이것은 무엇보다 중요한 문제다. 세상과 자신을 다른 방식으로 엮는 순간, 당신을 향한 세상의 반응도 변하게 마련이다.

그러므로 세상과 관계를 맺는 방식은 우리가 다루어야 할 가장 중요한 주제다. 다른 사람들과 관계를 맺는 데 있어서 기본이 되는 **진리를 깨닫고 그것을 받아들여야 한다.**

여기서 정말 놀라운 것은 자아개념을 형성할 수 있도록 하고 그것을 특정한 방식으로 나타나도록 만드는 것은 내가 어떤 선택을 했고 그 선택이 어떤 과정을 거쳐 이루어졌는지에 대한 자각이 없이도 얼마든지 가능하다는 사실이다.

아무 생각 없이 세상과 세상 사람들에게 자신의 역할을 찾아달라는 메시지를 보냈는데 그 역할이란 것이 스스로 몇 겹의 인생을 산다 해도 전혀 하고 싶지 않은 것일 수 있다. 하지만 자신이 그런 메시지를 보냈으니 세상은 그 말대로 했다. 어쩔 수 없이 하게 된 그 역할들이 궁극에는 나라는 존재와 개성에 깊숙이 스며들어 에너지를 고갈시키는 요소로 변질된다.

　우리 모두는 자신이 어떤 상황에서 거부당했을 때의 아픔이 얼마나 큰지 잘 알고 있다. 팀에 선발되지 못했을 때, 파티에 초대받지 못했을 때, 데이트에서 퇴짜를 맞았을 때, 정말 원했던 직업을 얻지 못했을 때, 결혼을 했는데 결국에는 버림받아 파경에 이르렀을 때, 직장에서 해고당했을 때 등을 예로 들 수 있다.

　이렇게 거부를 당할 때는 아픔이 따르기 마련이고 이때 생긴 편린은 내가 어떤 사람인가에 대한 깊은 이해로 이어진다. 실제로 일어난 일의 정황과 사실이 어떤 것이든 간에 거부당했다는 그 아픔이 사실을 압도하고 왜곡시킨다.

　만약 당신의 인생도 이런 식이라면 다른 사람들이 자신을 그렇게 볼 것이라고 느끼거나 상상한 것에 근거한 자아개념을 키워온 것이 되며, 우리가 돌아온 자리는 사람들의 편견이 될 것이다. 왜 그런 불특정한 사람들에게 자신의 힘을 넘겨주려고 하는가?

　학교 친구들 중에 당신을 잘 생기고 재미있는 데이트 상대로 여기지 않는 친구들이 있을 수 있다. 그래서 어떻단 말인가? 그런데도 그러한 경험을 끌어와서는 자기 주변에 꼭 붙들어 둔다. 그것이 자신에게 어떤 식으로 영향을 미치는지 전혀 깨닫지 못한 채 말이다.

　나는 자신이 누구인가를 규정하는 과정이 무의식적이면 무의식적일수록 기계적으로 스스로에게 입력하는 내용도 많아질 가능성이 있다고 생각한다. 그것은 마치 당신이 '자아'라는 그릇을 가지고 있는데 사람들이 와서는 거기에 이것저것 마음대로 아무거나 집어넣는 것과 같다.

내가 당신에게 그 안에 있는 것들을 하나하나 살펴보고 그것을 그냥 남겨둘지, 아니면 버려야 할지 결정하라고 했다고 치자. 당신이 하나씩 꺼내서 본 뒤에 이런 말을 한다고 가정해 보자.

"좋아. 학교에서 공부도 열심히 하고 성적도 좋았던 내 모습 중의 하나군. 내가 자랑스러워하는 부분이지. 이건 남겨둬야 돼."
"이것은 아버지가 끊임없이 꾸짖고 쓸모없는 놈이라고 말했던 내 모습 중의 하나군. 이건 버려야지. 남겨둘 필요가 없어."

하지만 사람들은 그렇게 하지 않는다. 우리는 대개 "내가 어떻게 해서 이런 모습으로 살고 있을까?"라는 질문을 던지지 않는다. 자아 속에 있는 것들은 그냥 원래부터 있는 것이라고 생각한다.

이런 수동적인 태도를 나는 인생살이에 관한 '뽀빠이 이론'이라고 부른다. 즉 만화영화 〈뽀빠이Popeyes〉에서 주인공 뽀빠이가 잘 쓰던 표현 중 "나는 나라는 말씀!"이라는 말이 담고 있는 태도와 같다. 이래서는 어떤 질문도, 어떤 대답도 불가능하다. 그저 자신을 지금의 모습에 묶어 둘 뿐이다. 따라서 나는 당신의 자아개념을 일말의 의혹도 남기지 않고 명확히 하려는 것이다.

어쨌든 나는 당신이 자신의 개인적인 역사에서 빠져나올 수 있는 힘을 주고자 한다. 당신은 사람들이 종종 "길러준 대로 살아가서는 안 된다.", "과거의 노예가 되어서는 안 된다."라고 말하는 것을 듣는다. 하지만 이런 말들은 너무도 일반적이고 피상적이어서 별로 쓸모가 없다.

그 역학 관계를 다음과 같은 식으로 생각해 본다면 더 큰 도움이 될 것이다. 과거는 자신의 인생에서 일어난 일 중에서 자신이 기억하고 있는 것들과 내면의 대화를 통해 현재에 영향을 미치고 미래를 좌우한다. 아주 적절한 말이라고 생각한다.

이어지는 장에서 큰 성과를 얻으려면 당신은 이 공식에 익숙해질 필요가 있다.

과거는 자신의 인생에서 일어난 일 중에서
자신이 기억하고 있는 것들과
내면의 대화를 통해
현재에 영향을 미치고 미래를 좌우한다.

이 공식을 자세히 보면 우리가 따라가야 할 지도라는 생각이 들 것이다. 만약 길러준 대로 살지 않겠다고 진지하게 다짐한다면, 그리고 이것이 말뿐이 아닌 실천을 동반한 움직임이라면, 자신이 어떤 식으로 성장했는지에 대해 솔직해야 한다. 과거의 모든 일에 대해 허심탄회하면서도 철저해야 한다. 중요한 사건과 자아개념에 포함된 어떤 사건에 대한 기억을 자세히 설명할 수 있어야 한다.

끝으로 이 책을 읽어나가면서 당신은 과거가 현재에 스며드는 유일한 통로가 바로 과거를 표현하는 내면의 대화라는 것을 이해하게 될 것이다. 내면의 대화를 통해서 당신은 살아오면서 접했던, 다른 사람들로부터 들은 잊을 수 없고 치명적인 말에 대해 자기 자신과 이야기하게 된다. 결국 이 말은 당신이 과거의 감옥에서 벗어나고자 하는 희망을 품기 이전에 먼저 언젠가 어떤 이유 때문에 자신에게 말했던 내용을 확연하게 밝힐 필요가 있다는 뜻이다.

이 모든 당부의 말들 중에서 사실상 가장 중요한 것은 자신의 역사를 제대로 알라는 것이다. 이것이 바로 우리가 여기서 하고자 하는 일이다.

그러므로 자신의 역사를 알고 거기서 빠져나올 수 있어야 한다는 궁극의 목표를 한시도 잊어서는 안 된다. 과거에 지나온 자리를 돌아봄으로써 자신이 누구이며 어디로 향하고 있는지에 대해 적절한 결정을 내릴 수 있다.

나는 내 인생에서 스타가 될 수 있다

사람들과 참된 자아에 대한 얘기를 하다 보면 종종 이상한 현상을 보게 된다. 참된 자아가 자신에게 어떤 식으로 힘과 비전과 열정을 가져다주는지에 대한 얘기를 꺼내면 몇몇 사람들은 시선을 아래로 떨어뜨리고만 있다. 그들은 수줍은 태도로 불만스러운 표정을 지으며 우유부단한 모습을 보일 뿐이다.

마치 "힘이라고? 비전이라고? 열정이라고? 유명 인사가 여길 방문했나?"라고 하는 듯하다. 그들은 내가 자신들에 대해 얘기하고 있다는 것을 상상도 못한 채 '이봐, 난 유명한 배우도 아니고 세계 지도자나 정의를 위해 싸우는 영웅도 아니라고. 나는 그저 일터에 나가고 아이들을 키우고 공과금을 내고 살을 빼느라 애쓰고 텔레비전을 보고 내일을 걱정하며 하루하루를 살아가는 평범한 사람이라고.'라고 생각한다.

이 책을 읽는 당신도 내가 만났던 우유부단한 사람들처럼 자신을 대단한 사람이라고 여기지 않을 수도 있다. 자신의 인생에 힘이니 비전이니 열정이니 하는 말을 갖다 붙이는 것이 마치 멜로드라마를 보는 것 같은 기분이 들게 할 수도 있다. 마음속에서 나지막이 '그런 것들은 다른 사람들의 이야기다. 당신이 책에 써놓은 이야기들은 그저 고상한 사람들의 이야기일 뿐, 나에 대한 이야기일 리 없다.'라고 말하고 있는지도 모른다.

하지만 솔직하게 답한다면 당신은 지금의 삶보다 더 나은 삶을 살 수 있는 가능성에 대해 알고 있거나 적어도 생각해 봤다는 것을 인정하지 않을 수 없을 것이다. 더 많은 능력, 더 많은 기쁨, 더 많은 평안에 대해 생각해 본 적 없는가? 물론 당신은 유명한 영화배우도 아니고 세계에서 주목받는 지도자가 아닐 수 있다. 하지만 당신은 스타가 될 수 있다. 바로 자신의 인생에서의 스타 말이다. 당신은 그렇게 될 수 있고, 그렇게 되어야 하며, 그렇게 될 것이다.

아주 멋진 이론이라고 생각하지 않는가? 그것이 제아무리 황당해 보일지라도 나는 이 세상이 당신을 염두에 두고 창조되었다고 믿는다. 나는 삶이라는 질서 속에 당신의 특별한 자리, 당신이 채워야 할 특별한 역할이 있다고 믿는다. 그렇다. 그 역할은 비전과 열정과 힘으로 채워져야 한다. 주저하지 말고 좀 더 의식적인 노력을 기울여 자신의 삶을 향한 길을 준비해야 한다.

"나는 좀 더 많은 것을 원한다."고 말한다 해서 자신을 이기적인 사람이거나 자기중심적인 사람이라고 생각해서는 안 된다. 만약 자신의 참된 자아의 모습으로 설 수 있다면 당신은 양심의 가책을 느끼고 '이건 그냥 나라고. 뭐 대단한 사람이 아니야.'라고 생각할 필요는 없다. 당신은 '이봐, 우리가 이야기하고 있는 것은 내 삶이라고. 내가 한번 멋지게 해보고 싶다고. 내 인생의 스타가 되고 싶다고.'라고 생각해야 한다.

그 다음으로 해야 할 일은 자신의 책임을 자각하는 것이다. "검은 먹구름도 뒤쪽은 은빛으로 빛난다."는 속담이 있다. 자신의 인생을 더 나은 것으로 만들 수 있는 기회를 갖는다는 것은 대단한 일이다. 지금 나는 당신에게 그럴 권리가 있다는 것이 아니라 당신에게 그렇게 해야 할 책임이 있음을 얘기하고 있다. 당신에게는 그 기회를 극대화할 책임이 있다.

참된 자아의 모습을 찾아내서 삶을 적극적으로 살기 위한 준비를 하지 않고, 그저 자극이 주어지는 대로 아무 생각 없이 살려고 한다면 그것은 자신과 세상, 그리고 그 세상 속의 모든 사람들을 기만하는 것이다. 특히 자신의 삶 속에 들어와 가깝게 지내고 있는 사람들을 기만하는 것이다.

자신이 가진 최고의 자질을 계발해서 그것을 드러내지 못하면 당신의 아들, 딸, 남편 혹은 아내, 그리고 그 외의 가족과 친구들은 당신과 비슷하지만 당신의 아류에 불과한 당신의 허구적 자아를 마지못해 받아들이게 된다.

당신이 지금 당장 그렇게 느끼지 않는다고 해도 나는 당신이 그

동안 많은 것을 받으며 살아왔다는 것을 자신 있게 말할 수 있다. 그러면 어떻게 될까? 당신에게 기대하는 것도 많아진다. 그러한 기대를 충족시키기 위해서는 바로 참된 자아의 모습으로 살아가야 하며 당신만이 갖고 있는 특징을 최대한 발휘해야 한다.

최상의 결과를 얻기 위해서는 최고의 자신이 되어야 한다. 이제 해야 할 일은 자신의 참된 자아를 찾아 그것과 하나가 되어 그 모습으로 사는 것이다. 이 과정에서 첫 번째로 해야 할 것은 자신의 자아개념을 제대로 파악하는 것이다.

2장 지금의 나를 만든 것은 무엇인가

SELF MATTERS
나를 둘러싼 모든 것들

> 진정 위대한 사람은 위기를 맞이하여 자신에게 돌아올 줄 아는 사람이다.
> – 샤를 드골

　이제 우리는 자아개념이 자신의 삶에서 매우 중추적인 부분에 위치하고 있음을 알았다. 무관심, 고통, 두려움, 혼란, 노여움, 자신의 삶이 삐걱거리고 있다는 느낌 등은 자신의 참된 자아를 잃었기에 치르는 대가다.
　물론 일부러 그런 삶을 만든 것은 아니겠지만 좀 더 분명한 선택을 했었다면 우리 모두는 참된 자아의 모습으로 살아가는 삶을 선택할 수 있었을 것이다. 재미있고, 알차고, 기대되고, 의미 있는 그런 삶 말이다.
　그렇다면 어떻게 해서 사람들은 자신이 원하는 것과는 무관한 삶을 살게 되었을까? 삶의 질을 극대화하기 위해서는 참된 자아가 변형되고 묻히고 잊혀진 과정을 정확하게 알아야 한다. 그 과정은 외적인 요인과 함께 비롯된다.

　인간은 사회적 동물이다. 나는 이 사실이 한편으로는 이롭고 또 한편으로는 이롭지 못하다고 생각한다. 왜냐하면 타인은 내가 외로울 때 필요한 존재가 될 수도 있지만 동시에 나를 옭아매는 커다란 족쇄가 될 수도 있기 때문이다. 타인이 더 이상 우리에게 힘이 되어주지 못하고 고통을 주는 존재가 되기 시작하면 그것은 아주 급격하게 나 자신의 모습을 변화시킨다. 밖에서 일어난 일이 안으로 영향을 미치는 것이다.

　바깥에서 일어난 일이 일단 내재화되면 평생 사라지지 않는 상처로 남게 되고, 삶은 잔인한 것이 될 수도 있다. 그렇게 되면 참된 자아의 모습은 다른 것으로 변질된다.

　당신의 참된 자아는 처음에는 전시장에 세워진 새 차처럼 아주 견고하고 손도 안 댄 깨끗한 모습이었을 것이다. 색상은 선명하고, 반짝거리고, 흠이라고는 전혀 없었을 것이다. 매끄럽고 완벽한 그 차가 몇 년 동안 전시장에서 안전하게 관리된다면 5년, 10년, 아니 50년 동안이라도 처음의 그 상태를 유지할 수 있을 것이다.

　하지만 일단 차를 몰고 밖으로 나가 세상과 부딪히기 시작하면 분명 바깥 세상살이에서 얻은 고난의 흔적들이 생기기 시작할 것이다. 몇 년 동안 차를 굴리면서 문을 쾅쾅 여닫고, 뜨거운 햇볕을 받고, 울퉁불퉁한 길에 흔들리고, 흙받기가 구부러지고 때로는 심하게 부딪쳐서 파손되기도 하는데 그렇게 되면 처음의 차 모습은 온데간데없고 이 차가 과연 처음 전시장에서 봤던 번쩍거리고 튼튼한 그 차였는지 상상조차 할 수 없게 된다.

하지만 그 차는 여전히 그때 그 차가 맞다. 30년 된 고물 자동차라 할지라도 원래대로 복구할 수 있다. 물론 그것이 쉽다는 얘기는 아니지만 더 이상 어쩔 도리가 없다면 뭔가 조치를 취해야 한다.

우리는 당신의 삶을 철저히 해부할 것이다. 그러면 당신은 자신의 참된 자아가 언제 어디서 살아 숨 쉬는가를 알 수 있을 것이다.

나는 자신이 지나온 모든 삶을 주목하는 것이 아니라 세 가지 범주의 사건들만 살펴볼 것이다. 사회학자들은 자아개념의 진정한 원천과 당신이 어떤 모습으로 삶을 살아갈지 결정해 주는 것은 며칠간 지속된 아주 중요한 사건과 그 사건에 개입된 몇 안 되는 중심인물로 압축된다고 말한다.

내가 당신에게 말하고자 하는 것은 당신이 살아온 수많은 세월 중에서, 또 거기서 행했던 수없이 많은 선택과 결정 중에서, 그리고 만났던 수많은 사람들 중에서 당신의 삶과 당신 모습의 밑바탕이 된 것은 다음과 같은 것들이라는 점이다.

- 열 번의 결정적인 사건
- 일곱 가지의 중요한 선택
- 다섯 명의 중심인물

잠시만 생각해 보면 이것이 그리 황당한 것은 아님을 알게 될 것이다. 누구에게나 삶은 틀에 박힌 단조로운 일상이 계속되다가 사이사이에 결정적이고 핵심적인 사건이 일어나는 것이다.

때로 그 사건은 한순간에 일어나기도 한다. 삶이란 다 그러하다. 자아개념을 이해하기 위해서는 이러한 삶의 속성에 대해 분명히 자각하고 있어야 한다.

자신이 가진 열 번의 결정적인 사건과 일곱 가지의 중요한 선택, 다섯 명의 중심인물 중에서 자아개념에 긍정적인 내용을 포함시키고 자신의 참된 자아를 고양시키고 확인시켜 주는 것이 있다. 또한 그중에는 자신의 참된 자아에 해를 끼치고 스스로를 바라보는 태도를 왜곡시킨 것도 있다.

이처럼 중요한 요인들을 파악하고 정신적인 차원에서 한 발 뒤로 물러서서 판에 박힌 평범한 일상적인 삶을 조망하고, 삶에서 결정적인 결과를 유발한 사건과 그 사건을 일으킨 요인들을 조망할 수 있을 때 우리는 놀라움과 함께 자신에게 영향을 끼친 결정적인 사건과 중요한 선택과 중심인물을 명확히 가려낼 수 있을 것이다.

그것은 마치 그 안에 특정한 이미지를 숨겨놓은, 다양한 색상의 수천 개의 점으로 이루어진 눈속임인 '매직 아이magic eye'를 보는 것과 비슷하다. 숨어 있던 배경 그림의 쓸데없는 부분들을 지우면 이미지가 자연스럽고 선명하게 드러난다. 그렇게 드러난 그림이 바로 당신 인생의 열 번의 결정적인 사건과 일곱 가지 중요한 선택, 다섯 명의 중심인물이다.

이러한 중요한 외적인 경험들에 주목하게 되면 자아개념이 무엇을 계기로 그렇게 형성되기 시작했는지 알게 될 것이다.

자기 자신만 느끼는
마음의 상처

가장 중요한 외적인 경험들을 살피는 과정에서 자신의 삶과 자아 개념에 커다란 영향을 미친 특별한 경험과 거기에서 빚어진 결과를 예의주시해 주었으면 한다.

이는 '정신적 손상psychic disfigurement'이라고 불리는 것으로 초등학교 5학년 때 일어난 일이 어떻게 해서 마흔두 살의 당신에게 영향을 미칠 수 있는가를 보여주는 것이다. 만약 그때의 그 일이 자아 개념 속에서 어떤 부분을 차지하고 있을 가능성이 있다면 지금이야말로 그 가능성에 대해 한번 곰곰이 따져 보아야 한다.

정신적 손상은 불에 덴 살갗의 상처라고 보는 것이 적절한 비유일 것이다. 화상을 입게 되면 불에 데자마자 그 사건은 이미 종결된 것이다. 살갗이 처음 불에 닿아 피부와 피하 세포가 손상을 입는 데 걸리는 시간은 수천 분의 1초밖에 안 될 것이다. 한편으로 생각하면 상처를 입히는 행위가 그 순간에 끝나 버린 것이다. 더 이상 불에 데이고 있지는 않다. 하지만 그렇게 상처를 입히는 행위가 끝난 것이 아님을 우리는 잘 알고 있다.

가령 불행히도 얼굴에 화상을 입고 상처가 깊게 남은 사람이 있다고 하자. 그는 화상으로 인해 세상 밖으로 나가는 데 있어 자신감을 크게 상실한다.

다시 말해서 그가 입은 육체적 상처가 정신에도 지속적으로 영향을 미치는 것이다. 그는 아마 "나는 바깥에 나갈 수도 없고, 나가지도 않을 것이며, 내 자신을 보여줄 수도 없고, 보여주지도 않을 것이다."라고 말할 것이다.

　이제는 심리적인 상처를 입은 사람에 대해서 생각해 보자. 서로 믿고 가깝게 지냈던 혈연관계에 있는 사람이 상처를 입혔을 수도 있고 친구로부터 심한 말로 모욕을 당했을 수도 있다. 혹은 어린 시절 눈앞에서 벌어지는 일을 속수무책으로 바라보고 있을 수밖에 없었을 수도 있다. 이러한 경우에도 사건 자체는 눈 깜짝할 사이에 끝나고 만다. 하지만 그 사람의 자아개념, 즉 그의 정신은 상처를 입어 멍이 들고 깊은 골이 패이게 된다.

　만약 이처럼 자신의 삶에 정신적인 외상이 존재한다면 당신은 마치 불에 덴 상처를 안고 사는 것처럼 살고 있을 것이다. 육체적 상처와는 다르게 정신적 손상은 오로지 자신만 느끼는 상처지만 당신은 그 상처를 마치 눈에 보이는 상처처럼 생각하여 세상을 기피하게 되고, 같이 어울리고 경쟁하는 것을 회피한다. 침묵과 자의식의 그늘 속으로 몸을 숨긴 채 수동적인 삶을 살게 되는 것이다.

　요점은 정신적 손상이 육체적 손상만큼이나 자아개념을 약화시키고 무력하게 만든다는 것이다. 만약 자신의 자아개념이 황폐하다고 느낀다면 자신의 삶에서 그런 정신적 손상이 있었는지를 생각해 보아야 한다. 앞으로 몇 가지 연습을 하는 가운데 자신의 역사 중 한 부분을 밝힐 수 있고, 어두운 그림자에서 비켜서서 참된 자아를 향해 나아갈 수 있을 것이다.

　모든 사슬에는 첫 고리가 있다는 것을 명심해야 한다. 계속 변화하는 자아개념의 사슬에서 첫 번째 고리는 대부분 상호 영향을 미치는 외적인 요인인 경우가 많다. 자기 삶의 사슬에서 첫 고리 역할을 하는 것이 무엇인가를 살펴봄으로써 나의 이런 주장을 이해하기를 바란다.

나를 삶의 사슬에 꽁꽁 묶은 장본인은 바로 나다

삶의 결정적인 사건이 되었던 것을 써보라고 하기 전에 도움이 될 만한 것을 하나 말해 주겠다. 그것은 살아가면서 겪게 될 수많은 일들의 결과를 규정짓는 환경 중의 하나가 이미 내가 태어나기 이전부터 성립되었다는 것이다. 그것은 대단한 것이다.

자신이 어느 곳의 어떤 집안에서 태어났고, 어떤 사람들 속에서 자라났는지 등과 같은 우연적인 것처럼 보이는 요소들을 돌이켜 보자. 다시 말해 자신에게 아주 중요한 결정적인 계기 중 하나는 다름 아닌 바로 자신이 탄생한 순간이다. 그것은 자신의 의지가 반영되지 않았지만 자신을 위한 모든 선택이 이미 이루어진 우연한 일이다. 심지어 성장 과정에서도 삶이 자신에게 살아갈 수 있는 터전 이상의 것을 마련해 주었다는 것을 알 도리가 없었다. 당신은 기다란 사슬의 한 고리일 뿐이었다. 그 사슬의 고리에는 부모님, 형제·자매 등이 연결되어 있다.

이러한 사슬이 생기는 과정을 생각해 보자. 한 고리에서 다른 고리로 이어지는 이야기와 기대치는 세대를 거치면서 이어진다. 그 사슬은 내 것이 될 운명의 많은 부분을 결정한다.

자신들이 머리를 숙이고, 입을 다물고, 조용히 죽은 듯이 살아가야 하는 하층 계급이라고 믿는 부모님 밑에서 자랐다면 아마도 그런 식으로라도 이 세상을 살 수 있다는 것이 행운이라고 생각하게 될 것이다.

이렇듯 당신은 처음부터 아무도 예상할 수 없는 뽑기에서 얻어진 자아개념을 가지고 있을 수도 있다. 적어도 지금까지는 삶의 사슬에서 고리를 선택할 수 있는 여지가 없었다. 하지만 이제는 그것을 선택할 수 있다. 그 선택은 과거가 아닌 미래를 위한 것이다.

스스로를 삶의 사슬에 꽁꽁 묶은 장본인이 바로 당신 자신이라는 사실을 이해하는 것은 아주 중요하다. 처음에는 힘이 오로지 밖에서부터 안으로 당신에게 영향을 미쳤다. 하지만 그와 동시에 당신은 밖에서 일어난 일을 생각하고 해석하기 시작한다. 일단 그 사건에 어떤 의미를 부여하면, 그리고 그것을 자신의 생각에서 키워 나가기 시작하면 당신은 결과적으로 그것의 영향력을 더욱 크게 만들 것이다.

자아 인식이라는 항해를 하기 위해 마련한, 컴퍼스와 레이더를 갖춘 항법 장치는 오로지 당신이 이미 생각한 것과 일치하는 방향으로만 나아가도록 작동할 것이다. 정보와 데이터와 경험을 언제나 이런 방식으로 내면화시켰기 때문에 당신의 자아개념은 그에 따라 공고해지거나 변형되었다.

삶의 사슬은 자신의 레이더가 앞으로 포착할 그 모든 것을 이미 모두 포괄하는 거대한 프로그램 장치다. 삶의 사슬은 자기가 지닌

가능성 혹은 결핍에 대해 이미 스스로에게 알려준 사실과 일치하는 정보에만 주목할 것이다.

예를 들어 해고를 당했는데 그것이 자신의 잘못이라고 해석하게 되면 그렇게 내면화된 인식은 자신의 잘못이라고 생각되는 또 다른 사례들을 찾으려고 할 것이다. 다시 말해 성공 사례에 대해서는 관심을 덜 갖게 된다는 것이다.

대부분 사람들의 레이더는 삶의 지형도를 비추는 과정에서 제대로 된 방향으로 가도록 하는 지표가 될 정보를 찾지 않고, 오로지 확정 모드로만 작동한다. 도달하려고 하는 곳에 대해 이렇게 제한된 영향만을 주려고 하고 변화를 완강히 거부한다면 결과는 좋을 수가 없다.

학자들은 이와 같은 경험에 기반을 두고 자아를 제한하려는 경향이 모든 유기체에서 나타난다는 것을 입증한 바 있다. 이들 연구자들은 한 무리의 벼룩을 뚜껑이 달린 용기에 집어넣었다. 놀랄 것도 없이 벼룩들은 높이 뛰어올라 계속해서 병뚜껑에 부딪쳤다. 그리고 점차 병뚜껑에 머리를 부딪치는 것에 피로를 느꼈다. 벼룩들은 그들이 어느 높이 이상으로 뛰어오르면 어리석게도 뚜껑에 머리를 부딪친다는 것을 익혔다. 그래서 그들은 뚜껑에서 반 인치 정도 떨어진 위치까지만 뛰어오르기 시작했다.

나중에 병의 뚜껑을 완전히 열어도 벼룩들은 밖으로 뛰어나오지 않고 계속해서 뚜껑에서 반 인치 모자라는 지점까지만 뛰어오른다. 이처럼 벼룩들은 과거의 경험을 바탕으로 자신들이 처해 있는 환경에 맞춰 자신들이 할 수 있는 행동의 범위를 제한한다.

벼룩들처럼 머리를 부딪치는 행동과 삶의 사슬이 어떻게 나의 발목을 붙잡고, 한계를 설정하는지 이해하는 것은 그리 어렵지 않을 것이다. 개인적 진실과 자아개념은 마치 삶이 울타리를 치고 못을 박아버린 것처럼 나에게 주어졌다.

지금까지는 그렇게 울타리를 치고 못을 박고 규정했던 모든 것들이 나의 자각 밖에서 일어났었다. 뚜껑이 열렸는데도 여전히 병 밖으로 나오지 못하는 벼룩처럼 자신에게 선택의 여지가 있음을 깨닫지 못하고 있는 것인지도 모른다.

이제 아무 생각 없이 수동적으로 참여하던 삶의 사슬에 마냥 끌려가서는 안 된다. 사슬의 고리를 주체적으로, 그리고 의식적으로 만들어 나가야 한다.

당신에게는 도구가 필요하다. 어디서 출발하고, 무엇을 해야 하는가에 대한 지침도 필요하다. 약간의 도움만 받으면 당신 스스로 그렇게 할 수 있을 것이다.

당신에게는 그만한 능력이 있다. 당신은 할 수 있다.

SELF MATTERS
삶을 변화시키는 결정적 사건들

> 바람이 자면 저어가라.
> – 라틴어 속담

　내가 초등학교 5학년 때 살았던 동네는 콜로라도 주 덴버 근교에 있는 작고 깨끗한 동네였다. 우리 동네에는 고만고만한 크기의 집들이 옹기종기 몰려 있었으며 조용하고 여러 가지 편의 시설을 갖추고 있어 살기 좋았다. 사람들은 저녁을 먹고 난 뒤 베란다에 나와 두런두런 얘기를 나눴다.
　그해 나는 즐거운 학창 시절을 보냈다. 같이 몰려다니는 친한 친구들이 있었고, 성적도 좋았으며 육상에 관심이 많았다. 사실 운동은 내게 아주 중요한 것이었다. 나는 내가 경쟁할 때 마음이 편해진다는 것을 알았다.
　학년이 끝날 무렵 나는 그해 최우수 육상선수상과 모범 운동선수상을 받았다. 그것은 내게 강한 확신을 심어준 사건이었다. 처음으로 어떤 일에서 최고라는 인정을 받았기 때문이다.

나는 학교생활을 대체로 잘해 나가고 있다는 생각이 들었다. 5학년 때가 특히 그랬다. 돌이켜 보면 이때는 나의 '순수의 시대'라고 할 만하다. 나는 구설수에 오를 만한 문제를 일으키지 않았다. 나는 내가 나인 것이 기뻤고 그때 거기서 내가 하고 있는 일을 할 수 있다는 것에 행복했다.

스크린에 나의 자아상을 비춰주는 렌즈는 깨끗하고 초점도 정확했다. 그런데 입방아에 오르내릴 만한 어떤 변화가 일어나려 하고 있었다. 그것은 내게 매우 중요한 일이었다.

나는 우리 삶의 모습을 규정하는 사건들이 너무나 평범하고, 사소하고 보잘것없다는 것을 알게 되었다. 하지만 일단 거기에 개인적으로 관련되고 그것에 영향을 받게 되면, 세상의 다른 레이더에는 전혀 잡히지 않았던 것이 갑자기 엄청나게 중요해진다.

여기서 명심할 것은 그것이 자신에게 중요한 것이라면 결국 그것은 중요한 것이 된다는 점이다. 내게 일어날 사건은 개인적으로 연관된 사람이 아니면 모를 그런 것이었지만 그것은 오늘날까지 내 자아개념의 한 부분을 형성하게 될 운명이었다.

어머니 말씀에 따르면 나는 자라면서 단 한 번도 사람들과 다툰 적이 없다고 한다. 그런데 우리 학교에 다니는 애들 중에는 우리 집에서 몇 블록 떨어진 곳에 있는, 우리 동네와는 사뭇 다른 분위기를 가진 동네의 아이들이 있었다. 그들은 6학년이었다. 그들은 나보다 한 살밖에 많지 않았지만 키나 덩치에 있어서 머리 하나 혹은 가슴 하나가 더 커 보였다.

하루는 쉬는 시간에 우리가 '지옥의 6학년들'이라고 부르는 아이들이 나와 내 친구를 포함해서 저학년 아이들을 괴롭히기 시작했다. 처음에는 말로 협박을 하더니 나중에는 내 친구 마이클의 목을 잡고 조르다가 바닥에 내팽개쳤다. 거기서 끝나지 않고 그들은 일제히 두 팔로 우리들의 가슴팍을 힘껏 밀치기 시작했다.

나는 그 후의 자초지종이 어떻게 됐는지 다 기억하지 못한다. 다만 내가 그 중 한 명의 얼굴에 있는 힘껏 농구공을 던졌던 것은 기억한다. 그리고 주먹을 휘둘러 한 명을 때렸던 것도 기억한다. 사태가 걷잡을 수 없이 커지고 운동장은 아수라장이 됐다. 우리 중 어느 누구도 큰 상처를 입힐 만큼 덩치는 크지 않았지만 그 사건은 우리 모두에게 역사에 길이 남을, 도저히 형언할 수 없을 정도로 큰 전투였다. 내가 시작한 것은 아니지만 나는 누구 못지않게 그 전투를 끝내기 위해 많은 애를 썼다.

그 후 우리는 교장실로 불려갔다. 이른바 '판결석'에 앉아 있는 내 코에선 피가 흐르고 셔츠는 찢어져 있었으며 뺨에는 흙이 묻어 있었고 이마에는 혹이 나 있었다. 담임 선생님인 존슨 선생님도 불려왔다. 나는 안도감을 느꼈다. 그것은 전투 중인 병사가 지원군이 왔을 때 느끼는 그런 안도감이었다.

존슨 선생님은 내 온순한 성격과 내가 모범 운동선수상을 받은 일, 내가 친구들한테 보여준 신의 등에 대해 잘 알고 있기 때문에, 재빨리 상황을 간파하고 교장 선생님 앞에서 나를 변호해줄 것이었다. 나는 저절로 그렇게 될 것이라고 느꼈고 그러자 마음이 편안해졌다. 존슨 선생님께서 모든 것을 바로 잡아주기 위해서 오신 것이라 확신하고 있었다.

그런데 그 다음에 일어난 일은 내 인생에서 하나의 결정적인 사건이 되었다. 존슨 선생님은 교장 선생님을 쳐다보고 나를 내려다보았다. 그러고는 격분했다. 선생님이 장황하게 훈시를 시작하고 나서 처음 몇 분 동안 나는 선생님이 무슨 말을 하는지 전혀 이해할 수 없었다. 나는 몹시 놀랐다. 보아하니 선생님은 자신의 학생 중 한 명이 싸움에 휘말렸다는 것을 부끄러워하고 있었다.

내가 운동장에서 들었던 모욕적인 말은 선생님이 한 말에 비하면 아무것도 아니었다. 선생님은 자초지종에는 아무런 관심이 없었다. 그는 격한 어조로 나를 꾸짖을 뿐이었다.

그중에 내가 영원히 잊을 수 없는 꾸지람도 있었다.

"오, 그래, 네가 터프가이라도 되냐? 다른 사람들을 놀리는 거냐?"

선생님은 그들의 덩치가 얼마나 큰지 몰랐던 것인가? 선생님은 그들이 어떤 짓을 했는지 몰랐던 것인가? 적어도 선생님은 일의 자초지종을 물었어야 하지 않은가?

나는 매우 놀랐고 마음속 깊이 상처를 입었다. 그러고 나자 뭔가 이해되는 것이 있었다. 선생님은 불량배 학생들로부터 나를 보호하고 진실을 밝혀야 하는 책임을 회피하고 먼저 자신을 보호하기에 급급했다. 그는 내가 나 자신과 친구들 앞에서 떳떳이 서고자 했던 마음을 무시했다.

선생님이 하고 싶은 말은 분명했다.

"꼬마야, 내가 속한 세계에 분란을 일으키지 마라. 너는 내가 원하는 것과 내가 하라고 하는 것만 해야 한다. 내 삶을 엉망으로 만들지 마라. 엉망으로 만들고 싶거든 너희들 인생이나 그렇게 해라."

나는 그때 더 이상 삶은 공정하지 않다는 것을 깨달았다. 삶은 그렇게 객관적이지도 않았다. 내가 의지해야 할 사람은 바로 나라는 것이 분명해졌다. 내 뒤를 봐줄 사람도 바로 나였다. 나는 속으로 '무슨 생각을 하시는 건가요, 선생님? 지금 제정신이세요?'라고 말했지만 내가 큰소리로 입 밖에 낸 말은 "아니에요. 그게 아니에요. 선생님과 사람들을 놀리려는 게 아니에요." 였다.

내가 '배신'이라는 딱지를 붙인 그 결정적인 사건은 내면적으로 나의 모습을 바꿔놓았다. 그것은 순수함의 종말이라고 할 수 있었다. 어린아이의 천진난만함에서 벗어난 것이다. 아니면 세상은 더 이상 내가 멋대로 할 수 있는 것이 아님을 일깨워준 경종이라고 불러도 좋을 것이다.

어쨌든 그것은 나의 내면적인 모습을 변화시켰다. 5분여 사이에 세상은 필립 맥그로라는 사람의 석판 위에 지금껏 깨닫지 못했던 메시지를 새겨넣었다. 정말 대단한 사건이지 않은가? 그것은 존슨 선생님도, 교장 선생님도, 6학년의 남은 한 학기를 방과 후에 반성실에서 보낸 그들 6학년도 아닌 바로 내게 있어서 대단한 일이었다. 내게 있어 그것은 하나의 결정적인 사건이었다.

한 학년이 빠르게 지나갔다. 내 담임 선생님은 웰본 선생님으로 바뀌었다. 웰본 선생님은 몸집이 엄청나게 큰 분이었다. 그는 다른 과목도 아닌 미술을 가르쳤다. 선생님의 덩치와는 전혀 어울리지 않았다. 선생님의 손은 돼지의 넓적다리만 했다.

어느 날 아침, 초봄임에도 불구하고 폭설이 내리는 바람에 몇몇 선생님들을 포함해 많은 학생들이 지각을 했다. 제 시간에 온 친구들은 '큰 손' 선생님이 오실 때까지 미술실에 앉아서 기다리고 있었다. 얼마간 시간이 흘렀다. 책상 위에는 모형 찰흙덩어리가 있었다. 시계를 쳐다보는 것도 따분해서 어쩔 줄을 모르고 있었다. 우리가 서로에게 찰흙덩어리를 던지기 시작한 것은 정해진 수순이나 마찬가지였다. 우리는 찰흙 모형에서 찰흙을 조금씩 떼어내어 동그랗게 만든 다음 서로를 향해 던졌다. 우리는 매우 신이 났다. 얼마 되지 않아 미술실 안의 공기는 이리저리 허공을 날아다니는 찰흙 조각으로 메케해졌다. 나는 빅키의 머리카락을 정확히 두 번 맞힌 것이 만족스러웠다.

웰본 선생님이 미술실로 걸어 들어온 것은 바로 그때였다. 아니나 다를까 선생님은 우리 때문에 화가 머리끝까지 났다. 우리가 해서는 안 될 찰흙 장난을 했다는 것을 부인할 도리는 없었다. 하지만 나는 선생님이 우리에게 일장 훈시를 하고 깨끗이 청소하고 쉬는 시간도 주지 않겠다는 정도로 끝낼 줄 알았다. 그런데 웰본 선생님은 거의 제정신이 아니었다. 단순히 화가 난 정도가 아니라 완전히 이성을 잃었다.

불행히도 나는 그와 너무 가까운 곳에 있었다. 선생님은 나를 의자에서 집어 올리더니 마치 누더기 인형처럼 흔들어댔다. 그리고 내 오른팔과 다리를 잡고 머리 위로 역기를 들어 올리듯 들어 올리고선 큰소리로 "내가 너를 바닥에 내던지면 어떻겠냐, 앙? 난 네 머리통을 뭉개 버리고 목을 부러뜨릴 수 있어."라고 말했다.

그가 내 몸을 들어 올린 상태에서 머리 아래로 교실이 뱅글뱅글 돌고 있었다. 그는 곧 나를 내던질 태세였다. 그의 손톱이 내 살을 파고들어 오른팔에서 피가 났고 그가 조금만 힘을 쓰면 내 허리는 곧 부러질 것 같았다. 웰본 선생님은 귀신에 홀린 듯했다. 그의 눈에서는 살기가 번뜩였다. 어린 나이에 처음으로 '이제 곧 죽는구나.'라고 생각했다.

나는 겁에 질린 가운데에서도 문 쪽으로 구원의 눈길을 보내며 속으로 '제발 나 좀 살려주세요!'라고 외쳤다. 그러다 마침내 나는 사람들이 들을 수 있도록 마음속의 말을 입 밖으로 낼 수 있었다. "누가 이 정신병자로부터 절 구해주세요. 빨리요!" 그런데 이해할 수 없는 것은 교실 안의 모든 학생들이 아연실색한 상태에서 꼼짝도 하지 않았다는 것이다.

영겁의 시간이라도 흐른 것처럼 느껴졌을 때 카를이라는 바보 같은 친구가 도움을 청하기 위해서가 아닌 저만 살아보겠다고 교실 밖으로 도망쳤다. 천만다행으로 그는 밖으로 뛰쳐나가다가 역시 지각한 다른 선생님과 부딪쳤다. 그 선생님은 카를이 왜 놀라서 울부짖는지 알게 되었다. 다른 선생님들이 헐레벌떡 달려왔.

고함소리와 비명소리가 오가고 이리 밀고 저리 미는 가운데 웰본 선생님은 마침내 정신을 차렸다. 곧이어 나는 그에게서 풀려났다. 충격을 받긴 했지만 몇 군데 멍이 들고 생채기가 생긴 것 외에 크게 다친 데는 없었다.

웰본 선생님이 바닥에 주저앉아 사람들이 나를 양호실로 데려가는 것을 물끄러미 바라보던 그 모습을 나는 아직도 기억한다. 그날 이후 우리는 웰본 선생님을 다시 보지 못했다.

다시 한 번 세상은 필립 맥그로라는 석판 위에 흔적을 남겼다. 나는 지금 쉰 살이다. 그 두 사건은 내가 겪었던 일 중에서 가장 생생하고 눈에 선한 것이다. 그것이 내 인생에 있어서 두 번의 결정적인 사건이었다. 그런데 그 두 사건 중에서 어느 것 한 가지도 저녁 뉴스에 나오지 않았으며 그럴 만한 일도 아니었다. 그 두 사건은 그리 잔혹한 것도 아니다. 두 번째 사건에 대해서는 할 말이 많지만 말이다. 당신에게도 아마 이런 경험이 있을 것이다.

내가 여기서 그 사선늘을 언급한 것은 다음과 같은 나의 주장을 강조하기 위해서다. 만약 인생에서 자신에게 중요한 어떤 사건들이 있다면 그리고 그 사람들이 자신에게 영향을 미쳤다면 그러한 사건들은 충분히 결정적인 깃이라고 부를 수 있다. 내가 겪은 두 가지 사건은 보는 사람에 따라 아주 사소해 보일 수도 있지만 나의 자아개념과 삶의 태도를 바꾸고 오늘날에 이르게 했다.

나는 3년간 그 학교에 다녔고, 그 이후 몇 년간은 다른 학교에도 다녔다. 나는 수십만 분의 시간 동안 수천 개의 교실에서 수업을 들었다. 하지만 5분이 채 안 되는 동안 일어난 이 두 사건은 다른 사건들보다 더욱 확연하고 뚜렷하게 내 뇌리에 박혀 있다.

몇 가지 사건들이
내 인생의 요약본이다

　이미 말한 바와 같이 인생을 펼쳐놓았을 때 매순간을 일일이 따로 떼어 내어 기억할 수는 없는 노릇이다. 그럼에도 앞서 제시한 두 가지 경우에서처럼 우리의 인생에는 내가 누구인가를 새롭게 규정하거나 변화시키는 사건 혹은 계기들이 있다. 그 사건들은 의식 속에 아주 강하게 박혀서 내가 누구이며 어떤 사람인가에 대한 믿음에 커다란 영향을 미친다. 그 사건이 일어나기 전에는 나의 자아개념이 A였다면 그 사건 이후에는 나의 자아개념이 B가 되었다고 말해도 전혀 과장이 아니다.

　나라는 사람을 구성하는 한 부분이 내 삶의 역사 속에서 일어난 한 가지 사건으로 인해 다른 것으로 바뀌거나 변형된다. 어떤 면에서는 그 사건을 겪음으로 해서 스스로를 규정한 모습대로 살아가게 된다. 우리가 확인하고 평가해야 하는 것은 인생에서 일어난 그러한 사건과 계기들이다.

　현재 당신의 나이가 마흔이라고 해보자. 그렇다면 총 1만 4,610일을 살아온 것이 된다. 당신은 1만 4,610일을 일일이 구분할 수는 없지만 그중에 한 열흘 정도는 따로 기억할 수 있을 것이다. 특정한 사건들은 뇌리에서 떠나지 않기 때문이다.

　알프레드 아들러Alfred Adler라는 저명한 심리학자는 사람들이 자신의 역사를 배경으로 자신에 대한 정신적 그림을 그리고자 하는 경향에 주목했다. 그는 사람들이 마음속에서 자신의 모든 경험을 중요한 몇 가지 사건으로 압축하려 한다는 것을 알아냈다. 아들러 박사가 즐겨 사용했던 방법 중의 하나는 환자에게 어릴 적의 어떤 기억들이 떠오르는지를 물어보는 것이었다. 환자가 그에 답하면 아들러는 "그래서 이렇게 살게 된 겁니다."라는 말로 환자들의 얘기를 마무리했다.

그가 말하고자 하는 바는 환자들의 인생에서 상대적으로 아주 작은 부분에 불과한 그런 기억들이 환자가 자신을 인식하는 데 있어서 아주 중요하다는 것이었다. 아들러 박사는 이러한 기억들이 사람들의 개인적 진실의 핵심을 이루고 있다고 믿었다. 그가 옳았다.

한 여인이 어릴 적에 두 마리 개에게 쫓겼던 경험을 얘기했다. 그녀는 그들에게서 달아나 안전한 곳에 이르긴 했지만 떨리는 가슴은 진정되지 않았다고 했다. 그녀가 개에게 쫓긴 것은 과거의 일임이 분명하고 그로부터 몇 년이 지나 이제는 그녀가 개를 다룰 줄도 알게 되었지만 그녀는 여전히 두려움을 느낀다고 말한다.

아들러가 여기서 깨달은 것은 이 여인이 말하고 있는 어릴 적 이야기가 그녀의 인생 모두를 요약해 준다는 것이었다. 그 일이 여전히 그녀에게 깊은 정서적 혼란을 야기하고 있고 그녀에게 있어 한 가지 결정적인 사건이었던 것이다. 아들러의 말처럼 '그래서 그러한 모습으로 살게 된' 것이다.

초등학교 시절에 찾아왔던 내 인생의 결정적인 순간을 돌이켜보면 이 두 가지 사건이 내 자아개념을 어떤 식으로 바꾸어놓았는지를 분명히 알 수 있다. 우선 내가 명령을 내리는 사람들에 대해서 몸을 사린다는 것을 알게 된 것은 그리 놀랄 일이 아니었다. 그것은 나라는 사람의 한 부분을 이루고 있는 것이었다. 이러한 사건에 대한 내 자신의 인식과 해석이 정확하든 그렇지 않든 그것은 내게 있어 부인할 수 없는 사실이다. 내게 일어난 거의 모든 일에 대해 적어도 내게 그만한 잘못이 있었던 것이 아닌가를 따져 볼 수 있다. 하지만 당시 어린 나이의 나는 그런 식으로 상황을 보지 않았고 내게 그 일이 일어난 이상 그것은 그 자체로 현실이었다.

다음과 같은 상황을 잘 이해해 주기 바란다. 나는 그때 몇몇 인기 있는 선생님들로부터 줄곧 칭찬만 받으며 학교생활을 해왔다. 그리고 나는 항상 다른 선생님이나 명령을 내리는 위치에 있는 사람들로부터 존슨 선생님이나 웰본 선생님의 결점을 드러나게 한 데 대한 앙갚음을 당할까봐 주의를 게을리하지 않았다. 누군가 "너는 어떤 사람을 존경하느냐?"라고 내게 물으면 나는 머뭇거리며 "정의로운 선생님이요."라고 답했다. 그럼에도 불구하고 덴버에서 있었던 이 두 가지 일 때문에 나는 학교생활이나 위에서 나를 지배하는 사람들이 있는 상황에 적응을 하지 못했다. 지금 그것은 나의 자아개념의 일부를 이루고 있다.

인생의 결정적인 사건들 중에는 긍정적인 것이라고 확언할 수 있는 일도 있다. 긍정적인 사건들은 우리가 가진 능력을 발견하게 해주고 참된 자아의 모습을 강하게 단련할 수 있도록 만들어준다. 그러한 사건들은 우리에게 펼쳐진 모든 종류의 가능성을 조망할 수 있는 위치로 우리를 끌어올린다. 우리는 거기서 우리를 평생 떠받쳐 줄 수 있는 감정적이며 정신적인 에너지를 얻게 된다.

학교와 관련된 또 다른 일화가 있다. 이 일화는 내가 아주 절친

한 친구에게 이 책에 대한 구상을 얘기하자 친구가 내게 들려준 이야기로, 나와는 정반대의 의미로 커다란 영향을 받았던 일이었다. 나는 이 이야기에 깊은 감명을 받았다.

"저는 학교생활을 좋아했습니다. 학교는 교회 외에 유일하게 제가 가치 있는 사람이라는 것을 느끼게 해준 곳이었죠. 저는 책 읽기를 좋아했습니다. 그것은 제게 일종의 탈출구였고, 제가 다른 사람이 되어 여러 가지 일을 할 수 있는 길을 열어 보여주었던 것이죠.

제 3학년 담임 선생님이 되신 드라이버 선생님께서 우리에게 5학년 수준의 책이라고 할 수 있는 『정직한 케이티 존Honestly Katie John』을 읽어 오라는 숙제를 내주셨을 때 저는 그 어려운 책을 읽어내겠다는 생각으로 가슴이 설레었습니다. 우리는 2주 안에 책을 읽고 독후감을 써내야 했습니다. 저는 그것을 1주일 만에 끝냈지요. 드라이버 선생님께서는 이런 서와 제 독후감이 너무 흡족해서 학생들 앞에서 칭찬을 아끼지 않았어요. 선생님은 우리 반 친구들 앞에서만 저를 추켜세운 것이 아니라 교사 휴게실에 있는 선생님들을 포함한 학교의 모든 사람들 앞에서 저를 칭찬해 주었습니다.

1년 후 제가 4학년에 올라갔을 때 제 담임 선생님이 되신 던컨 선생님이 '아, 난 네가 누군지 안다. 네가 바로 예정일보다 빨리 책을 읽고 독후감을 냈던 학생이지.'라고 말할 정도였지요.

그것은 제가 인생의 전환점을 맞이하는 사건이 되었습니다. 그 한순간에 저는 열심히 제대로만 하면 사람들이 알아주고 기억해 주고 높이 평가해 준다는 것을 깨달았습니다. 어린 생각에도 저는 제가 책을 아주 좋아했기 때문에 그 책 읽기 숙제를 하는 데 어려움이 없었고 그렇기 때문에 예정일보다 일찍 독후감을 제출할 수 있었다는 둘 사이의 중요한 관련성을 깨달을 수 있었습니다.

저는 『정직한 케이티 존』이라는 책을 너무 좋아했고, 그녀와 같이 되고 싶다는 마음에 주근깨가 난 제 자신을 그 흑인 소녀라고 생각했습니다. 삶을 바꾸는 또 다른 결정적인 사건도 그것과 비슷할 것입니다. 즉 자신이 좋아하는 일을 하고, 열정을 기울일 수 있는 일을 하면 삶은 더욱더 순탄하고 행복해질 것입니다."

내게 이런 열정과 확신에 대해 말해준 친구는 바로 오프라 윈프리Oprah Winfrey다. 오늘날 오프라 윈프리는 그것이 자신의 인생에서 가장 자랑스럽고 중요했던 결정적인 사건 중의 하나라고 말한다. 배움에의 열망 덕분에 그녀는 학창 시절에서 비롯된 개인적 진실들을 바탕으로 자아의 모습을 정의할 수 있게 되었다. 그 순간부터 그녀는 열심히 하면 무엇이든 해낼 수 있다는 믿음을 갖게 되었다. 그녀는 열심히 노력해서 자신이 누구이며 어떤 사람인가를 보여줌으로써 창출해 낸 가치는 사람들로부터 인정을 받고 또한 놀라운 결과를 가져올 수도 있다는 것을 알았다. 시간이 흐를수록 그녀는 거듭 인정을 받게 되었고, 과제물을 돌려받던 그날에 대한 기억이 그녀에게 계속 용기를 주었다.

사람들이 그녀에게 남부 시골뜨기 출신의 흑인 여자가 텔레비전 리포터 일을 하는 것은 꿈도 꾸지 말라는 얘기를 할 때마다 그녀는 그날을 떠올렸다. 그녀가 아침 토크쇼의 사회자가 될 기회를 얻게 되자 사람들은 "경험도 없는 뚱뚱한 흑인 여자를? 말도 안 되는 소리지."라고 말했다. 그때도 그녀는 그날을 떠올렸다. 그녀는 초등학교 3학년 여학생의 마음속에 울렸던 작은 목소리를 기억해 냈다. 그 목소리는 그녀가 글을 쓰려고 책상에 앉았을 때 자신에게 조용히 속삭였던 소리였다. '내가 좋아하는 일이니 난 할 수 있어.' 그녀는 그 교훈을 결코 잊은 적이 없었다. 신이 주신 재능을 실현시키겠다는 굳은 결의와 최선을 다하겠다는 의지만 있으면 그녀는 무엇이든 할 수 있었던 것이다.

기억이라는 능력에 대해 잘 생각해 보면 그 능력은 은총인 동시에 저주라는 것을 알 수 있다. 기억은 시간을 거슬러 올라가는 능력이 있다. 하지만 사실을 기억하는 능력은 정확함과는 거리가 멀다. 그와는 반대로 어떤 사건과 연관된 감정은 놀라울 정도로 다시 반추해 낼 수 있다.

예컨대 어느 해의 크리스마스를 떠올린다고 해보자. 나는 그때 느꼈던 감정을 기억할 뿐만 아니라 지금 이 순간에도 그때와 똑같은 감정을 다시 느낄 수 있다고 장담한다. 자전거를 선물로 받게 되어서 매우 기뻤다면 지금도 그런 기쁨을 느낄 수 있을 것이다. 크리스마스 아침에 트리 밑에 자전거가 없어서 실망한 경험이 있다면 역시 그날 아침에 느꼈던 것과 똑같은 실망감을 느낄 수 있을 것이다. 그것은 자신의 인생에 있어서 결정적인 사건을 떠올릴 때도 마찬가지다.

나는 여섯 살에 치명적인 사건이 있었던 쉰두 살의 환자를 치료한 적이 있다. 리처드라는 이름의 그 환자는 어릴 적에 자신의 어머니와 대륙 횡단 열차를 타고 여행을 한 경험이 있었다. 열차가 출발하고 얼마 되지 않아 그는 화장실에 가고 싶어졌다.

그는 이제 다 컸으니 혼자서 화장실에 갈 수 있다고 어머니를 설득한 뒤 차량 맨 끝에 있는 화장실로 갔다. 화장실에 들어가서 그는 문을 잠갔다. 그런데 그가 화장실에서 나오려고 하자 문이 열리지 않았다. 아무리 당겨봐도 문은 꼼짝도 하지 않았다. 열차의 기적소리와 덜컹거리는 소리 때문에 도와달라는 그의 외침도 소용이 없었다. 그는 겁이 나기 시작했다. 그의 울음은 점차 울부짖음이 되어갔다. 그러나 그 소리는 누구의 귀에도 들리지 않았다.

몇 시간이 흐른 것처럼 느껴졌다. 리처드는 간신히 문을 여는 방법을 알아내어 거기서 빠져 나올 수 있었다. 여전히 두려움에 사로잡힌 채 그는 어머니에게 돌아왔다.

몇 년이 지난 후에 그는 그 일을 얘기하면서 그때 느꼈던, 그리고 아직도 느끼고 있는 공포감과 분노를 아주 생생하게 묘사했다. 그는 어머니가 자신을 찾으러 오지 않은 데 대해 얼마나 화가 났는지를 기억하고 있었다. 그 일 이후 그는 순전히 자신에게만 의지하는 삶을 살기 시작했다. 다시는 누군가 자신을 도와주리라고 기대하지도 않았고, 도움을 주어도 받지 않게 되었다. 그리고 현재까지도 엘리베이터나 화장실 같은 좁은 공간에 들어가면 등에 식은땀이 흐르는 걸 느낀다.

어린 리처드가 겪었던 공포감은 기껏해야 몇 분 정도였겠지만 어른 리처드는 아직도 비명을 지르고 싶은 충동을 느끼고 있다. 그는 그때 일을 생각하는 것만으로도 입이 바싹바싹 탄다고 했다.

그 사건은 리처드 인생의 다른 시기에 일어날 수도 있었다. 그렇다면 도대체 그 사건을 그의 인생에서 그토록 중요한 사건으로 만든 것은 무엇일까?

그가 과거에 겪었던 어떤 경험들, 배신을 당한 경험과 자신이 상황을 통제할 수 없었던 경험이 그가 열차에서 겪었던 일들과 중첩이 되었는지는 알 수 없다. 정도는 심하지 않아도 화장실 사건이 있기 전 그는 홀로 남는 공포를 느낀 적이 몇 번 있었을 것이다. 하지만 자초지종이 어떻든 간에 그 사건은 억눌려 있었던 모든 불만스러운 감정을 그 뒤로 계속해서 기억하게 되는 두려움으로 만든 결정적인 사건이었다.

강력한 힘을 동반한 그 사건은 그의 인생에서 모든 감정의 에너지와 주의력을 그 하나의 에피소드로 응축시켰다. 다시 말해서 리처드의 여러 다른 불안감을 대표하는 것일 수도 있다.

또 한편으로 그것은 44년 동안 그라는 사람을 형성해 온 결정적인 사건이기도 하다. 어린 시절에 겪었던 경험의 내용이 어떤 것이든 간에 화장실 사건은 이전에 일어났던 모든 일 중에서 그 절정이었던 것이다. 그것은 그 후로 리처드의 삶에서 일어난 모든 일들의 내용을 규정하게 되었다.

삶의 결정적인 사건들은 이처럼 우리의 인생을 요약해서 보여준다. 우리가 그것들을 자각하지 못한다면 우리는 자신에 대해 눈뜬 장님과 다름없는 신세가 된다. 그렇게 되면 삶은 예측이 불가능하고, 조리에도 맞지 않을 것이며 혼돈 그 자체가 될 것이다.

또한 지금 하고 있는 일을 왜 하고 있는지, 왜 내일은 좀 더 나은 삶이 될 것이라고 기대하는지 알 수 없게 된다. 그렇다면 우리는 어떻게 해야 할까?

내 인생의 결정적 사건은 무엇인가

우리는 상벌을 통해 해야 하는 것과 하지 말아야 하는 것을 배우기도 하지만 결국 우리의 내적인 행동을 좌우하는 것은 바로 자신이 겪었던 결정적인 사건들이다. 이 사건들은 우리에게 감정적인 반응을 심는 역할을 한다. 그것들은 우리가 살면서 맞닥뜨리게 되는 스트레스에 대해 우리가 갖는 감정과 반응을 결정한다.

결정적인 사건들이 얼마나 중요한 것인가 하면 많은 문화권 내에서 의식의 형태로 그것들을 의도적으로 제공하기도 한다. 예를 들어 고대 이집트인들은 지하에 겨우 숨 쉴 수 있는 공간만 남겨둔 채 물을 가득 채운 뒤 거기에 사람을 집어넣고 만 하루 혹은 그 이상이 지난 뒤에 그 사람을 나오도록 했다. 그렇게 한 것은 그의 머릿속에서 어떤 일이 일어났든 간에 그에게 아주 중요한 결정적인 사건이 된다고 생각했기 때문이다.

미국의 많은 원주민 부족들은 사춘기의 아이들을 광야로 보내 생사의 갈림길에 서게 되는 상황을 견딜 수 있는 힘을 얻도록 만든다. 즉 곰을 사냥하고 먹을 것도 몸을 누일 공간도 없는 산꼭대기에서 하룻밤을 보내도록 한다.

하지에 인디언들이 그들의 의식 춤인 선댄스를 추고 뜨겁게 달궈진 천막 속에 들어가도록 하는 것은 일부러 열악한 환경을 조성하여 참가자들이 그 상황의 절박함을 깨닫고 스스로 영원히 잊을 수 없는 결정을 내리도록 하기 위해서이다.

반대로 백인들의 문화에서는 그러한 결정을 내려야 할 시기가 와도 특별한 행동을 취하지 않는다. 언제, 어떻게 그러한 결정적인 사건들을 만날 것인지를 운명이나 운에 맡긴다. 그저 혼자 알아서 하게 만든다.

요컨대 그것이 계획되었든 그렇지 않든 간에 우리의 삶에는 결정적인 사건이 존재한다. 우리는 그것이 어떤 것인지를 알아내야 한다. 그래야 참된 자아를 되찾을 수 있고 스스로 인생에서 창조하는 것들과 자신에 대한 감정을 조절할 수 있다. 이 말의 의미는 우리 인생의 결정적인 사건이 우리에게서 어떤 반응을 도출해 낸다는 것이다.

그런데 거기서 도출된 반응은 참된 자아의 모습에서 비롯된 것이 아닐 수도 있다. 오히려 인생의 결정적인 사건이 자신과 세상에 대해 과도하게 부정적인 감정과 두려움을 갖게 만듦으로써 자신의 참된 힘과 능력을 보지 못하게 할 수도 있다.

이제 자신의 결정적인 사건들을 환한 태양 아래 드러낼 때가 되었다. 이제야말로 지금의 모습으로 만드는 데, 그리고 자기 자신을 그렇게 생각하도록 만드는 데 중요한 영향을 미쳤던 것들에 대해 심각하게 따져볼 시간이다.

이제 회상을 하려고 한다. 적어도 다음과 같은 두 가지 방식으로 어떤 사건에 대해 기억하려고 할 때 당신은 회상을 한다고 할 수 있다. 그 두 가지 방식이란 첫 번째가 사건이고, 두 번째가 결과다. 당신은 넘어졌던 것(사건)을 기억한다. 그 다음으로 당신의 어머니가 당신을 붙잡은 것(결과)을 기억한다. 개가 자신을 물었던 것을 기억하고 그 다음으로 울었던 것을 기억한다. 그림을 그렸던 것을 기억하고 그 다음으로 선생님이 잘 그렸다고 말했던 것을 기억한다.

기억은 스스로 재빨리 이동한다. 추측하건대, 당신은 나비를 처음 봤을 때를 기억하고 있는지도 모른다. 처음 아이스크림을 맛보았을 때를 기억하고 있는지도, 처음 자전거를 탔을 때를 기억하고 있는지도 모른다. 그러한 기억이 어떠한 결과를 가졌을 때 라이프 스토리가 되는 것이다. 즉 사건들의 연관성과 그 결과는 기억을 매우 유용한 것으로 만든다.

자, 이제부터 자신의 인생 경험과 자아개념의 발달에 있어서 아주 중요한 역할을 하였던 결정적인 사건들을 적어 보자. 이러한 사건들은 레고 놀이의 블록과 같은 것으로 그것을 가지고 삶에 대한 인식이라는 이름의 건물을 쌓아 올릴 수 있다. 지금이야말로 당신의 결정적인 사건을 서로 연결하고 자신이라는 사람의 건축물이 어떤 모양을 하고 있는지를 정면으로 바라볼 때다.

자신의 인생 전체를 바라보고 평가하고자 한다면 지레 겁을 먹을 수도 있다. 시간도 많이 걸릴 것 같고 기억해야 할 것들도 많을 것 같기 때문이다. 하지만 나는 그렇게 엄두도 못 낼 일을 하라는 것이 아니고, 중요한 사건들만을 살펴봄으로써 자신의 삶과 그것이 지난날 자신의 모습에 미쳤던 영향을 평가해 보라는 것이다. 다음의 과정들은 이처럼 중요한 개인의 역사를 일정하게 다룰 수 있는 체계적인 접근 방식을 마련해 줄 것이다.

1. 내 인생의 결정적인 사건은 무엇인가?

자신의 첫 번째 결정적인 사건이라고 생각하는 것을 떠올려 한 문장으로 그 결정적인 사건에 제목을 붙이거나 요약한다. 내 경우를 예로 들면 '존슨 선생님이 나를 호되게 꾸짖던 때'가 될 것이다. 다음으로 각 제목 밑에 일어난 일에 대하여 짧은 한 문단으로 요약한다. 존슨 선생님과 불화를 빚었던 것에 대해 내가 썼던 방식을 참고할 수 있을 것이다.

결정적인 사건 하나에 한 문단씩 총 열 개의 문단으로 정리를 끝낼 수 있을 것이다. 물론 사람에 따라 결정적인 사건이 열 개 이상일 수도 있고 그보다 적을 수도 있다. 중요한 것은 자신의 삶에서 가장 중요한 사건들을 모두 찾아내고 그 사건들과 관련된 사람들을 모두 파악하는 것이다.

2. 결정적인 사건이 있기 전과 후 무엇이 달라졌는가?

그 결정적인 사건이 찾아오기 전과 후, 당신의 자아개념의 어떤 측면이 달라졌는가? 그것은 평화, 희망, 야망, 기쁨 혹은 사랑의 감정에 영향을 미쳤을 수 있다. 이와 같이 자아개념에 영향을 준 측면을 적어놓도록 한다.

존슨 선생님에 대한 나의 이야기를 예로 들어 보자. 그 사건이 있기 전에 나는 자신을 보호해야 할 필요성과 그럴 수 있는 능력에 대한 실질적인 이해가 전혀 없었다. 자신을 보호한다는 것은 전적으로 다른 사람, 가령 어른들의 책임이라고 생각했다. 내게 공정함이라든가 안전이라든가 하는 것은 오로지 어른들, 선생님들, 부모님들의 몫이었다.

나의 접근 방식은 그저 좋은 게 좋은 것이라는 식이었다. 내 생각에 나는 그저 어린애에 불과했다. 하지만 결정적인 사건이 찾아오고 나서 나는 이제 더 이상 공짜는 없다는 것을 알았다. 나를 보호할 의무와 능력은 스스로 가져야 하는 것이었다. 더 이상 남들이 나를 위해 그렇게 해주리라 기대할 수 없었다. 그리고 나의 입장과 내 자신이 옳다고 믿는 바를 드러내는 것이 사람들에게 늘 인정받을 수 있는 것이 아니라는 것도 배웠다.

나는 학교에서 정학을 맞아 쫓겨나다시피 했지만 부끄럽지 않았다. 그렇게 상처를 입고서 수치심에 휩싸인 채 학교 정문을 나설 때 나는 옳은 일을 했다고 생각했다. 나는 몇몇 잘못된 학생들과 어른들에 맞서서 내 친구와 나 자신을 보호하고 지켰던 것이다. 나는 다시 한 번 그런 상황이 벌어져도 똑같이 했을 것이다. 나는 그에 대해 다음과 같이 적었다.

"내가 학교에서 정학을 맞고 쫓겨날 때 나를 뚫어져라 쳐다보던 학생들의 눈빛에서 나를 심판하는 기색은 없었다. 그들은 알고 있었고, 나 역시 알고 있었다. 그것은 내가 아니었어도 그들 중의 누군가가 했었을 일이라는 것을."

3. 결정적인 사건이 끼친 영향은 무엇인가?

결정적인 사건은 장기적으로 어떤 영향을 미쳤는가? 그것은 사건의 직접적인 결과로 형성된 장점 혹은 단점과 같은 것이다.

나의 경우라면 이런 식으로 내용이 시작됐을 것이다.

"5학년 때의 일로 인해 나는 다소 냉소적인 사람이 되었다. 그와 동시에 아주 의지가 강한 사람이 되었다. 나는 권위를 맹목적으로 신뢰하지 않게 되었다. 내가 나 자신을 지키지 못하면 그것을 지켜줄 사람이 없다는 것을 뼈저리게 느꼈다. 누군가 나를 위해 험난한 인생의 바다를 대신 건너줄 사람은 없다는 것을 깨달았다."

4. 결정적인 사건은 긍정적인 영향을 끼쳤는가, 부정적인 영향을 끼쳤는가?

이 질문에 대해 취할 수 있는 접근 방식의 한 예를 들어 보자. 내가 5학년 때 겪었던 일은 내가 용기 있게 스스로의 믿음을 지키고 남을 배려하는 바른 사람이라는 것을 드러내 보여주었다. 그것은 또한 위기에 처했을 때 내가 옳다고 생각하는 바를 행할 수 있는 사람이라는 것을 입증해 주었다.

물론 많은 사람들의 환호를 받으면서 한 일은 아니지만 나는 스스로에게 만족하면서 학교 문을 나설 수 있었다. 그때까지 나는 스스로의 성격을 시험해 볼 수 있는 그런 극한 상황에 처한 적이 없었다. 그와 같은 결정적인 사건으로 말미암아 나는 나 자신과 진정한 연대감을 느낄 수 있었다.

우리는 전쟁터에 나가 배수진을 친 사람들이다. 우리는 결정적인 사건을 맞이하여 스스로에 대해 어떤 사실을 알게 되었다. 나는 그들과의 대결 속에서 우리가 승리하리라는 사실을 깨달았다. 이런 발견에서 내가 엄청난 안정감을 얻을 수 있었던 것은 참된 자아가 나를 향해 보내온 매우 긍정적인 전언 때문이었다. 사건은 부정적이었지만 그 결과는 긍정적이었던 것이다.

5. 결정적인 사건에 대한 당신의 해석은 정확하다고 생각하는가?

2번, 3번, 4번에서 대답했던 내용을 좀 더 객관적인 상태에서 바라볼 필요가 있다.

예컨대 결정적인 사건이 일어난 어렸을 때의 관점이 아니라 어른이 된 지금의 관점에서 살펴보는 것이다. 또한 결정적인 사건이 다가온 순간 시간적 여유, 객관성, 노련미, 경험 등이 부족했다는 점을 고려하고 그 답변들을 다시 읽어 본다. 이제 이런 질문을 해보자. 각각의 결정적인 사건에 대한 나의 해석은 정확한 것이었는가? 아니면 과장하거나 왜곡한 부분이 있었는가?

나는 5학년 때 처벌을 받은 데 대해서 적어도 내게 얼마간의 책임이 있다는 것을 알게 되었다. 따라서 열한 살의 내가 느꼈던 엄청난 분노를 어느 정도 감안할 필요가 있다.

어른이 된 나의 시각으로 보더라도 그 어린 시절의 사건이 내게 있어 결정적인 사건이었음을 부인할 도리는 없지만 시간이 흐르고 연륜이 쌓인 덕분에 나는 그 당시의 내가 일방적인 피해자이기만 한 것은 아님을 깨닫게 되었다.

이제 시간적인 여유를 갖고 그 결정적인 사건의 성격을 자신이 어떻게 규정하는지 살펴보도록 한다. 당신은 그때 생각했던 것처럼 정말로 피해자인가? 승리, 패배 혹은 기타 결과로 당신이 그 결정적인 사건을 규정한 것은 과연 올바른 것인가? 만약 당신이 이러한 결정적인 사건에 대해 자신을 기만한 것이 있다면 이제 그것을 바로잡아야 할 시간이다.

6. 결정적인 사건에 대한 규정이 그대로 유지되어야 한다고 생각하는가, 아니면 없어져야 한다고 생각하는가?

여기서 할 일은 결정적인 사건에서 얻은 내용을 평가하는 것이다. 만약 결정적인 사건에서 자신이 취한 것이 부정적인 것이었다면 그렇다고 솔직히 말해야 한다. 반면 고통스러운 시련을 통해 뭔가 가치 있고 긍정적인 것을 얻게 되었다고 한다면 그 점 역시 솔직히 인정해야 한다.

그렇게 도출된 결론이 부정적인 것이든 긍정적인 것이든 그 이유에 대하여 노트에 써보라.

내 경우를 예로 들면, 일찍이 어른에게 말대꾸를 하거나 되바라지게 행동한 적이 없는 열한 살의 내게 있어 그런 결정적인 사건이 힘든 것이었던 만큼 나는 그것이 내게 높은 자아 의지를 심어주었음을 확인할 수 있다. 그것은 권위 있는 사람들을 맹목적으로 신뢰하는 내 모습을 영원히 사라지게 해주었다. 이번 질문에 대한 나의 답변은 다음과 같다.

"나는 그 순간을 다시 떠올리고 싶지 않다. 하지만 나는 그 덕분에 내게 유용한 어떤 특징들이 내 안에서 나타나기 시작했다는 것을 알 수 있다. 그 점은 매우 고맙게 생각한다."

결정적인 사건이 내게 아주 다른 방식으로 영향을 미쳤을 경우를 가정해 보자.

예를 들어 그 사건의 결과 내가 반항기가 많은 편집중 환자가 되었다면 나는 사회 체계에 적응하지 못했을 것이고 인간관계를 제대로 유지해 나갈 수 없었을 것이다. 그리고 나는 이러한 결정적인 사건에 영향을 받은 내 자아개념의 어떤 부분들을 그대로 가지고 있을 가치가 없다는 것을 분명히 자각하게 되었을 것이다. 나는 이 사건이 감춰진 내 참된 자아를 드러낸 것이 아니라, 오히려 허구적 자아를 전면에 내세운 것이라는 결론을 내렸을 것이다. 그러한 허구적 자아에서는 세상의 찌꺼기들이 나 자신에 대한 정확하고도 균형 잡힌 사고를 오염시켰을 것이다.

7. 이러한 결정적인 사건들을 하나로 묶어서 살펴보았을 때 자신에게 영향을 미친 핵심적인 내용은 무엇인가?

여기서 해야 할 일은 자신이 확인한 십여 개의 결정적인 사건을 관통하는 패턴 같은 것을 찾아내는 것이다. 결정적인 사건들을 한데 묶어 바라볼 때 인생에 있어서의 결정적인 사건이 자신의 삶에 긍정적인 영향을 미쳤다고 생각하는가, 아니면 부정적인 영향을 미쳤다고 생각하는가?

젊은 시절의 벤자민 프랭클린Benjamin Franklin은 자신의 결정이 바른 것인지를 확인하고, 자신의 삶에서 일어난 일을 되돌아볼 때 다음과 같은 방법을 주로 사용했다고 한다.

그는 우선 종이 위에 대문자 T 모양을 그렸다. 그러고 나서 왼쪽에는 자신이 내린 결정 혹은 행동의 긍정적인 부분을 썼고, 오른쪽에는 부정적인 것들을 썼다. 이렇게 두 묶음으로 나누는 방법은 복잡한 문제에서 핵심을 추리는 데 도움을 주었다. 우리도 여기서 그와 같은 방법을 써볼 수 있다.

우선 결정적인 사건이 자신에게 미쳤던 영향을 묘사하는 데 사용된 단어들을 가려낸다. 그렇게 함으로써 결정적 사건에서 비롯된 것이라고 생각하는 몇 가지 특성들을 찾을 수 있다.

가령, 당신이 만든 T의 왼편에는 친절함, 관대함, 사려 깊음과 같은 긍정적 특성들을 적어넣고, 오른편에는 두려움, 망설임, 가혹함 등과 같은 부정적인 것들을 적어넣는다. 이런 식으로 1번에서 6번까지 답했던 것들을 모두 다시 살펴본다.

장담컨대 이렇게 T자 모양의 도표를 보면 자신의 자아개념을 더욱 분명하게 파악할 수 있을 것이다. 이런 도표를 보는 일은 마치 전등의 전원 스위치를 올리는 것과 같다고 말하는 사람들이 많다.

"아하! 그래서 그랬구나. 그래, 내가 세상에 대해 늘 불만을 품었던 것도 무리가 아니지. 내가 이성과의 관계를 지속적으로 끌고 갈 수 없었던 데도 다 이유가 있었어. 내 자식들과의 관계가 원만하지 못하고 힘들었던 데는 이런 원인이 있었어."

이런 말들이 절로 튀어나오는 순간이다.

결정적인 사건을 묘사하는 단어들의 목록을 솔직하게 적어 내려가는 과정에서 자아개념은 좀 더 명확한 모습을 갖추게 된다. 허구적 자아 역시 점점 더 그 실상을 드러내게 될 것이다. 나아가 참된 자아의 모습을 되찾기 위한 본질적인 걸음을 내디딜 수 있다.

SELF MATTERS
내 인생을 바꾼
일곱 가지 선택

> 우리는 그것이 사라진 뒤에야 그것이 기회였음을 안다.
> – 마크 트웨인

우리의 삶은 선택의 연속이다. 누군가에 의해서 혹은 무엇인가에 의해서 우리는 선택의 기로에 선다. 선택이란 삶의 한 모습이다. 우리는 여기서 벗어날 수 없다.

무엇을 원하는가. 어디로 가고 싶은가. 이 차를 살 것인가, 아니면 저 차를 살 것인가. 사랑하는 사람과 동거를 할 것인가, 아니면 모험하는 셈 치고 결혼을 할 것인가. 지난 크리스마스 때 삼촌이 집에 와서 내게 했던 말을 엄마에게 전할 것인가. 집에서 일어난 일에 대해 아이들이 하는 말을 믿어야 하는가. 어머니를 집으로 모셔야 할 때인가. 이 일자리를 수락할 것인가, 아니면 집에서 아이들을 키울 것인가. 신을 믿어야 하는가……. 삶은 선택과 선택, 그리고 또 선택이다. 피할 도리가 없다.

다른 모든 일들처럼 우리의 선택 중 어떤 것은 좋은 결과를 가져오고, 또 다른 것은 열차의 탈선 같은 결과를 낳기도 한다. 또한 선택은 그것이 잘된 것이든 잘못된 것이든 우리의 인생에서 아주 커다란 의미를 지닌다. 선택권이 있다는 것은 저주인 동시에 축복이다. 그리고 그 선택권은 아주 어린 나이에서부터 주어진다.

　처음의 선택은 "완두콩과 당근을 먹어야 할까?"와 같은 수준에서 시작된다. 곧이어 선택은 아주 복잡한 양상을 띠게 된다. 나이가 들고 몸집이 커질수록, 힘이 강해질수록, 머리 회전이 빨라질수록 선택이 갖는 무게와 영향력은 점점 커질 것이며 그와 함께 일을 그르치는 정도와 일을 성사시키는 정도 또한 커질 것이다.

　우리는 나이를 먹어갈수록 자신의 인생에서 더 큰 영향력을 갖게 된다. 우리가 한 선택들은 태어난 첫날부터 중요성을 띠기 시작하는데 그것의 영향력―법적, 도덕적, 육체적, 금전적, 사회적―은 오로지 나이를 먹어감에 따라 커진다. 선택은 우리의 인생이 어떻게, 그리고 왜 지금과 같은 삶이 되었는지를 보여주는 아주 중요한 기준이다. 거기에는 우리가 지금까지 내렸던 선택과 앞으로 하게 될 선택들이 모두 포함된다.

　요약하자면 우리의 의지로 어쩔 수 없는 몇몇의 결정적인 사건을 제외하고, 살아오면서 행했던, 그리고 앞으로 살아가면서 행할 선택은 100퍼센트 자신의 책임이라는 것이다. 그러한 선택들 중에는 삶을 획기적으로, 그리고 지속적으로 변화시키는, 운명의 종소리와도 같은 절대적인 선택들이 있다. 우리는 그러한 선택들을 다시 한 번 확인하고 냉정히 따져봐야 한다.

지금부터 당신이 할 일은 인생에서 행해진 가장 중요한 일곱 가지 선택이 무엇이며, 그 선택의 결과가 어떤 방식으로 당신의 자아개념을 형성했는지 밝혀내는 것이다.

인생은
선택의 연속이다

당신이 그동안 이 책에 담긴 내 생각을 잘 따라와 주었다면 당신은 자신의 자아개념이 세상과의 상호작용의 산물이라는 것을 이해할 수 있을 것이다. 상호작용에는 어떤 사건과 선택, 그리고 사람과, 그것들이 내면에 미친 영향이 모두 포함된다. 즉 사건, 선택, 사람이라는 세 개의 범주가 자아개념을 형성한다.

여기서 우리의 주된 초점은 선택이다. 지금 이 순간까지도 지속되고 있는 과거의 선택이 빚어낸 영향력이 어느 정도인지를 가늠하는 것이다. 다시 말해 선택과 그 선택에 관한 내적인 반응들이 모여 자신에 대한 인식을 왜곡시키기도 하고 세상에 대한 기대와 세상과의 상호작용에 문제를 일으키기도 한다는 것이다.

나 자신이 자아를 형성해 가는 과정에서 능동적인 역할을 하는 존재라고 했던 내 말을 기억할 것이다. 그것은 내가 나의 삶에서 일어난 일에 대해 내적으로 반응할 때 내가 내적인 선택을 행하고 있다는 의미다.

이러한 내적인 반응에 대해서는 나중에 더 많은 얘기를 하게 될 것이다. 지금 당장은 이러한 내적인 반응이 외적인 행동과 마찬가지로 피할 수 없는 선택에 의한 것임을 알기만 하면 된다.

결국 이 모든 것이 의미하는 바는 내가 나의 결정과 선택을 통해서 자아개념을 키워 나가기도 하고 오염시키기도 한다는 것이다. 이처럼 주어진 정보를 따져보는 데는 지금이 절호의 찬스다.

앞에서 얘기했던 것처럼 우리가 살아오면서 행했던 대부분의 선택은 뒤죽박죽 섞여서 결국 이도저도 아닌 것을 만들어 냈다. 날마다 매번 정해진 일과처럼 하는 선택이 너무 많기 때문에 자신의 전 생애는 고사하고 어제 해야만 했던 선택들을 모두 나열하기도 어렵다. 그럼에도 불구하고 놀랍게도 결정적인 사건을 맞이하여 삶을 뒤바꿀 만한 선택은 그리 많지 않다.

나는 여기서 긍정적이든 부정적이든 자신의 삶을 만들어 낸 일곱 개의 가장 중요한 선택에 대해 말하고자 한다. 이 일곱 개의 중요한 선택은 자신이 어떤 사람인지를 보여주는 아주 중요한 요소다. 이러한 선택들을 찾고 이해할 수 있으면 자신의 자아개념, 그리고 자신의 미래에 대해 엄청나게 많은 정보를 얻게 될 것이다.

내가 이런 중요한 선택에 대해 생각할 때마다 내 고등학교 동창인 딘과 그가 했던 말이 떠오른다. 그는 "오 마이 갓, 무슨 일이야?"라고 말하곤 했다. 캔자스 시의 고등학교에서 3년 내내 우리는 단짝이었다. 수업도 같이 듣고, 운동도 같이 했고 주말이 되면 여학생들 꽁무니를 따라다니는 일도 같이 했다.

우리는 시내의 대형 도매점에서 짐 나르는 일을 하게 되었다. 일하는 시간도 길었고 일 자체도 아주 고됐지만 보수는 넉넉해서 차에

광을 내고 데이트를 하러 다닐 여유가 생겼고, 호주머니도 두둑했다. 넉넉하지 못한 동네 출신의 두 아이들에겐 매우 황홀한 일이었다.

졸업반이 되어 많은 친구들이 대학 진학이나 취업을 생각할 무렵, 딘은 한 여학생을 깊이 사랑하게 되었다. 얼마 후 그는 도매점 책임자와 공장의 일자리에 관해 대화를 나눴다. 그와 내가 했던 일에 비하면 이 새로운 일은 그야말로 어른들의 일이었다. 다시 말해 중요한 책임이 따르는 일자리였다.

더 중요한 것은 이 일을 하면 정식으로 월급을 받을 수 있다는 사실이었다. 연봉이 9,000달러에서 1만 달러 정도 되는 자리였는데 당시 가난한 동네 아이들에게 그 액수를 세상의 모든 돈을 다 합친 듯한 큰 금액이었다.

졸업 직후 우리들 대부분이 또 다른 인생의 단계를 계획하고 있는 동안 딘은 '선택'을 했다. 그는 이미 준비 단계를 거쳐 바야흐로 새로운 삶을 시작할 참이었다.

졸업과 동시에 딘은 모든 것을 갖춘 듯했다. 좋은 아파트, 멋진 스테레오, 그리고 번쩍번쩍 빛이 나는 새 픽업트럭 등. 그의 결혼 날짜도 금새 다가왔다. 대학 진학을 위해 고향을 떠나는 것을 앞둔 그해 여름, 그가 우리를 위해 열어준 환송 파티에서 우리 모두는 강한 엔진에 새 차 냄새가 물씬 나는 그의 픽업트럭에 매료됐고 그의 아파트를 둘러보면서 열여덟 살 난 친구가 자기만의 진짜 가구를 갖고 있는 것에 놀랐다. 아무튼 우리는 딘이 부러웠다.

나는 가방을 꾸렸다. 수중에 돈은 한 푼도 없었지만 초롱초롱한 눈망울만을 믿고 대학교로 떠났다.

나는 몇 개월 동안 딘을 만나지도 얘기를 나누지도 못했다. 우리 두 사람의 길은 매우 극적으로 서로 다른 세계를 향해 나아갔다. 얼마 지나지 않아 딘이 그의 멋진 일자리를 잃었다는 소문이 들렸다. 당연히 우리들은 딘과 그의 새 신부 소식이 궁금했다. 하지만 학업 때문에 그러한 궁금증도 곧 잊혀졌다. 그리고 얼마 있다가 우리는 그의 결혼이 파경에 이르렀다는 소식을 듣게 되었다.

10년이 흐른 후에 고향 집을 찾아갔을 때 나는 그를 만날 수 있었다. 딘은 편의점의 야간 지배인으로 일하고 있었다. 그는 혼자서 여전히 그 아파트에서 그 픽업트럭을 몰면서 살고 있었다. 우리는 옛날 일을 얘기하면서 웃었다.

나는 그에게 내가 하는 일에 대해서 간단히 설명해 주었다. 그는 맥그로 박사에게 자기 개를 치료해 달라고 맡기지 않을 것이라고 농담했다. 우리는 악의가 없는 농담을 주고받은 뒤 서로의 생활과 가정사에 대한 얘기를 나눴다. 그리고 나서 딘은 잠시 아무 말이 없었다. 그러다 그가 입을 열었다.

"오 마이 갓, 필, 이게 어찌 된 일이지? 너와 나는 학교에 다니면서 마치 한 쌍의 바퀴벌레처럼 떼려야 뗄 수 없는 단짝이었는데 말이야. 우리는 힘든 일도 똑같이 겪었고, 수업도 같이 땡땡이 치고, 같은 교정을 걷고 같은 친구들과 어울리면서 마치 한 강낭콩 깍지 속에 든 콩과 같았는데 말이야. 그런데 10년이 지난 지금 나는 시골의 편의점에서 야간 교대조로 일하고 있고, 너는 빌어먹을 박사라니! 도대체 이게 어찌 된 일이냔 말이야?"

그 순간 나는 내 신발만 쳐다보고 싶었다. 그 질문에 나는 이렇게 대답했다.

"음, 일이 이렇게 된 것은, 너는 너 나름대로의 선택을 했고, 나는 내 나름대로의 선택을 했기 때문이겠지. 너는 네가 선택한 일을 하는 것이고, 나는 내가 선택한 일을 하는 것이지. 네가 어떤 행동을 하겠다고 선택했을 때 넌 그 결과까지도 선택한 거야."

10년 전에 다른 친구들이 대학을 선택할 때 그는 결혼과 어른의 일자리를 선택했다. 다른 친구들이 4년 동안 빈털터리 학생이라는 선택을 했을 때 그는 어른의 봉급을 선택했다. 다른 친구들이 학위를 받고 더 많은 기회를 얻기 위해 모험을 선택할 때 그는 겉으로 보기에 안정된 자리를 선택했다. 이제 우리에게는 학위가 있지만 딘에게는 사양길에 들어선, 미래가 없는 일자리를 전전하면서 받았던 월급 명세서밖에 없다.

딘이 열여덟 살에 했던 선택은 미래와 인생 전체를 고려한 선택이기보다 당장의 작은 것을 위한 선택이었다. 결국 그것은 돌이킬 수 없는 결과를 가져왔다. 대학이 누구에게나 다 적성에 맞는 것도 아니고 그의 결정이 그에게는 잘된 것일 수도 있었지만 결과는 그렇게 되지 못했다.

우리가 어떤 행동을 선택할 때 우리는 그 결과 역시 함께 선택한다. 딘은 일곱 가지의 중요한 선택을 함에 있어서 결혼과 돈이라는 주제에 대해서는 바로 눈앞의 만족을 좇는 선택을 했다.

이제 당신은 자신의 삶에서 맞이했던 여러 갈림길들에 대해서 생각해 보아야 한다. 각각의 갈림길에서 당신은 어떤 선택을 했으며 왜 그런 선택을 했는지, 그리고 그것이 당신의 인생에서 어떤 결과를 가져왔는지를 확인해 보아야 할 때다. 당신이 선택하지 않은 다른 경우의 수는 어떤 것이고 다른 경우의 수를 취했다면 어떤 결과가 초래되었을 것인가? 이제 당신은 당신이 스스로 했던 선택과 당신에게 강요된 선택을 판단하고 구분할 때가 되었다.

선택의 기준은 무엇인가

어떤 선택에 직면했을 때 당신에게 작용하는 선택의 기준은 무엇인가? 자신에게 가장 중요한 일곱 가지 선택을 찾기 시작할 때 다른 모든 사람들처럼 당신도 선택을 유도하는 다양한 동기 혹은 욕구를 갖고 있다는 것을 명심해야 한다.

우리는 욕구의 위계질서에 따라 움직인다. 즉 좀 더 기본적인 욕구가 충족되면 그 아래 단계의 욕구에 의해서는 움직이지 않는다. 다음은 욕구의 위계질서를 보여주는 목록이다.

이 목록은 당신이 어떤 선택을 함에 있어 왜 이러한 선택을 하고, 다른 선택을 하지 않았는지를 이해하는 데 아주 중요하다. 동기 부여의 원천이기도 한 이 욕구들에 대해서 하나씩 살펴보도록 하자.

1. 생존

가장 중요한 욕구는 바로 생존의 욕구다. 이것은 모든 본능 중에서도 가장 기본적인 본능이다. 생존 욕구라는 강력한 힘이 있었기에 우리는 처음으로 이 세상에 모습을 드러낼 수 있었다. 우리는 아주 일찍이 그것으로 선택이라는 행위를 하기 시작한 것이고 그러한 선택의 결과에 따라 자신의 모습을 형성해 왔다.

처음 태어났을 때 우리는 당연히 너무도 연약한 존재였다. 공동체(이 경우에는 가족)가 우리를 귀하게 여기며 보호하고 돌보았다. 하지만 거기에는 값비싼 대가가 따랐다. 그 대가란 공동체의 품 안에 안전하게 놓여 있기 위해서 공동체의 가치관과 행동 양식, 그리고 공동체가 요구하는 바를 따라야 한다는 것이다. 그들처럼 밥을 먹어야 하고, 그들처럼 행동해야 하고, 그들과 같은 언어를 사용해야 하고, 그들이 만들어놓은 환경을 받아들이고 거기에 적응해야 한다. 일찍이 많은 선택들이 그렇게 행해진 것들이었다.

심지어 우리가 의식을 가지고 선택할 수 있는 나이가 됐음에도 공동체의 규칙에 어긋나는 선택을 하게 되면 아웃사이더 혹은 적이라는 취급을 받게 된다. 그리고 우리는 아무도 보호하지 않고 그에 따른 벌을 받도록 내버려 둔다. 이것은 대단히 중요한 일이다. 결국 아주 어릴 적부터 마음속 깊은 곳에 깔린 두려움 때문에 어쩔 수 없이 특정한 선택을 할 수밖에 없었던 것이다.

어린 시절에 아무 문제없이 살아가고 다른 사람으로부터 인정받고자 하는 욕구를 느끼고 그에 따라 행동했던 경험이 나중에 성인이 되어서도 선택을 할 때나 그 밖의 여러 가지 일을 할 때 어떤 식으로 영향을 미쳤는지를 생각해 보자.

우리는 자신이 아닌 다른 사람을 기쁘게 하는 것을 기준으로 선택을 하고 그에 따라 행동하는 법을 배우게 된다. 만약 그러한 성향이 자신의 생존 욕구만큼이나 강력한 동기로 작용한다면 그것이 얼마만큼 깊이 스며들어 있다는 것인가?

사물들의 이치를 따지고 그 근거를 찾는 철학 행위보다 남을 언짢게 할까봐 두려워하는 것이 인생의 더 큰 선택인지도 모른다. 중요한 것은 그 선택이 강요된 것임을 알지 못한다는 사실이다.

누군가에 의해 자신이 하게 될 선택에서 개인적인 바람과 욕구를 부차적인 것으로 생각하도록 만들어졌을 수 있다. 왜냐하면 공동체의 요구에 부응하는 것이 자신의 생존에 있어 핵심적인 요소라고 느끼거나 혹은 확신하고 있기 때문이다.

우리의 생존을 위협하는 것이 객관적으로 따졌을 때 진짜 위협이 아니라는 사실은 아무런 의미도 없다. 당신이 그렇다고 믿음으로써 그것은 사실이 되었기 때문이다. 우리의 믿음이 그러하다면 다른 욕구가 표현되지 않는다. 자신의 생존이 위협받고 있다고 믿는다면 생존의 욕구가 모든 것을 지배할 것이고 우리의 선택도 그에 따라 이루어질 것이다.

2. 안정감

일단 생존 욕구가 충족되면 우리의 선택을 좌우할 수 있는 그 다음 단계의 욕구는 바로 정서적 안정과 육체적 안정의 기반을 마련하려는 욕구다.

모든 사람들이 가장 먼저라고 생각하는 감성적 차원의 욕구는 바로 남들로부터 인정받고 어딘가에 소속되고자 하는 욕구다. 그것은 외부의 인정을 받음으로써, 그리고 자신이 부부, 조직, 친목 모임의 한 구성원이라는 느낌에서 생기는 정서적 안정을 말한다.

이것은 우리가 스스로를 위한 선택을 하는 데 있어 커다란 영향을 미친다. 예를 들어 당신이 이 욕구를 개인적으로 솔직하게 표현하면 사람들로부터 비판을 받거나 그들이 거부감을 느낄 것이라고 생각한다면, 당신은 자신의 생각을 표현하기보다 다른 사람들과의 조화를 선택하는 것이 바람직할 것이다.

당신은 자신의 생각과 감정을 배제하고 다른 사람의 판단을 취하는 것이 더 낫다고 생각한다. 그래야만 정서적 안정에 대한 자신의 욕구를 충족시킬 수 있기 때문이다. 그러한 행위는 부자연스러울 수밖에 없다. 그럼에도 불구하고 정치가들이란 사람들은 매일 그러한 행위를 하고 있다.

나는 그들 중 어느 한 명도 자신의 고유한 생각을 피력하는 사람은 없다고 생각한다. 그들은 "사람들이 어떤 얘기를 듣고 싶어하는가. 그들이 듣고 싶어하는 얘기를 해줘라. 그렇게 하지 않으면 다음 선거에서 나를 떨어뜨릴 것이다."라는 식이다.

당신이 살면서 하는 개인적인 선택도 이와 같은 논리에 입각해 있다. 다른 사람들이 어떻게 생각할까 전전긍긍하는 가운데, 그리고 그들이 원하는 것이라고 여겨지는 것에 부응함으로써 그들로부터 인정받고 그들이 자신을 받아줄 것이라고 생각하는 가운데 당신은 많은 선택을 한다.

여기서 문제는 당신이 무언가를 결정하는 과정에서 정작 당신이 원하는 것이 동기로 작용하지 않는다는 점이다.

3. 사랑

우리에게는 누군가가 신체적으로나 정신적으로 우리를 만져주고 껴안아주고 바라봐주었으면 하는 마음이 있다. 신생아에 대한 연구 보고서를 보면 인간은 사랑을 받지 못하면 세상에 태어난 지 얼마 되지 않아 생존의 위협을 느낀다고 한다. 사랑을 받지 못한다고 믿는 가운데 나이를 먹게 되면 우리는 그것을 찾으려 애쓰며 살아가게 될 것이다. 만약 우리가 박탈감을 표현할 어휘도 습득하지 못한 아주 어린 나이에 그런 감정을 느끼게 되면 우리는 살면서 그것을 찾는 데 집착하게 될 것이다.

이러한 집착은 매우 강해서 우리의 생각과 행동에 지대한 영향을 미치게 되고 그것은 결국 우리가 살아가면서 행하는 선택들을 좌우하게 된다. 살아가면서 당신이 행하는 가장 중요한 선택 중에 어떤 것들은 상상이든 실제든 걷잡을 수 없는 사랑에 대한 욕구와 갈증에서 비롯된다.

4. 자기평가

일단 우리가 생존 욕구를 충족시키고 기본적인 안정감을 얻고 사랑을 받는다고 느끼게 되면 이제는 무언가를 선택할 때 그것을 자존심과 결부하여 생각하게 된다.

많은 사람들이 자기평가에 대한 나름의 입장을 가지고 있지만 그것은 대부분 다른 사람들의 자기평가를 흉내낸 것으로 평가의 기준이 외부 환경에 있다. 요컨대 많은 사람들이 자기평가나 자기의 가치를 직함이나 트로피 혹은 명성과 같이 세상으로부터 성취하고 축적하고 얻어낸 것을 기준으로 판단하는 경향이 있다. 그리고 그것은 고급 차, 대저택, 화려한 옷, 은행계좌 등과 같은 것을 의미하는 경우가 많다. 이렇듯 자기평가가 겉으로 보이는 척도 혹은 세속의 물질적인 기준에 의해 이루어진다면 그것은 매우 정의하기 어렵고 변덕스러우며 약물처럼 중독성을 가질 것이다.

청소년을 대상으로 한 어느 연구에 따르면 청소년들을 평가하는 데 있어서 어떤 기준이 없이 무조건 잘한다고 칭찬하거나 학교에서 어떤 특별한 위치나 직함을 부여하면서 표면적으로 그 사람을 부추기는 것은 바람직한 사고방식이 아니라고 한다.

결국 아이들은 밑 빠진 독과 같은 존재가 되어 원하는 것은 점점 더 많아지게 되고 급기야는 친구들로부터 원하는 것을 얻어내기 위해 법에 어긋나는 행위도 서슴지 않게 된다.

　이런 일이 일어나는 이유는 외부로부터 비롯된 기준은 결코 자연스럽지가 않기 때문이다. 그 결과 아이들은 안으로부터 충족시킬 수 있는 욕구를 계속해서 외부에서 충족시키려 한다. 내적인 측면에서 자기평가의 내용이 부족하면 부족할수록 외부에 의한 영향에 점점 더 속수무책이 된다.

　요약하자면 당신이 자신이라는 틀 안에 정확히 자리를 잡지 못할 경우, 다른 사람들이 외부에서부터 당신에게 영향을 미칠 것이다. 그 결과 당신은 자신이 어떻게 느끼는가를 기준으로 결정과 선택을 한다고 생각하지만 사실상 그것들은 모두 잘못된 근거에서 비롯된 것이 된다.

5. 자기표현

　생명이 안전하고 자신이 사람들에게 좋게 받아들여지고 가치가 있다는 확신이 생기면 우리는 남들과 다른 욕구를, 즉 세상에 우리의 자취를 남기고자 하는 충동을 갖게 된다. 뭔가를 가르치고 훈련시키고 계획하고 창조해야 한다고 느끼는 것이다.

　우리는 대기업의 말단 직원이기보다 자신의 사업을 선택한다. 고유한 존재가 되고자 하는 욕구로 한 나라 혹은 한 도시의 비즈니스 세계를 떠들썩하게 만드는 존재가 되는 쪽을 선택한다.

　이러한 욕구가 강하게 나타나는 사람들은 자신에게 자연스럽게 주어졌거나 익숙한 모든 것들―직업, 사회적 지위, 그리고 심지어 자신의 가족―을 버리기까지 한다. 이렇듯 자기를 표현하고자 하는 욕구는 매우 큰 충동으로 친구와 가족들을 어리둥절하게 만드는 즉흥적인 선택도 마다하지 않게 한다.

6. 지적 충만

일단 다른 욕구들이 충족되면 삶에 대해 지적인 접근을 하는 사람들이 생긴다. 이러한 욕구에 바탕을 둔 선택은 어떤 답을 알고자 하는 바람에서 시작된다. 즉 보편적인 지식과 특수한 지식을 습득하고 좀 더 심오한 문제에 대한 답을 추구하는 것에 바탕을 둔 선택이다. 또 다른 욕구들과 비교해 볼 때 욕구가 이 수준에 이르게 되면 여기에는 대단히 많은 희생이 따른다. 어떤 답을 찾고자 하는 노력은 사람을 지치게 하고, 그들이 행하는 선택도 그런 수순을 밟게 되기 때문이다.

7. 영적 충만

여기서의 선택은 개인의 이해관계를 넘어서는 비전이나 목표에 따라 좌우된다. 많은 사람들이 이 수준의 욕구를 현실 차원을 넘어서는 것으로 본다. 자신보다 더 위대하다고 여겨지는 인격이나 사물을 염두에 두고 선택을 하는데 그 선택은 일상의 범주를 초월하기 때문이다.

물질적 차원의 자아가 갖는 욕구는 너무도 덧없고 찰나의 것이라는 인상을 준다. 따라서 사람들은 객관적인 방법으로 가늠하기 어려운 영적인 욕구를 충족시키기 위한 결정을 내린다.

생존의 문제와 같이 좀 더 즉자적인 욕구에 신경을 쓰게 되면 왜 이런 선택들이 자신의 삶에서 주목을 받지 못하는지 그 이유를 쉽게 이해할 수 있을 것이다. 자신의 에너지가 오로지 아이들을 기르고 보호하는 데 사용된다면 이러한 영적인 것을 추구하는 데 에너지를 투여하는 것은 쉽지 않다. 나는 그것이 나쁘다고 말하려는 것이 아니며 그저 사실이 그렇다고 말하려는 것뿐이다.

심오한 종교적 확신을 바탕으로 한 선택과 가장 우선순위로 생각하는 욕구는 양립하지 않는다. 내가 말하고자 하는 바는 다른 차원에서 욕구가 제대로 충족되지 않은 채 깊은 영적 목표를 동반하는 선택은 다른 욕구가 충족됐는지 그렇지 않은지를 따지는 세속적 기준을 초월한 것이며 따지고 보면 다른 욕구들이 이 선택 과정에 이미 포함되었다는 것이다.

자신의 일곱 가지 중요한 선택이 어떤 것인가를 찾으려 할 때 그 선택의 동기를 찾아보면 자신에게 가장 중요한 선택이 어떤 것이고, 왜 자신이 그러한 선택을 했는지 알 수 있을 것이다.

왜 스스로
선택해야 하는가

우리는 태어나면서부터 자신을 위해 선택할 수 있는 특권과 책임을 갖지 못했다. 우리는 두 살이 되어야 타인의 삶의 방식과 우리의 삶의 방식을 구분할 줄 알게 된다. 우리가 자신의 부모나 그 밖의 다른 어른들을 의지하게 된 것은 성장과 학습의 중요한 시기를 지나올 때 그들이 우리 대신 선택을 해주었던 사람이기 때문이다. 무엇을 먹을까, 무엇을 입을까, 어떤 곳에서 살까, 어떤 학교에 다닐까, 이런 문제들에 대한 결정 말이다. 친구를 사귀고 장래의 직업을 선택하는 데 커다란 영향을 미치는 경우도 있었다.

부모들은 우리가 성장하는 데 있어서 가장 중요한 일 중의 하나가 스스로를 위해 선택하는 법을 배우는 것임을 곧잘 잊곤 한다. 그것은 배워야 할 기술과 같은 것으로 그러한 선택을 할 수 있는 출발점은 바로 참된 자아다.

당신은 어릴 적에 올바른 결정을 할 수 있도록 해주는 원칙이나 지침 같은 것을 배운 적이 있는가? 어떤 반대에 부딪쳤을 때 그것에 대해 긍정이든 부정이든 자신의 생각을 말할 수 있는 기준이 되는 틀을 부모님에게 배운 적이 있는가? 자신을 위해 선택할 수 있는 능력이 있다고, 어떤 확신 같은 것을 심어준 적이 있는가?

만약 당신의 부모가 그러한 선택을 할 수 있는 능력을 키워야 한다는 명확한 의식을 심어주지 않았다면 오늘날 당신이 결정권자로서 행하는 능력이 어떤 것이든 간에 그것은 분명 시행착오를 거쳐 얻어진 것이다. 불행히도 이런 능력을 전혀 갖추지 못한 사람도 있다. 그들은 참된 자아와 아무런 연관 관계도 없는 허구적 자아에서 형성되는 두려움과 의심 속에서 살고 있다.

사소한 사항은 각각의 경우에 따라 다르겠지만 전반적으로 미국에서 자라난 사람들에게서 찾아볼 수 있는 일반적인 일화를 하나 살펴보도록 하자.

헬렌은 아주 야심만만한 부모님 손에 자랐다. 그들이 야심에 차 있었다는 것은 다른 많은 부모들처럼 스스로 채울 수 없는 야망을 아이들에게 대신 심어주었다는 의미다. 그녀의 어머니는 헬렌이 유명한 할리우드 스타가 되어주기를 바랐다. 헬렌이 걸음마를 갓 뗴었을 무렵, 어머니는 헬렌이 낮잠을 자는 사이 그녀의 옷을 빨아 다려놓았다. 혹시라도 영화감독이 그날 갑자기 집에 들르는 절호의 기회가 오면 언제라도 헬렌을 선보이기 위함이었다.

헬렌은 월요일과 수요일에는 발성 수업, 화요일과 목요일에는 노래 수업, 그리고 나머지 요일에는 체조, 발레, 탭 댄스 같은 것을 배웠다. 고학년이 되어서는 정기적으로 중요한 과제와 시험을 치르지 못했다. 그녀의 어머니 말에 따르면 헬렌은 신설된 텔레비전 시트콤에 캐스팅될 1순위 후보이고 따라서 오디션을 보기 위해 비행기를 타고 캘리포니아에 다녀와야 했다.

이야기를 정리하자면 그녀의 부모는 헬렌이 열 살이 될 때까지도 그녀의 모든 선택을 대신해 주었다.

그 뒤의 이야기는 대충 짐작할 수 있을 것이다. 어머니라는 사람들은 딸이 스스로 인생의 시나리오를 써나가는 것을 원하지 않는다. 자신들이 대신 한다. 비록 헬렌은 여기저기 단역으로 출연하고 영화계의 몇몇 유력 인사들로부터 인정을 받기도 했지만 열한 살이 될 무렵 그녀는 정서적으로나 육체적으로 이 모든 일에 환멸을 느꼈다. 그녀의 영혼과 육체는 이와 같은 허구적 자아로 살아가는 투쟁을 더 이상 감당할 수 없었다. 그녀의 참된 자아가 그 상태에서 빠져 나오기를 간절히 원하고 있었던 것이다.

헬렌의 진정한 모습은 어떤 것이었을까? 그녀는 정면으로 어머니를 거역할 수 없었다. 우리가 이 장을 시작하면서 얘기했던 욕구 위계질서를 생각해 보자. 정면으로 거역하는 것은 생존과 안정감과 사랑을 바라는 헬렌의 욕구를 위태롭게 할 수도 있다. 그러므로 헬렌은 마음속에서 진정으로 자신이 바라는 것을 거역했다.

헬렌의 어머니가 더 이상 딸의 인생을 좌우할 수 없다는 것을 알았을 때 헬렌은 이미 약물 중독으로 크게 상처를 입은 뒤였다. 결국 이제는 그 누구도 책임을 질 수 없는 상황이었다. 그녀의 어머니는 스스로의 인생을 살 수 없었고, 그것은 헬렌도 마찬가지였다.

헬렌은 자신이 직접 선택하는 경험을 해보지 못했다. 그리고 그러한 선택에 따라오는 과정과 결과에 대해서도 이해하지 못했다. 따라서 미약한 자기평가와 무엇을 어떻게 선택해야 할지도 모르는 상황에서 벗어나기 위해 약물에 의존하기 시작했던 것이다. 결국 이때부터 헬렌이 행한 선택은 자기 파괴적인 것이 되었다. 그녀는 더 나은 방법에 대해 배운 적이 없었다. 그녀는 자신의 의지를 키워보지도 못한 채 스물아홉이라는 나이로 세상을 떠났다.

내가 강조하고 싶은 것은 누구나 스스로를 위한 결정은 스스로 하겠다는 생각을 가져야 한다는 것이다. 여기서 우리가 밟아야 할 첫 번째 단계가 바로 이제까지 살아오면서 행했던 가장 중요한 선택이 무엇인지 아는 것이다. 이것은 긍정적인 방향으로 자신을 바꾸기 위한 아주 중요한 절차다. 이 과정이 없이는 자신으로 하여금 그러한 선택을 하게 만든 배후에 대해 알지 못한 채 선택이라는 것을 할 수밖에 없게 된다. 자신이 어떤 사람인지 모르고 세상, 부모, 직장 상사가 규정한 허구적인 존재가 되도록 만든 선택을 가려내지 못하면 당신은 실패할 수밖에 없다.

당신의 인생에 있어 일곱 가지 중요한 선택을 가려내고, 왜 그러한 선택(그러한 선택을 하도록 유도했던 것)을 했는지를 알고, 그것이 자신의 인생에서 어떤 결과를 가져왔는지를 이해할 수 있다면 스스로가 왜 지금과 같은 모습의 사람이 되었는지를 정확히 꿰뚫어 볼 수 있게 된다.

이제 당신이 할 일은 그것들을 노트에 적어서 분류하는 것이다. 그리고 지금 이곳으로 자신을 이끌어온 선택을 허심탄회하게 맞이할 준비를 하는 것이다. 여기서는 피해 의식을 가질 필요가 없다. 우리는 당신의 선택과 결정이 당신의 삶에 미친 영향을 진솔하게 다룰 뿐이다.

특별한 선택이 낳은 결과

이제 당신은 '회상'이라는 것을 할 준비가 된 것이다. 여기서 회상이라는 것이 무엇을 의미하는지 명심하도록 한다. 우선 사건을 회상하고 그 다음에는 그것의 결과를 회상해야 한다.

주목해야 할 것은 인생의 어느 특정 시기에 당신이 행한 선택이다. 그러한 선택에 수반된 결과로 말미암아 어떤 결정이 중요한 선택의 지위에 오른다. 눈을 크게 뜨고 그러한 결정을 보고 거기서 파생된 것들을 가감 없이 평가할 수 있다면 당신은 중요한 선택이란 다름 아닌 좋든 나쁘든 지금까지 당신의 인생에 커다란 영향을 미치는 것임을 알 수 있을 것이다.

그리고 어떤 행위를 하지 않겠다는 선택 역시 하나의 선택임을 명심하도록 한다. 인생에 있어서 중요한 선택들에 어떤 것들이 있는지를 살펴보는 과정에서 선택의 기로에 섰을 때 어떤 선택도 하지 않은 경우도 충분히 주의를 기울여 살펴보아야 한다.

예를 들어 회사를 싫어하면서도 회사를 뛰쳐나와 뭔가 다른 일을 할 용기를 내지 못해 그냥 얼굴 없는 부속품처럼 수년 동안 일한 재능 있는 직원도 스스로 그러한 선택을 한 것임을 알 필요가 있다. (나는 이미 앞에서 내 인생의 10년을 허비하게 만든 그와 유사한 인생의 중요한 선택에 대해 고백한 바 있다.) 자신에게 이롭지 못한 관계를 청산하거나 혹은 월급을 올려달라고 요구하겠다는 마음의 결정을 내리지 못하는 것을 보면 뭔가를 밖으로 드러내거나 혹은 감춰두는 것도 선택의 한 종류임을 알 수 있다. 어떤 행위를 하지 않는 것 역시 당신에게 필요한 하나의 선택이다.

또 한 가지 명심해야 할 것이 있다. 중요한 선택에는 긍정적인 결정들과 스스로를 고무시키고 오늘날까지도 충만감을 안겨주는 것도 포함되어 있다는 사실이다. 이것들은 "이봐, 내가 다시 한 번 그러한 결정을 해야 한다면 나는 똑같은 결정을 할 거야."라고 말할 수 있는 성질의 선택이다.

그렇다면 아주 심오한 차원에서 자신의 인생관을 형성시킨 일곱 가지 선택이란 과연 어떤 것일까? 다음에 제시되는 질문에 답하면서 회상해 보도록 하자. 나는 질문들을 연령대별로 묶었다. 그렇게 하면 문제에 답하기 위해 과거의 기억을 쉽게 떠올릴 수 있을 것이다. 그리고 인생의 각 시기에 내린 결정들을 생각할 때 당신이 고려해야 할 것들을 몇 가지 범주로 나눠 보았다.

이처럼 나이에 따라 묶은 것들은 참고 사항일 뿐이지 꼭 그렇게 해야 하는 것은 아니다. 결정적인 사건과 마찬가지로 중요한 선택도 어떤 특정한 나이에 구애받거나 시기에 국한되는 것이 아님을 분명히 하고자 한다. 중요한 선택이 빚어내는 '잔잔한 파문'은 언제 어디서 일어났는지에 상관없이 평생을 가는 것이다.

여기에 제시하는 것은 당신이 고려했으면 하고 바라는 삶의 차원과 범주들이다. 이 목록에 꼭 맞춰야 한다는 생각과 각 차원마다 중요한 선택을 찾아내야 한다는 강박관념에 사로잡힐 필요는 없다. 그냥 문제의 답을 적어가는 과정에서 이 목록들을 보고 어떤 기억을 떠올릴 수 있으면 되는 것이다. 당신의 중요한 선택은 대부분 다음과 같은 영역에서 행해졌을 것이다.

- 사적인 생활
- 공적인 생활
- 육체적 생활
- 사회적 생활
- 학업
- 가족
- 인간관계
- 영적 충만

결정적인 사건에 관한 질문에서 답했던 내용을 참고해 보는 것도 도움이 될 것이다. 결정적인 사건 중에서 어떤 것은 중요한 선택과 직접적으로 연결되어 있을 수 있기 때문이다.

나의 아버지가 돌아가시고 얼마 되지 않아 어머니가 우리 집으로 이사 오기로 결정했던 일을 예로 들어보자. 어머니에게는 결정적인 사건(남편의 죽음)이 있었고, 그 다음에 중요한 선택(아들 집으로 이사)이 있었다.

당신에게도 이와 같은 방식을 적용해 볼 수 있을 것이다. 결정적인 사건을 되돌아봄으로써 중요한 선택이 어떤 것인가를 찾아야 한다. 그 두 가지가 완전히 겹치는 경우도 있을 것이다. 즉 중요한 선택이 결국에는 결정적인 사건이 될 수도 있다는 말이다.

몇 가지 연령대를 떠올려 보자.

1세~5세	21세~38세
6세~12세	39세~55세
13세~20세	56세 이상

제시된 연령대 중에서 내가 중요한 선택을 했던 연령대가 있는가? 그렇다면 다음의 질문에 답해보자.

1. 어떤 선택을 했는가?
어떤 선택이었는지 문장으로 써보자. 예를 들면 다음과 같다.
"열여덟 살 때 나는 결혼을 하고 취직하는 쪽을 선택했다."

2. 왜 그런 선택을 했는가?

그런 선택을 하게 된 이유를 한 문단으로 표현해 본다. 기억할 수 있는 한 그 요인들을 모두 찾아본다. 이 장의 앞부분에서 제시했던 욕구 목록을 얼마든지 참고해도 좋다. 여기에 대한 답변을 예로 들면 그것은 다음과 같이 시작될 것이다.

"나는 학교생활을 잘 해나갈 수 없었고 우리 집은 부자도 아니었다. 그러므로 대학 진학은 내가 취할 수 있는 대안이 아니었다. 공장에서 일하는 것이 현실적으로 안정된 길처럼 보였다. 새 픽업트럭을 사고 아파트를 갖게 되자 나는 스스로를 과대평가하게 되었다. 관리자가 나를 좋아해 주고 고등학교 친구들이 부러워하자 우쭐해졌다. 게다가 나는 사랑에 빠졌었다."

3. 이 선택을 함으로써 당신이 포기한 것은 무엇인가?

선택의 대가가 무엇인지를 써본다. 예를 들어 다음과 같은 식이 될 것이다.

"취업을 함으로써 나는 대학을 가지 않는 쪽을 선택해야 했고 결혼을 함으로써 다른 사람과 사귈 수 있는 기회를 포기해야 했다."

분명히 여기에는 대단히 많은 선택의 여지가 있었을 것이다. 하지만 당신이 선택한 것을 선택하지 못하도록 만들었을 수도 있는 것들을 최대한 자세히 살펴보도록 한다.

4. 이 선택을 하기 직전의 당신의 자아개념은 어떠했으며 그 선택을 한 이후의 자아개념은 어떠했는가?

다른 말로 하자면 만약 어떤 중요한 선택이 당신의 자기평가에 영향을 미쳤다면 그 중요한 선택의 이전과 이후에 자기평가가 어떻게 달라졌는가?

당신의 자아개념의 어떤 측면이 그 선택에 개입하고 그것에 영향을 받았는가에 대해 생각해 본 후 그 내용을 적도록 한다.

그 중요한 선택은 당신의 자기 통제력, 불안감, 야망, 자부심 혹은 두려움에 불을 붙였을 수도 있다. 어떤 차원에서 영향을 받았는가에 상관없이 그것을 써보도록 한다. 이것은 결정적인 사건에 관해 답할 때처럼 당신의 자아개념의 한 부분이 그 이전과 이후에 어떻게 달라졌는지 살펴보기 위함이다. 물론 이번에는 중요한 선택을 중심으로 파악한다.

5. 중요한 선택이 장기적으로 미치는 영향에 어떤 것이 있는지를 한 문단으로 표현한다.

그 중요한 선택이 당신에게 어떤 식으로 지속적인 영향을 미치고 있는가? 예를 들어 다음과 같을 것이다.

"결혼을 하고 취업을 한다는 중요한 선택을 하게 되자 나는 그 이후에 모든 것이 쉽게 풀릴 것이라고 믿었다. 나는 일자리를 잃게 될 때를 대비해 미리 안전한 그물을 쳐놓는 노력도 하지 않았다. 나는 오로지 추측에만 의지해 살았던 것이다. 나는 나를 위한 일자리가 변함없이 존재하고 보수도 계속 오를 것이라고 기대하는 가운데 경제적으로 헤프게 생활했다. 나 자신의 인생으로부터 기대하는 바가 점점 더 축소되어 갔다."

당신의 선택이 빚어낸 바에 대해서도 써보도록 한다. 그것이 당신을 어떤 사람으로 만들었는가?

6. 당신이 생각하기에 그 중요한 선택이 당신의 참된 자아를 더욱 빛나게 했는가? 혹은 왜곡시켰다면 어떻게, 그리고 왜 그렇게 만들었는지를 적어 보도록 한다.

여기서 해야 할 일은 이 선택으로 인해 당신의 참된 자아와 더 가까워지게 되었는지, 아니면 더 멀어지게 되었는지를 알아보는 것이다. 그 선택으로 인해 당신에게 기쁨과 평화와 만족이 주어졌는가, 아니면 무언가 중요한 것을 포기하게 되었는가?

그 선택으로 인해 당신은 자신에 대해서 어떤 사실을 알게 되었는가에 대해 간단히 써보도록 한다.

7. 중요한 선택에 대해 당신이 보여주었던 해석과 반응을 다시 한 번 떠올려 보자. 당신이 과연 스스로의 해석을 믿었는지, 그리고 그것이 정확한 것이었는지 생각해 본다.

결정적인 사건을 살펴보았을 때처럼 이제 세월, 객관성, 연륜, 경험 등을 바탕으로 중요한 선택에 대한 당신의 반응을 되새겨 본다. 자신이 어떤 중요한 선택에 대해 스스로를 자꾸 기만하게 되면 그것은 자신의 인식 속에서 실제와는 다른 것으로 왜곡될 수 있다. 여기서 당신은 "이 중요한 선택에 대한 나의 해석이 과연 정확한 것이었을까? 내가 그 선택을 너무 과장하거나 왜곡하는 것은 아닐까?" 하는 물음에 답해야 한다.

일곱 개의 질문을 통해 한 연령대에 있었던 중요한 선택을 살펴보았다. 이제 다음으로 살펴볼 연령대를 선택한 후 이 질문을 다시 던지도록 한다. "내 인생에서 이 시기에 내가 중요한 선택을 했는가?" 만약 그렇다면-그렇게 강한 확신이 들지는 않더라도-처음으로 돌아가 일곱 개의 질문에 다시 답하도록 한다.

이 상에서 얘기한 내용을 명심하기 바란다. 즉 '자기 심사'의 과정을 수행하여 총 일곱 개의 중요한 선택을 찾아낼 수 있을 때 당신은 이 장에서 요구한 과제를 마친 것이 된다.

SELF MATTERS

나를 비춰주는
거울 같은 사람들

오직 다른 사람에게서만 칭찬받기를 바라는 사람은 다른 사람의
보살핌 속에서만 자신의 행복을 찾을 수 있는 사람이다. – 올리버 골드스미스

너무도 많은 사람들이 참된 자아의 모습을 억누르는 가운데 위험을 부르고 자기를 파괴할 수도 있는 결정을 내리는 것을 볼 때마다 나는 경악을 금치 못한다. 사람들이 자신의 참모습을 부정하고 자신의 것이 아닌 삶을 살기 위해 그토록 많은 생명의 에너지를 쏟아붓고 있는 것을 보노라면 그 비극적이고도 부질없음에 소름이 돋을 정도다. 재능과 정력이 아깝지 않은가!

자식, 부모, 배우자, 친구 등 나에게 무언가를 끊임없이 요구하는 존재들과 함께 살아가는 복잡한 삶은 마치 비치볼 열 개를 동시에 물속에 집어넣으려는 것 같다. 그토록 많은 사람을 위해 그토록 많은 일을 하려고 하면 당신은 탈진 상태가 될 것이다. 그리고 대부분의 경우 그 어떤 모습도 자신의 참된 모습과 일치하지 않는다.

당신은 자신의 참된 모습을 숨길 수 없다. 그 실체를 무시하려 하면 할수록 치러야 할 대가만 커질 뿐이다.

자기 자신이 스스로를 감정적으로나 육체적으로 소진시키는 가장 위험한 적이 될 수 있다. 이러한 단절은 급기야 사랑하는 사람과의 관계를 소원하게 만드는 가운데 육체적 쇠약과 질병, 분노, 내적 혼란 등을 야기한다. 스스로는 절대로 원하지 않는 일을 함으로써 참된 자아와 멀어지고, 우리는 삶의 여정에서 만나게 되는 사람들로부터 비참하게도 지속적인 도움을 구한다.

여기서 '도움을 주는 자들'은 이 책에서 삶의 중심인물이라고 지칭하는 사람들에 포함된다. 이들 중에는 부모, 배우자 혹은 형제·자매가 있을 수 있고 선생님, 친구, 직장 동료 등이 있을 수 있다. 그들이 어떤 사람들이든 간에 그들 중에는 진정으로 긍정적인 영향을 미치는 사람도 있고, 끔찍하게 부정적인 영향을 미치는 사람도 있다. 여기서 중요한 것은 자신의 자아개념의 형성과 그 내용에 커다란 영향을 미치는 사람이 있다는 것이다.

그리고 이들에 의해 자신의 참된 자아와 일치된 삶을 살 것인지, 아니면 참된 모습을 밀어내고 대신 허구적 자아에 의해 좌우되는 거짓된 삶을 살 것인지가 결정된다.

우리는 살아오면서 자신에게 한두 가지 영향을 미친 수백 혹은 수천 명의 사람들을 만났다. 그런데 연구 결과에 따르면 우리의 자아개념과 삶에 지울 수 없는 인상을 남긴 진정한 의미의 중심인물은 겨우 다섯 손가락에 꼽힐 정도라고 한다. 이 장에서 우리가 해야 할 일은 우리의 삶에서 그런 인물들이 누구이며, 그들의 역할이 무엇인지를 밝히고 그들을 면밀히 살펴보는 것이다.

　몇 년 전 내가 진행했던 세미나에 예순 살 가량으로 보이는 여자분이 참석했다. 둘째 줄에 앉아 있던 그녀에 대한 나의 첫인상은 강하고 야무진 여자라는 것이었다. 그녀는 마치 중요한 회의에 참석하러 가던 차에 잠시 세미나에 들른 것처럼 보였다. 짙은 색 정장은 단정하고 매우 고급스러워 보였고 은색 머리칼은 하나하나가 아주 잘 매만져진 듯이 보였다. 커다란 손에는 매니큐어가 칠해져 있었고 백금 팔찌가 손목에서 반짝였다.

　더 놀라웠던 것은 주말 동안 진행된 세미나에서 첫 이틀 동안 그녀가 아무 말도 하지 않았다는 것이다. 그 세미나는 자기 발견과 자기 개방을 목적으로 하는 것으로 적극적인 참여가 요구되는 프로그램이었다. 그런데 거기에 참여한 다른 사람들의 의견이 얼마나 분분한지 혹은 이야기가 얼마나 치열하게 전개되는지에 관계없이 이 숙녀분은 두 손을 무릎에 포개고 어느 누구와도 회색 눈동자를 마주치지 않으면서 차분하게 앉아 있었다.

　참여한 사람들 각자의 답변을 들을 차례가 되었지만 나는 그녀를 그냥 건너뛰기로 했다. 거기에 참석한 누가 보아도 그녀는 준비가 되기 전까지는 아무 말도 하지 않을 것임을 알 수 있었다.

　세미나의 세 번째 날이자 마지막 날의 아침, 문제의 여인이 천천히 자리에서 일어났다. 순간 거기에 있던 모든 사람들이 하던 일을 멈추었다. 모든 시선이 초연한 자세로 말 없이 앉아 있던 여인 클레어를 향했다. 우리 모두는 이제 뭔가 아주 중요한 얘기를 듣게 되리라는 느낌을 받았다. 그녀는 앞에 있는 의자 등받이를 손으로 꼭 잡았다. 어찌나 세게 쥐었는지 손마디가 하얘질 정도였다. 마침내 정면을 응시하면서 그녀는 입을 열었다.

"그의 손은 매우 컸어요." 그녀는 겉으로 보이는 그 강한 인상과 달리 힘없는 목소리로 말했다. "그의 손은 무지막지했지요." 그녀는 잠시 말을 멈추었다. "그의 매질은 인정사정이 없었습니다." 잠시 생각에 잠기는 듯했던 그녀는 천천히 말을 이어갔다.

"그는 제 어머니를 때렸습니다. 저는 늘 두려움과 무서움에 떨었습니다. 그가 어머니를 죽일지도 모른다는 생각이 들었기 때문입니다. 그는 저를 등나무로 만든 의자에 앉힌 뒤에 자신이 어머니를 때리는 모습을 보게 했습니다. 그는 주먹으로, 혁대로 때론 빗자루로 어머니를 때렸습니다. 제가 태어나기 전에는 빗자루로 어머니의 다리를 부러뜨리기도 했습니다. 그는 내게 자신이 그렇게 하는 것은 제가 존경심을 배우도록 하기 위함이라고 했습니다.

때로 어머니는 눈물과 핏물이 가득한 눈으로 저를 바라보면서 움직이거나 끼어들지 말라는 의미로 고개를 흔들었습니다. 어머니는 저 역시 위험하다는 것을 알고 있었죠. 어머니는 그 남자의 분노가 제게로 향할까봐 두려워했습니다. 한번은 제가 어머니를 몸으로 가리고 울면서 그에게 그만하라고 애원한 적이 있습니다. 그러자 그는 어머니와 저를 때리기 시작했습니다. 저는 절망했습니다. 어머니와 저는 서로 도와줄 수가 없었습니다. 우리는 그저 참고 또 참을 수밖에 없었지요. 그가 나를 때리기 시작한 것은 제가 겨우 일곱 살 때였습니다. 저는 지금 예순네 살입니다. 하지만 아직도 그때의 공포를 잊지 못합니다. 아직도 그때의 일을 생각하면 입 안이 바싹 타들어가고 구역질이 납니다."

그녀의 눈에선 눈물이 흘러내렸다. 그녀의 목소리에는 차마 듣기 힘들 정도의 고통이 스며 있었다.

"그는 그때부터 14년 동안 저를 때렸습니다. 아무리 작고 사소한 것이라도 그냥 넘어가지 않았습니다. 그는 피가 날 때까지 제 등과 허벅지를 회초리로 쳤습니다. 그는 나를 때리면서 입에 담지 못할 상스러운 욕을 해댔지요. '이 더러운 계집애야, 이게 다 네가 잘못했기 때문이야! 네년이 노상 얼굴을 찡그리고 울어대고, 돈을 낭비하는 것을 보면 화가 나서 미치겠단 말이야. 네년이 내게 한 짓을 생각하면 이보다 더한 벌도 심한 게 아니야. 네년은 커서 더러운 창녀가 될 거다.' 라고 말입니다.

저는 심한 죄책감에 시달렸습니다. 아무것도 먹지 않고 며칠을 보낸 적도 있습니다. 왜냐하면 그의 가장 큰 불만은 저를 위해 돈을 쓰는 것임을 알고 있었기 때문입니다.

저는 집에 친구를 데려올 수 없었습니다. 그랬다간 어떤 일이 일어날지 두려웠습니다. 학교에 갈 때에는 남들이 제 다리를 보지 못하도록 옷으로 가렸습니다. 제 몸에 난 매질 자국을 남들이 보게 하고 싶지 않았기 때문입니다.

이런 말을 하는 것이 이상합니다만 나는 그 남자 때문에 내 몸에서 빠져나가는 법을 배우게 됐습니다. 그가 나를 때릴 때면 저는 배를 아래로 깔고 얼굴을 두 손으로 가린 채 엎드렸습니다. 그것은 마치 제가 그곳에 없는 듯한 행동이었죠. 엄청난 굴욕감 때문에 저는 마음속으로나마 그곳을 피해 있는 수밖에 달리 할 수 있는 방법이 없었습니다. 저는 그곳에 존재하기를 멈추었던 것입니다. 마치 진짜 나는 침대 머리맡을 떠돌며 거기서 일어나고 있는 일을 바라보고 있는 듯했습니다."

홀로 그렇게 서 있는 그녀의 모습을 보자니 놀라울 정도로 연약하고 작아 보였다. 처음으로 그녀는 세미나실을 둘러보았다. 그녀는 우리 모두의 얼굴을 한 사람씩 찬찬히 들여다보았다. 그녀는 자신의 비밀을 남에게 털어놓아도 되는지 결정하기 위해 오랫동안 기다려왔던 것이다. 그녀는 60년 동안 꼭꼭 감춰두었던 진실을 되찾기 위해 부끄러움을 무릅썼다.

같은 줄에 앉아 있던 또 다른 여인이 그녀에게 다가가더니 어깨 위에 손을 얹고 그녀를 달랬다. 처음에는 긴장하는 듯한 모습이었으나 차츰 마음을 가라앉히기 시작했다.

클레어가 계속해서 말했다.

"저는 사업에서 성공했습니다. 저희 회사는 고철을 취급합니다. 사업은 잘 되고 있지요. 저는 남자들이 주도하고 있는 산업에 뛰어들어 성공을 거두었습니다. 하지만 60년 동안 위기가 닥칠 때마다 제가 감정적으로 조금도 흔들리지 않을 수 있었던 이유는 제 자신으로부터 거리를 두는 법을 배웠기 때문입니다. 저는 저 자식들에게도 감정적으로 존재하지 않는 사람처럼 살았습니다. 아이들의 아버지는 막내가 태어나자마자 저를 떠났습니다.

제가 이 자리에 참석하게 된 것은 제 아이들이 원했기 때문입니다. 아이들은 제가 왜 항상 차갑고 건조하게 인생을 사는지 그 이유를 모르겠다고 했습니다. 제가 지금 여기에 있는 것은 아이들을 위해서입니다. 그리고 제 자신을 위해서이기도 하지요. 저는 이런 식으로 살다가 죽고 싶지 않습니다. 아무런 감정도, 서로 주고받는 것도 없이 사는 것 같지도 않게 살다가 죽고 싶지 않습니다. 저는 지난 60년 동안 감정적으로는 이미 이 세상 사람이 아니었습니다."

그리고 나서 그녀는 속삭이듯 말했다.

"저는 7월이면 예순다섯 살이 됩니다. 제발 하느님, 누가 이 끔찍한 짐에서 저를 벗어나게 해주세요. 너무도 긴 시간이었어요. 이번이 저의 마지막 기회입니다."

이것은 그녀가 자신의 참된 자아로 돌아가는 아주 감동적인 여정의 시작이었다. 그 세미나의 남은 시간과 그 후에 이어진 회의에서 우리는 그녀가 안전하게 자신의 방어벽을 해체할 수 있도록 하는 데 초점을 맞추었다. 그녀가 거기에 모인 사람들을 향해 처음 입을 떼자 모든 사람들이 그녀에게 다가가 힘내라고 손을 잡아주거나 어깨를 잡아주었다. 그녀는 처음에는 움찔했지만 차츰 편하게 받아들였다. 사람들은 같이 눈물을 흘리기도 하고 위로의 말을 건네기도 하고 말없이 안아주기도 했다. 그것은 고통을 야기하는 몸짓이 아닌 애정을 담은 몸짓이었다. 그러자 그녀는 강한 확신 속에서 자신의 참된 자아로 돌아오기 시작했다.

우리는 그녀가 자신과는 전혀 상관이 없는, 자신의 책임이 아닌 행동에 대해 수치심을 가질 필요는 없음을 말해 주었다. 시간이 흐르면서 그녀는 의붓아버지의 광기를 자신의 책임으로 받아들여 자신을 분열시킬 필요가 없다는 것을 알게 되었다. 그녀는 살아 있을 때도 그녀를 잔인하게 다루었을 뿐만 아니라, 죽어서도 그녀의 삶을 지배하고 있는 그 남자 앞에서 상실했던 자신의 힘을 되찾을 수 있다는 값진 사실을 배웠다.

이 일화의 끝은 다음과 같다. 이 여인이 자신의 참된 자아를 되찾으려 하자 마치 둑이 터진 듯했다. 감정을 억압하며 보낸 그 긴 세월이 지난 뒤 다른 사람을 사랑하고 돌보는 그녀의 타고난 품성이 이제 막 그녀에게서 폭발적으로 그 모습을 드러냈다.

기쁨에 넘친 그녀의 자식들은 이전의 모습이 아닌 다른 어머니를 맞이하게 되었다. 그녀는 이어지는 워크숍에서도 분위기를 이끄는 자원봉사자로 나서주었다. 그리고 그 일에 대한 그녀의 열정을 보는 것만으로도 분위기는 절정에 달했다.

클레어는 자신의 체험을 통해 세미나실에서 가장 고집스럽고 차갑고 또한 가장 절실히 도움을 필요로 하는 사람이 누구인지를 알 수 있었고 그러한 사람들의 마음을 열기 위해 열과 성의를 다했다. 세미나를 거듭할수록 그녀는 마치 어미 닭처럼 바위 같은 사람들의 말에 귀를 기울이고 껴안고 사랑함으로써 그들의 마음이 얼음

녹듯 풀어지도록 했다. 사람들의 마음이 바위처럼 굳건히 닫혀 있어도 그녀는 그냥 지나치지 않았다. 그녀는 자신의 경험을 통해 그들이 처한 상황을 알고 그들의 처지에 동감했다. 그녀는 아무도 홀로 남지 않도록 애썼다.

클레어의 경험이 시사하는 것은, 자아개념이 일련의 결정적인 사건과 몇 가지 중요한 선택으로 형성되었듯이 이처럼 몇 안 되는 중심인물에 의해서도 큰 영향을 받는다는 것이다.

그 중심인물들의 행위는 좋든 나쁘든 우리의 인생에 긴 여운을 남긴다. 병적이고 심사가 뒤틀린 그녀의 의붓아버지는 클레어로 하여금 결국 자신의 삶으로부터 거리를 두게 만들었다. 그의 난폭함으로 인해 그녀는 자신의 감정을 향해 열려 있는 창문을 닫을 수밖에 없었다.

의붓아버지는 끔찍하면서도 아주 혐오스러운 방식으로 그녀의 자아개념이 형성되는 과정에서 중심적인 역할을 했다. 그는 젊고 싱싱한 희망과 기쁨으로 이루어진 그녀의 참된 자아를 매장해 버렸고, 그녀의 가치를 무시하고 자신의 병든 마음과 정신의 탈출구로 이용함으로써 고통과 외면이라는 잔혹한 빗장 아래 그녀의 참된 자아를 매장하는 결과를 가져왔다. 어리고 감수성 예민한 한 소녀를 학대함으로써 그녀로 하여금 평생 허구적인 자아의 모습으로 살아가도록 했다는 점에서 그는 중심인물이 되었다.

인생을 살아가는 모든 사람에게는 이런 중심인물들이 있기 마련이다. 일단 그처럼 강력한 영향을 미친 존재를 찾아 가려내게 되면 그 사람들이 자신에게 미쳤던 영향을 어떻게든 조정할 수 있다. 하지만 그 영향력을 제대로 처리하기 위해서는 그들이 자신의 삶 속에서 했던 역할을 분명히 파악해야 한다.

미처 몰랐던 가능성을 열어준 사람들

삶의 중요한 시기에 용기를 북돋는 말을 해준 사람이 중심인물인 경우도 있다. 그들은 미처 몰랐던 가능성을 열어주고, 해결 방법을 몰라 쩔쩔맸던 문제의 실마리를 풀어주기도 한다. 때로 그들은 내가 지닌 재능을 눈여겨보고 그것을 키워나가도록 용기를 준다. 그리고 그들의 삶의 방식이 나로 하여금 그들과 같은 삶을 살도록 만들 수도 있다. 그들은 내가 제아무리 사랑받지 못하는 존재라 할지라도 나를 사랑한다.

중심인물은 예기치 않은 장소와 시간에 나타날 수 있다. 그들은 사려 깊고 책임감 있는 모습으로 자신들의 권한을 행사함으로써 나에게 영향을 미치는 사람일 수도 있다. 다른 한편으로 그들은 지금 내가 만나는 사람들일 수도 있다.

그들은 오랫동안 꾸준히 나를 인도함으로써 내 삶에 영향을 미치는 존재일 수도 있고, 아니면 자신들도 깨닫지 못하는 가운데 단 한 번의 행동으로 큰 영향을 미친 존재일 수도 있다. 아마도 그들은 잠시 동안 내 삶에 들어왔을 터이지만 나는 그들과의 만남에서 받은 영향을 오늘날까지 간직하며 살고 있다.

나는 성공한 사람들—성공했다는 것은 평화롭고 조화로우며 만족스러운 삶을 산다는 것을 의미한다—은 다섯 명 가량의 중심인물들에서 자신의 영웅이나 역할 모델을 찾아낸다는 사실을 알 수 있었다. 그러나 이와는 대조적으로 고통스러운 삶을 살고 있는 사람들은 중요하고 극적인 영향을 미친 사람을 가려내긴 하지만 그런 사람들 대부분이 고통을 준 사람들인 경우가 많았다.

또한 성공한 사람은 자신에게 완전히 부정적이고 파괴적인 영향을 끼쳤지만 결국 그 부정적인 경험을 건전하고 긍정적인 방식으로 승화시킬 계기를 마련해 준 사람들에게 가치를 부여했다. 달리 표현하자면 자신을 힘들게 만든 사람 때문에 거기서 빠져 나오기 위해 열심히 노력하게 되고, 결국 그 과정에서 의미 있는 대안을 발견하게 된다는 것이다.

그렇다고 "봐라! 이 모든 것이 다 가치가 있다. 그 때문에 그런 성격을 갖게 됐으니 오히려 감사해야 한다."라고 말하려는 것은 아니다. 이것은 절대 진실이 아니다. 잔혹함과 고통은 그것이 제아무리 자신을 강하게 키워냈다 할지라도 절대로 가르침의 정당한 수단이 될 수 없다.

내가 말하고자 하는 바는 몇몇 중심인물이 겪게 한 시련이 거듭되면서 자기 자신의 고귀한 가치가 더욱 갈고 닦여 마침내 그 모습을 드러냈다는 것이다. 그러기에는 너무도 값비싼 수업료를 낸 것이 되겠지만 만약 이것이 당신의 경우라면 당신 또한 자신의 고통으로부터 의미를 찾을 수 있을 것이다.

그들은 내게
어떤 영향을 미쳤는가

위의 내용들을 명심하고 다음의 질문에 답해보자.

> • 긍정적이든 부정적이든 오늘날 당신의 삶을 좌우하는 자아개념을 형성한 다섯 명의 중심인물은 누구인가?
> • 누가 당신이라는 석판 위에 의미 있는 말들을 써넣었는가?

이 질문에 대한 답을 생각하는 과정에서 결정적인 사건과 중요한 선택에 대해 앞 장에서 썼던 내용들을 다시 읽어 보면 도움이 될 것이다. 거기서 답한 내용을 보면 다섯 명의 중심인물이 누구라는 것이 바로 드러날 것이다. 드러나지 않는다 하더라도 머릿속에 여러 가지 생각이 떠오르면서 기억나는 이름이 있을 것이다.

질문 자체는 그리 어렵지 않지만 그 많은 사람들 중에서 다섯 명을 솎아내는 일이 쉽지 않을 수 있기 때문에 다섯 명으로 압축하는 것이 힘들지 모르겠다. 당신이 어디에 있든 당신이 찾게 되는 사람을 떠올려 보라. 바로 이들이 오늘의 당신을 만드는 데 그 나름의 중요한 역할을 한 사람들이다.

이미 언급한 대로 이들 다섯 명이 하나의 긴 사슬처럼 연결되어 지금과 같은 모습의 당신을 만들었음을 생각해 보라. 그 사슬의 각 고리마다 중요한 요소들이 있다. 다시 말해서 이들 다섯 명 중에서 한 명을 그 사슬에서 떼어내면 오늘날 그 사슬의 맨 끝에 있는 당신은 자신도 알아보기 어려운, 본질적으로 아주 다른 사람이 되고 말 것이다.

우선 이 질문에 답하기 위해서는 자신의 일기를 펼쳐놓고 혼자만의 시간을 가지도록 한다. 긴장은 풀되 정신은 집중하고 다음의 지시를 따르도록 한다.

> 1. 당신 삶의 중심인물 가운데 한 사람의 이름을 적는다.
> 2. 적어놓은 이름 아랫부분을 두 파트로 나눈다. 먼저 그 사람의 행동을 묘사하는 글을 쓴 다음 그 사람이 당신에게 미친 영향을 쓴다.

첫 번째 부분에서 최대한 자세하게 쓰면 그 사람의 행동이 왜 당신에게 중요한 역할을 했는지 알게 된다. 가능한 구체적으로 서술하려 하다 보면 행위와 관련된 동사를 많이 쓰게 되어 더 명확하게 알 수 있다. 앞서 살펴본 클레어의 경우를 예로 들면, 그녀는 "지난 14년 동안 의붓아버지는 채찍으로 내 어머니와 나를 때림으로써 내 자아와 존엄성을 짓밟았다."와 같은 식으로 쓸 것이다.

이 연습의 가치는 한 번도 글로 표현해 본 적이 없었던 중심인물과 자신과의 관계와, 그들이 미친 결과를 얼마나 잘 표현하는가에 달렸다. 이 말은 다섯 사람이 취한 행동과 그것이 자신의 삶에 미친 결과 사이의 인과 관계를 밝혀내기 위해서는 매우 주의를 기울여 써야 한다는 것이다. 이는 자신이 하던 작업을 계속하기 위해서는 지금 시간을 내서 자신의 중심인물들 모두에 관한 허심탄회한 평가를 내릴 수 있어야 한다는 것을 의미하기도 한다.

더 큰 상처를 입게 될지도 모른다는 두려움 때문에 자신의 삶에 영향을 미친 중심인물이 누구인가를 알아내고 그것을 종이에 옮기는 것을 겁낼 필요는 없다. 우리는 이제 곧 자신의 진정한 힘을 재생시킬 능력에 대해 얘기할 것이다. 하지만 자신이 인식하지 못하는 것은 바꿀 방법이 없다는 것을 알아야 한다. 현실을 직시하지 않으면 어떤 암세포가 자신의 참된 자아를 갉아먹고 있는가에 대한 잘못된 진단으로 영원히 수렁에서 헤어나지 못할 것이다.

여기서 한 가지 명심해야 할 중요한 사실은 삶에서 중심적인 역할을 한 사람들이 반드시 흑백논리로 나뉘지 않는다는 점이다. 심각할 정도로 부정적인 영향을 끼친 사람에 대해서 우리는 그가 가진 어떤 점에 대해서는 고마워하고 존경하기도 한다.

어떤 환자는 내게 철저한 직업의식에다 갓 꾸린 가정을 이끌어가기 위해 두세 가지 일도 마다하지 않을 정도로 투철한 의지를 가진 자신의 아버지를 얼마나 존경하는지 모른다고 말한 적이 있다. 그녀의 아버지는 무일푼으로 영어도 전혀 못하고 도와줄 사람도 없는 상태에서 미국에 이민을 왔다. 몇 년 되지 않아 그녀의 아버지는 자신의 아내와 자식들을 위해 안락한 삶의 터전을 마련했다.

그러나 한편으로 그녀는 자신의 아버지가 완고하고 대하기 어려웠다고 말했다. 그녀를 포함한 세 자매는 어른이 되어서 이런저런 얘기를 하다가 아버지가 세 자매들 중 어느 누구에게도 사랑한다는 말을 한 적이 없다는 것을 알게 되었다. 게다가 그녀의 아버지가 학업과 직업 면에서 딸들에게 거는 기대는 정신적으로나 육체적으로 스트레스를 유발할 정도로 부담스러워서 그 딸들은 중년의 나이가 됐음에도 거기서 벗어나지 못하고 있었다.

분명 이 여인은 헌신적인 노력을 기울여 미국에 삶의 터전을 일궈낸 데 대해 아버지에게 감사와 존경의 마음을 가질 만하다. 하지만 그와 동시에 딸의 중심인물 목록에 항상 포함될 것이다. 그 아버지는 딸을 가혹할 정도로 몰아붙였고 딸이 간절히 원했던 칭찬의 말을 해주지 않음으로써 아직까지도 딸이 그에 대해 허기를 느끼도록 만들었다.

중심인물의 삶에서 반전이 일어날 수도 있다. 예를 들어 항상 독설을 퍼붓는 알코올 중독자 어머니 밑에서 어린 시절을 두려움과 외로움, 그리고 불안 속에서 산 딸이 있다고 하자. 그러나 차츰 그 어머니는 갱생 프로그램을 성공적으로 마치고 술에 의지하지 않고 살 수 있게 된다. 딸에게 상처를 입혔다는 것을 안 어머니는 딸과의 관계를 개선해 보고자 여러 가지 노력을 한다. 딸에게 진작에 보여주어야 했던 어머니의 모습으로 돌아가기 위해 그녀는 용서를 구하는 등 할 수 있는 모든 것을 한다.

그런 상황을 겪으면서 딸은 자신의 어머니가 긍정적인 이유에서 중심인물이라는 생각을 하게 된다. 그렇다고 딸이 길고 어두운 성장의 시기가 없었던 것으로 여기는 것은 아니다. 딸은 어머니가 자신에게 입힌 고통을 생생히 기억하지만 그 어떤 고통의 기억이 있다 할지라도 딸은 자신의 어머니를 중심인물로 규정한다. 어머니가 보여준 애정에 대해 그와 같은 결론을 내린 것이다.

이렇듯 중심인물들이 모든 면에서 존경받을 만한 인물일 수도 있지만 한편으로는 부정적인 방식으로도 영향을 끼쳤을 수 있음을 명심해야 한다.

마찬가지로 온갖 나쁜 행동으로 감옥에 수도 없이 갔다 온 사람이 친절한 말 한마디와 헌신적인 행동으로 기운을 북돋아주고 당신을 아주 다른 삶의 길로 들어서게 할 수도 있다. 그러므로 중심인물이라고 할 때 무조건 긍정적이라든가 무조건 부정적이라든가 하는 식으로 생각해서는 안 된다.

다섯 명의 중심인물 각각에 대해 위에서 말한 두 가지 내용을 다 적을 때까지는 다음 단계로 넘어가지 않도록 한다.

나는 내 인생의 중심인물인가

이제 중요한 질문을 할 차례다. 당신의 삶에서 중심적 역할을 했던 다섯 명의 사람 가운데 당신 자신도 포함되어 있는가? 아니라면 그 이유는 무엇인가? 만약 당신의 이름이 그 명단에 없다면 그것이 뜻하는 바가 무엇인지를 생각해 보아야 한다.

일찍이 당신의 자아개념이 다른 사람에 의해 형성되고 만들어져서 그런 것인지도 모른다. 그것은 당신의 가장 기본적이고 핵심적인 성격을 다른 사람의 행위나 행동의 탓으로 돌린다는 것을 의미하기도 한다. 좋든 싫든 당신은 자신의 힘을 다른 사람에게 맡겨버렸다. 당신이 그들에게 맡긴 것을 그들이 잘 간수했을 수도 있고, 그렇지 않았을 수도 있다.

　당신의 이름이 다섯 명의 중심인물 명단에 포함되는 것을 목표로 삼자. 당신은 이제 가장 위대한 힘을 간직하고 있는, 당신의 자아개념 내의 영역을 다루려 하고 있다. 자신의 삶의 경험을 극적으로 증진시켜 줄 일련의 도구들을 챙기고 앞으로 나아가는 과정에서, 당신이 중심인물이 되기 위해 해야 할 바를 생각하도록 한다.

　나는 당신의 삶의 여정을 규정하는 중심인물 가운데 당신의 이름이 명단의 맨 위에 놓일 수 있도록 당신으로 하여금 필요한 단계를 밟도록 할 것이다.

3장

나 자신과 대면하라

SELF MATTERS
내 안의 나를 찾아라

적과 맞닥뜨렸는데 그 적은 다름 아닌 우리 자신이었다.
– 포고*

앞에서 주어진 여러 종류의 질문에 허심탄회하게 답했다면 당신은 자신의 역사에 대해 많은 것을 알게 되었을 것이다. 오늘날 자신의 모습에 아주 큰 영향을 미쳤던 외적인 요인들, 즉 사건과 선택과 사람을 모두 나열해 봄으로써 자신의 자아개념을 이해하는 데 있어 더 큰 걸음을 내디딜 수 있었다.

하지만 나는 당신이 아직도 갈피를 잡지 못하고 있다는 점도 인정한다. 당신은 아직 고통에서 완전히 벗어나지 못했을 것이다. 사실 당신이 자신의 외적인 요인들을 모두 망라하고 나서 아무것도 느낄 수 없다면 그것은 납득하기 어려운 일일 것이다. 왜냐하면 자

---
* 포고Pogo는 1930~1940년대 미국의 인기 만화가 월트 켈리Walt Kelly가 만들어 낸 만화의 주인공 이름이다.

신의 결정적 사건과 중요한 선택, 그리고 중심인물을 다시 살펴보는 과정에서 거의 모든 사람들이 스스로 지금 느끼고 있는 고통의 수많은 원천과 정면으로 맞닥뜨리기 때문이다.

하지만 기죽을 필요는 없다. 당신은 그 근원을 찾아냈고 거기서 힘이 비롯되기 때문이다. 결국 이 말은 외적인 요인들은 고정불변이라는 뜻이다. 그것은 이미 종료된 것이므로 당신은 자신의 역사를 바꿀 수 없다. 하지만 외적인 요인들에 대한 스스로의 반응은 변화시킬 수 있다. 당신이 이제 자신의 내적인 요인에 대해 알게 되면 그러한 변화를 도모할 수 있는 힘을 얻게 될 것이다.

자신이 모르는 것을 바꿀 도리가 없다는 것은 일종의 삶의 법칙이다. 따라서 자신이 현재 갖고 있는 자아개념이 무엇으로 채워진 것이며 그 자아개념을 더욱 발전시키거나 혹은 왜곡시키는 방향으로 자신이 매일 하게 되는 일이 어떤 것인지를 분명히 인식하는 것은 중요한 일이다.

앞서 우리가 자아개념에 영향을 미치는 외적인 요인들을 살펴본 것처럼 이제는 내적인 요인들을 철저하게 들여다볼 차례다. 다시 말해, 세상에 대한 자신의 태도가 일반적으로 어떠하며 앞서 언급한 중요한 사건에 직면하여 자신이 내적으로 어떤 반응을 했는지 살펴보아야 한다는 것이다.

이미 말했듯이 우리는 세상에서 일어난 일에 반응하는 것이 아니라 그 일에 대한 자신의 해석에 반응한다. 그 해석이야말로 우리가 실제로 반응하게 되는 자극으로 그것은 실제로 일어난 사건과는 다르다.

해석은 아주 다양한 형태로 나타나며 사건의 연결 고리들이 자아개념을 형성하도록 만든다. 해석은 즉각적이며 찰나적인 형태로 나타나기도 하고 오랜 시간에 걸쳐 깊숙이 스며들기도 한다. 그러므로 자아개념을 살펴보는 과정에서 그 연결 고리 중 한 고리도 그냥 넘어갈 수 없다는 것을 꼭 명심해야 한다.

예를 들어 당신이 직장에서 해고를 당했다고 하자. 그것은 외적인 사건으로 당신은 그에 대해 내적인 반응을 하게 된다. 당신의 자아개념에 영향을 미친 것은 해고에 대한 당신의 내적인 반응이지, 해고라는 행위 자체가 아니다.

해고에 대한 당신의 내적인 반응이 '이봐, 해고당하는 것은 끔찍한 일이야. 하지만 양심에 비추어 보건대 나는 일을 잘하지도 못했고, 재능이 있었던 것도 아니지. 그래서 일이 제대로 안 되었던 거야. 하지만 이 일로 나는 많은 것을 배웠어. 여기서 배운 것을 토대로 삼으면 앞으로는 잘 해낼 수 있을 거야.' 와 같다고 가정해 보자. 당신은 해고당한 것을 현실적으로 받아들이고 있다. 또한 자아개념이 흔들릴 만큼 커다란 시련을 겪은 것 같지는 않다.

다른 한편으로 해고를 당했을 때 당신의 내적인 반응이 '나는 일을 망쳐놓았고 해고당해도 싸다. 그 일은 내게 너무 과분한 것이었고 내 머리로는 감당할 수 없는 것이었다. 그들은 나를 제대로 파악했다.' 처럼 자신은 아무짝에도 쓸모없는 놈이라는 식일 경우를 생각해 보자. 자, 이런 식의 내적인 반응이라면 당신의 자아개념은 두말할 것 없이 시련을 맞이하게 될 것이다.

한 가지 외적인 사건에서 두 가지 서로 다른 결과가 파생된다.

매우 다양해 보이는 내적인 반응들로부터 자신의 자아개념에 영향을 미치는 두 가지 결과가 빚어진다. 이처럼 우리는 외적으로 일어난 일에 반응하는 것이 아니라, 그것을 내재화하는 방식에 반응한다. 이는 결국 자신의 자아개념에 영향을 미치고 그것을 통제할 수 있는 거대한 힘이 자신 안에 있다는 말이다.

나는 여기서 무슨 부흥회에서처럼 당신을 선동하고자 하는 것이 아니다. 나는 당신이 실시간으로 당신에 대해 스스로와 나누는 대화에 대해 얘기하고 있을 뿐이다.

당신은 자신에게 솔직해야 한다. 하지만 당신에게는 선택의 여지가 있다. 우리가 작업을 마치기 전에 당신은 그 선택을 짜임새 있게 해나가는 법을 배우게 될 것이다.

외적인 요인들에 대해서도 그랬듯이 자신의 내적인 반응을 이해하기 위한 열쇠는 어디에 주목하고, 어떤 질문을 던져야 하는지를 아는 데 있다. 이에 관해서 우리는 다섯 가지 내적인 움직임의 범주를 살펴볼 것이다.

- 통제위치
- 자기대화
- 꼬리표 붙이기
- 테이프
- 인생 대본

이어지는 장에서는 가능한 한 당신의 개별 사례에 최대한 맞춰서 각각의 범주를 철저히 파고들도록 하겠다. 우리는 의식과 무의식의 두 차원에서 당신이라는 인격체가 가진 기질들을 찾아내고자 한다. 그리고 이 작업은 독자적이며 체계적이고 면밀한 관찰을 통해 이루어질 것이다. 명심할 것은 이와 같은 내적인 요인들 속에 자아개념에 영향을 미칠 수 있는 자신의 진정한 힘과 그 가능성이 놓여 있다는 사실이다.

여기서는 매우 세심한 주의가 필요하다. 이것은 단순한 말장난이 아니기 때문이다. 이것은 당신의 자아개념과 삶을 주도하는 것이자 당신이라는 존재가 그 위를 고스란히 밟고 지나갈 길이다.

우선 우리는 무엇 때문에 많은 사람들이 이 부분에서 혼란을 겪는지 알아야 한다. 내가 내적인 요인들에 대해 말하기 시작하면 당신은 골치 아프기 짝이 없으며 다람쥐 쳇바퀴 도는 것 같다고 할지도 모른다. 하지만 나를 믿어주기 바란다. 이 일은 절대 그렇지 않다. 나는 밑도 끝도 없이 당신에게 자신의 모습과 자신의 본질에 대해 관찰하라고 하면서 지도도 챙겨주지 않고 산 정상으로 당신을 내모는 일은 하지 않는다. 나는 당신에게 몇 가지 구체적인 질문을 던질 것이다. 그리고 다시 한 번 당신에게 자신의 노트에 그 답을 적어 보라고 요구할 것이다.

답을 적는 것은 대단히 중요한 일이다. 그 과정에서 당신에게 나름의 객관적인 척도가 생길 것이다. 혼란은 당신이 기록하지 않고 무턱대고 자신의 모습과 자신의 생각을 관찰하려고 할 때 생겨난다. 그것은 거울 없이 자신의 얼굴을 보려는 것과 같다.

그렇게 하면 당연히 골치가 아플 수밖에 없다. 하지만 답변을 글로 적어놓게 되면 내면에서 벌어지는 일을 외부의 시각에서 바라볼 수 있게 된다. 당신이 글을 쓴다는 것은 당신의 가슴속에서 일어나는 일을 거울로 비춰보는 것이다.

모든 정신적 활동은 자신 안에서 일어나고 있다. 물론 그중 일부는 잘 준비되고 익숙한 상태에서 너무도 순식간에 일어나기 때문에 마치 자동으로 일어나는 일처럼 보일 수도 있다. 어떤 생각이나 일을 수없이 반복하게 되면 더 이상 의식적으로 그 틈을 비집고 들어갈 수 없게 된다.

예를 들어 차를 운전한다고 생각해 보자. 당신은 차를 움직이기 위해 어떻게 해야 하는지 생각할 필요가 없다. 키를 꽂는 것을 눈으로 확인하거나 그것에 대해 생각할 필요도 없다. 이미 차를 조작하는 일이 몸에 배어 있기 때문에 당신은 마치 그 일을 자동적으로 하는 것처럼 보인다.

이것은 당신의 사고 작용에서도 똑같이 적용된다. 당신은 믿기 어려운 속도로 꼬리표를 붙이고, 테이프를 반복 재생하고, 고정되거나 제한된 믿음을 처리하며 나아간다. 당신은 눈 깜짝할 사이에 일련의 자아 관찰과 판단을 거치면서 사유할 수 있다. 그것이 일어나는 속도는 너무 빨라서 당신은 스스로 그러한 일을 하고 있다는 것을 알아차리지 못한다.

자동적으로 일어나는 것처럼 보이는 초고속 사유에 관한 좋은 예로 뱀 혐오증을 가진 사람을 들 수 있다. 뭐라 딱히 합리적으로 설명할 수 없지만 뱀에 대해 엄청난 공포를 갖고 있는 사람, 뱀이

나타날 수 있다고 여겨지는 장소에 있다면 필사적으로 그곳을 떠나려고 하는 사람에게 있어 뱀에 대한 공포감은 전신 마비라는 결과를 가져올 정도다. 이 사람을 의자에 앉혀놓고 뱀이 갖고 있는 무섭고 혐오스러운 점을 모두 얘기해 보라고 한다 치자. 그러면 그들은 이렇게 말할 것이다.

"끔찍해요. 지옥에서 온 더럽고 위험한 동물이에요. 나를 물어 독을 퍼뜨려 죽일 수도 있어요. 눈은 악마의 눈과 같아요. 차갑고 징그럽죠. 뱀을 보면 비명을 지르게 되고 무서워서 바지에 오줌을 지리기도 하죠. 한마디로 끔찍한 동물이에요."

이것은 뱀에 관해서 그 사람 마음속에 녹음된 테이프의 내용이다. 자, 그 사람이 앉아 있는 상황에서 당신이 갑자기 한 꾸러미의 뱀을 그 사람 앞에 풀어놓는다고 해보자. 그 사람은 "무서워요. 징그러워요. 나를 물어 죽일 것 같아요. 눈이 정말 사악하게 보여요……."라는 말을 할 여유도 없을 것이다. 그 사람은 뱀의 실체를 확인하는 순간 "뱀이야!"라고 비명을 지르면서 곧바로 모든 이성적인 통제력을 상실할 것이다. 거기서 빠져나가야 한다는 공포감에 사로잡혀 책상 위로 뛰어오르거나 다치는 것도 아랑곳없이 창문 밖으로 몸을 내던질 것이다.

이처럼 뱀이라는 표현은 뱀에 대해 그 사람이 자신 안에 갖고 있는 모든 믿음을 요약해서 보여주는 말이다. 그것은 뱀에 대한 모든 무시무시한 공포감을 한데 묶어 보여 주는 상징적 표현이다.

따라서 그 사람은 뱀을 왜 싫어하는지에 관해 자신이 기술한 다섯 내지 열 문단을 일일이 다 되뇔 필요가 없다. 뱀이라는 말 한마디면 된다.

이런 상징이나 함축된 용어는 너무도 잘 학습되어 있고 순식간에 그 함축된 의미가 펼쳐지기 때문에 그 사람의 몸과 마음은 마치 자동 조종된 기계처럼 움직이게 된다.

당신도 마찬가지다. 당신에게 뱀이라는 말 대신에 낙오자, 패배자, 무용지물이라는 말이 그런 상징적 용어가 될 수도 있다.

내가 어떻게 반응하느냐가 중요하다

페기는 매우 특별한 친구였다. 그녀는 독립적으로 살아가는 데 대한 자부심이 컸으며 사업을 하여 큰 성공을 거두었다.

하루는 그녀가 다섯 번째 결혼을 하려고 하는데 좀 도와줄 수 있겠냐고 나를 찾아왔다. 그녀는 곧 남편으로 맞이할 사람에게 홀딱 반해 있다고 털어놓았다. 하지만 그녀는 이전의 네 명의 남편에게도 똑같이 그렇게 반했었지만 결혼생활이 평탄치 않았다. 분명 그녀는 또 한 번 파경을 맞을까봐 두려워하고 있었다. 그래서 그녀는 예전에는 들으려고 하지 않았던 충고를 누군가가 해주면 이번 결혼생활에 별 문제가 없을 것이라고 생각했다.

나는 페기에게 충고를 하는 대신, 먼저 그녀의 마음을 진정시켰다. 그러고 나서 나는 그녀에게 눈을 감고 남편으로 맞이할 사람과의 결혼을 상상면 어떤 생각이 드는지 말해 달라고 했다. 페기는 내면에 귀를 기울이더니 이런 말을 하기 시작했다.

"나는 해리가 우리 아버지처럼 의지가 약하지 않아서 나를 도와줄 수 있는 사람이라고 착각했었어. 해리는 분명 매력적인 사람이야. 하지만 그가 얼마나 영리한 사람인지는 모르겠어. 그가 하는 일이 그리 전망이 있어 보이지는 않거든. 그렇지만 그런 것쯤은 문제가 되지 않아. 내가 충분히 보완할 수 있으니까 말이야."

나는 그녀가 하는 말들을 적었다. 그리고 그녀가 마음의 준비를 마친 것을 확인하고, 그녀에게 그것을 읽어 보라고 했다. 그녀는 자신이 한 말에 충격을 받았다. 그녀는 해리에 대해 보여준 자신의 분명한 두려움과 불신, 그리고 태도에 적잖이 놀랐다. 이런 두려움이 그녀의 과거 인간관계에서 나타났을 수도, 그렇지 않았을 수도 있다. 하지만 해리와의 관계에서는 분명히 나타났다.

그녀는 해리가 자신의 아버지처럼 의지가 약한 사람이라고 말하고 있다. 그리고 자신은 해리에게 실망해서 더더욱 강한 자신이 되고 싶다고 말한다. 이것은 그녀가 이미 자신이 존경할 수 없는 남편 때문에 상처받지 않으려 한다는 것을 보여주며, 이런 생각을 머릿속에 담고 있는 한 십중팔구 그녀는 이혼을 기약하고 있는 것이나 다름없다. 이런 생각은 순식간에 떠올랐기 때문에 그녀는 스스로 실수를 자초하고 있다는 의식조차 하지 못했다.

당신은 어떤가? 꼭 뱀이나 남편이 될 사람에 대한 것은 아닐지라도 이처럼 자동적으로 떠오르는 생각들이 있을 것이다. 그것은 너무나 빨리 일어나는 까닭에 어떻게 자신의 행동과 자아개념에 영향을 미치는지 의식할 수조차 없다. 우리가 해야 하는 일은 생각의 속도를 늦추고 그 생각에 찬찬히 귀를 기울이는 것이다.

의문이 생긴다. 이런 생각들이 그토록 빨리 머릿속에 떠오르게 된다면 우리가 이것에 대해 어떻게 손을 쓸 수 있는가? 폐기의 예가 그 답이 될 것이다. 인간이 가진 놀라운 능력 중에 하나가 마음의 움직임을 느린 동작으로 바꿔 보여주는 것이다. 느린 동작 단추를 누르기만 하면 모든 것이 천천히 움직이게 되고 따라서 자신의 생각에 귀를 기울여 그것을 종이 위에 적어넣을 수 있다.

이렇게 하기 위해서는 먼저 마음을 아주 차분하게 가다듬어야 한다. 그리고 나서 어떤 특정 영역이나 범주에서 자신에 대해 믿고 있는 바를 스스로가 어떻게 생각하며 그것을 어떻게 체계화시켰는지에 대한 다소 복잡한 질문에 답해야 한다. 그럼으로써 당신은 자신의 내적인 과정을 둘러볼 수 있게 된다.

내면의 자기 검사를 실행시켜 자동 사유 체계가 서서히 모습을 드러내도록 만들고 그것을 종이 위에 써봄으로써 객관화시킨다면 당신은 자신으로 하여금 그렇게 느끼고 행동하도록 만든 것들에 대해 놀라움을 금치 못하리라 생각한다.

또한 이런 자기 검사 과정을 통해 당신은 자아개념에 강력한 영향을 미치는 것에 한 발짝 가까이 다가갈 수 있으며 그렇게 영향력을 미치는 것들 중 많은 것들이 참된 자아에 역행하는 방향으로 작용하여 수동적이며 조건 반사적인 삶을 살도록 만든다는 것을 알게 될 것이다.

이러한 내면의 과정들을 자세히 들여다 보면 이제까지 안에서 밖으로 참된 자아가 표출되려는 것을 방해해 온 것의 정체를 파악하여 마침내 그것을 물리칠 채비가 가능하다. 자신의 참된 자아의 모습으로 돌아가기 위한 길을 찾기 위해서는 이러한 내적인 인식에 대한 분명한 자각이 있어야 한다. 그럴 때만이 자아개념에 부정적 영향을 미치는 것을 정확히 포착할 수 있다.

자동차의 오일 유압 장치에서 기름이 샌다면 자동차 모터가 문제지 오일 게이지가 문제인 것은 아니다. 자신이 계획하지도, 원하지도 않았던 그런 허깨비 같은 삶을 산다면 세상사에 대한 자신의 내적인 반응이 문제지 세상사가 문제인 것은 아니다.

우리는 살면서 항상 외적인 요인들에 의해 시련을 겪을 것이다. 갑자기 정전이 되었는데 전기 수리공이 빨리 오지 않을 수도 있다. 승진의 기회를 놓칠 수도 있다. 때로는 육체적 건강을 위협하고도 남을 만한 시련이 닥쳐올 것이다.

이처럼 바깥세상에서 일어나는 일을 어찌할 수는 없다. 하지만 그것에 반응하고 그것을 내면화하는 방식은 충분히 바꿀 수 있다. 이는 참으로 해볼 만한 일이다.

먼저 바꿔야 할 대상이 어떤 것인지를 찾아내도록 하자.

SELF MATTERS

나도 모르던 나를 발견하라

> 최상의 도움의 손길이 있는 곳은 바로 당신 손끝이다.
> – 스웨덴 속담

　이 장을 제대로 숙지하고 넘어가기 위해서 먼저 당신이 해야 할 과제가 있다. 그것은 다음의 '건강 통제위치 검사'와 '자아 통제위치 검사'를 하는 것이다.
　여기서 얘기하려고 하는 것은 당신과 나 사이의 상호 작용이 중요한데 그러기 전에 이 테스트 결과가 필요하다.
　충분한 시간을 두고 두 테스트에서 제시하는 모든 질문에 답하도록 한다. 명심할 것은 솔직한 자기평가가 핵심이라는 사실이다. 두 가지의 자아 테스트에서 나온 결과를 직접적으로 다룰 것이기 때문에 질문에 답하는 과정에서 솔직해야 한다. 자, 그럼 이제부터 테스트를 시작해 보자.

건강 통제위치 검사

아래의 각 문장을 읽고 자신이 '그렇다'와 '아니다' 사이에서 어디에 해당하는지 정한다. 네 개의 보기 중에서 자신에게 해당하는 것 한 가지를 선택한다.

유보 조항 없이 동의한다면 (A)에 동그라미를 치고, 유보 조항을 두고 어느 정도 동의한다면 (AS)에 동그라미를 친다. 그리고 유보 조항을 두고 어느 정도 동의하지 않는다면 (DS)에 동그라미를 치고, 전혀 동의하지 않는다면 (D)에 동그라미를 친다.

건강 통제위치 검사

	그렇다	조금 그렇다	조금 아니다	아니다
Section I				
1. 내가 아프다면 그것은 내가 적절한 영양섭취를 하지 않았기 때문이다.	(A)	(AS)	(DS)	(D)
2. 병의 치료를 위해 나는 생활 습관을 바꾸고 열심히 노력해야 한다.	(A)	(AS)	(DS)	(D)
3. 건강을 유지하기 위해서는 운동과 스트레스 관리같은 좋은 생활 습관을 가져야 한다고 믿는다.	(A)	(AS)	(DS)	(D)
4. 병이 낫고 싶다면 나아야 한다는 책임감을 가져야 한다고 믿는다.	(A)	(AS)	(DS)	(D)
5. 내 병이 나을 것인가는 의사나 병원의 노력이 아닌 내 노력에 달렸다.	(A)	(AS)	(DS)	(D)

Section II

6. 병을 치료하는 데 있어 가장 중요한 것은 저명한 의사를 만나는 것이다.	(A)	(AS)	(DS)	(D)
7. 나는 건강을 관리해 주는 사람들이 나를 잘 파악해 내가 병에 걸리지 않도록 해주기를 기대한다.	(A)	(AS)	(DS)	(D)
8. 우리나라나 다른 나라의 정부 기관이 우리를 병들게 하는 무기를 사용하고 있다.	(A)	(AS)	(DS)	(D)
9. 내 병이 나을 수 있는 진짜 이유는 좋은 약을 꾸준히 먹기 때문이다.	(A)	(AS)	(DS)	(D)
10. 나는 나의 건강 상태를 의사에게 의존해야만 한다. 그들이 말하는 것이 옳기 때문이다.	(A)	(AS)	(DS)	(D)

Section III

11. 내가 아픈 것은 오늘 내 운이 그렇게 되어 있기 때문이다.	(A)	(AS)	(DS)	(D)
12. 내가 아프지 않은 것은 내가 운이 좋기 때문이다.	(A)	(AS)	(DS)	(D)
13. 사람이 죽는 것은 돌발적이다. 언제 앓아눕게 될지 아무도 모르기 때문이다.	(A)	(AS)	(DS)	(D)
14. 내가 감기에 걸리면 그것은 내가 그날 감기 바이러스가 있는 곳을 지나갔기 때문이다.	(A)	(AS)	(DS)	(D)
15. 인생은 우연과 운수에 좌우된다.	(A)	(AS)	(DS)	(D)

그렇다 : 8점   조금 아니다 : 2점   조금 그렇다 : 4점   아니다 : 1점

자아 통제위치 검사

건강 통제위치 검사에서 했던 방식과 같다. 아래의 각 문장을 읽고 자신이 '그렇다'와 '아니다' 사이에서 어디에 해당하는지 정한다. 네 개의 보기 중에서 자신에게 해당하는 하나를 고른다.

유보 조항 없이 동의한다면 (A)에 동그라미를 치고, 유보 조항을 두고 어느 정도 동의한다면 (AS)에 동그라미를 친다. 그리고 유보 조항을 두고 어느 정도 동의하지 않는다면 (DS)에 동그라미를 치고, 전혀 동의하지 않는다면 (D)에 동그라미를 친다.

자아 통제위치 검사

	그렇다	조금 그렇다	조금 아니다	아니다
Section I				
1. 내가 나 자신을 모른다면 그것은 내가 나의 진정한 모습을 가늠해 볼 시간이 없었기 때문이다.	(A)	(AS)	(DS)	(D)
2. 내가 나를 이해하기 위해서는 내가 삶을 어떻게 지각하고 있는지를 눈여겨봐야 한다.	(A)	(AS)	(DS)	(D)
3. 나는 내가 꿈꾸는 사람이 될 수 있는 힘과 재능을 가지고 있다고 생각한다.	(A)	(AS)	(DS)	(D)
4. 진정한 나 자신이 되기 위해서는 자신에 관한 이 어려운 문제들을 풀어야만 한다고 생각한다.	(A)	(AS)	(DS)	(D)
5. 내가 참된 자아의 모습을 가질 수 있는지 여부는 나에게 얼마나 솔직한가에 달렸다.	(A)	(AS)	(DS)	(D)

Section II

6. 진정한 나 자신으로 돌아가기 위해 가장 좋은 방법은 친구에게 물어보는 것이다.	(A)	(AS)	(DS)	(D)
7. 나는 친구들이 내 진정한 모습을 잘 파악해 주기를 기대한다.	(A)	(AS)	(DS)	(D)
8. 내 참된 자아의 모습이 어떤 것인지를 말해 줄 전문가들이 있다.	(A)	(AS)	(DS)	(D)
9. 진정한 나는 다른 사람들이 생각하는 내 모습이다.				
10. 나의 자기평가와 위치를 알기 위해서는 다른 사람들을 의지해야만 한다. 그들이 하는 말이 옳다.				

Section III

11. 내가 우울한 것은 그날 운세 때문이다.	(A)	(AS)	(DS)	(D)
12. 내가 원하는 비를 얻으면 나는 운이 아주 좋은 것이다.	(A)	(AS)	(DS)	(D)
13. 내가 성공하느냐 실패하느냐 하는 것은 우연에 달린 문제다.	(A)	(AS)	(DS)	(D)
14. 언젠가 내 앞가림을 하게 된다면 그것은 누군가 나를 딱하게 여겨 배려한 덕분일 것이다.	(A)	(AS)	(DS)	(D)
15. 인생은 우연과 운에 좌우된다.	(A)	(AS)	(DS)	(D)

그렇다 : 8점   조금 아니다 : 2점   조금 그렇다 : 4점   아니다 : 1점

통제위치에 따라
무엇이 달라지는가

　만성 육체 피로에 시달리는 환자들을 치료하는 클리닉에서 치료 보조로 일한 경력이 있다. 거기서 나는 놀라울 정도로 유사한 환경을 가진 두 환자를 치료한 적이 있었다. 스티브와 댄 그들은 둘 다 트럭 운전사였고, 고향이 같았으며 기혼에 나이도 엇비슷했다. 그리고 진단 결과도 똑같았다. 등 아래쪽에 디스크 증상이 있는 것하며, 왼쪽 다리 아랫부분에 심한 통증이 있는 것도 똑같았다. 하지만 병의 경과를 결정지을 수 있는 아주 중요한 부분에 있어서는 극단적일 만큼 달랐다.
　첫 번째 진찰에서 스티브는 내게 심한 통증과 그에 따른 심각한 우울 증세를 호소했다. 그럼에도 그는 치료에 적극적으로 임하겠다는 자세였고, 자신의 증상을 설명해 주고 자신이 만성적인 통증에 시달리게 된 이유와 과정을 이해하는 데 도움이 될 만한 책, 논문 등이 있으면 추천해 달라고 내게 부탁까지 했다.
　그는 기존의 치료 방식은 별 효과가 없다는 것이 드러났다고 말하면서 자신이 스스로를 위해서 할 수 있는 일이 있을 거라고 믿고 있었다. 예사롭지 않은 심도 깊은 질문과 대화가 오간 뒤 스티브의 진찰은 끝났고 그는 자신이 요구한 여러 자료들을 가지고 집으로 돌아갔다.
　치료가 열흘째에 접어들 무렵 스티브는 내게 두 가지 결론이 났다고 말했다.

첫 번째 결론은 자신의 통증이 만성적인 근육의 불균형에서 기인한다는 것이며, 두 번째 결론은 그러한 근육의 문제가 심적인 스트레스와 불균형 때문에 쉽게 해결되지 않는다는 것이었다. 그가 설명하길, 장기간에 걸쳐 누적된 스트레스는 해마다 더욱더 힘들어지는 일과 그로 인한 피로, 그리고 최근의 잦은 통증으로 신경이 날카로워진 데서 기인한다고 했다. 또한 그는 자신의 우울증과의 싸움이 가족들 중에서 우울증과 불안 중세를 가진 사람들이 있어서 매우 복잡할 것이라는 추정까지 하였다.

이어서 그는 살아가면서 행동과 감성의 조화를 유지하고 근육의 긴장을 이완시킴으로써 자신의 상황을 변화시킬 것이라고 다짐했다. 그는 자신의 힘으로 통증의 악순환을 끊을 수 있다고 믿었다. 그러한 자신의 전망을 입증이라도 하듯 그는 몇 주 후에 찾아와서는 견딜 만할 정도로 통증이 현격히 줄었다고 말했다.

1년 후 재진으로 방문했을 때 스티브는 훨씬 더 활기 있고 편안해 보였다. 그는 통증이 많이 호전되었고 이제 통증 때문에 자신의 삶이 눈에 띌 정도로 흐트러지는 일은 없다고 말했다.

한편 댄도 똑같이 등의 통증을 호소했지만 스티브와 정반대의 임상 사례를 보여주었다. 댄이 처음 클리닉에 진찰을 받으러 왔을 때 그는 마지못해 온 것이라고 스스로 고백했다. 그는 자신이 병원에 가지 않으면 가만히 있지 않을 것이라고 아내가 엄포를 놓는 바람에 오게 되었다고 했다. 그러고 나서 진찰 내내 그가 한 말이라곤 고작 "아파요. 누가 이 통증을 좀 어떻게 해주었으면 좋겠어요. 제가 만난 의사들은 다 실력이 없었어요. 그들보다 실력 있는 의사의 치료를 받아야 해요." 정도였다. 그런데 나의 관심을 끈 것은 그가 문으로 다가가면서 던진 말이었다.

"재수 없는 놈은 뒤로 넘어져도 코가 깨진다고 그랬나요? 처음에는 허리를 삐끗하더니 그 다음에는 의사들의 노리개 취급을 받네요. 제 인생이 이렇습니다. 무슨 말이 필요하겠습니까?"

그가 돌아간 뒤에 의료진 몇몇은 댄이 재활 치료를 받는다 하더라도 전혀 차도가 없을 것이라고 장담했다. 그리고 그 말은 사실로 나타났다. 재활 치료 중에 댄은 단 한 번도 스스로 뭔가를 해보려 노력하거나 자신의 상태를 파악해 보려고 하지 않았다. 그는 자신의 문제를 해결하기보다 안주하려 들었다. 그는 집 안에서든 집 밖에서든 뭔가를 할 생각이 없다고 말했다. 그는 자신의 통증을 덜어줄 수 있는 것이 없으며 심지어 병원 치료가 통증을 더 악화시킬 뿐이라고 생각했다.

두 가지 다른 접근 방식에 의해 두 가지 다른 결과가 나왔다.

우리네 인간들이 다른 무엇보다 잘 품는 의문이 있다. 왜 이쪽에선 이런 일이 생기고 저쪽에서는 저런 일이 생기는가? 왜 과거에는 일어나지 않던 일이 지금은 일어나는가? 왜 다른 사람이 아니고 나인가? 왜 사고가 뒷차에서 일어나지 않고 내 차에서 일어났는가? 왜 나는 승진도 못하고 월급도 오르지 않는가? 왜, 왜, 왜?

내적인 요인에 대해 당신이 지금까지 읽었던 내용을 모두 종합해보면 내적인 요인을 얼마만큼 주목해야 하는지 자명해진다. 내가 이 책에서 당신에게 하라고 요구하는 것 중에서 가장 중요한 부분은 경험에 대한 내적인 반응과 그에 대한 해석을 하나하나 따져가면서 자신의 내적인 요인들을 밖으로 드러내라는 것이다. 그리고 그것을 제대로 하기 위해서는 삶의 의문들을 풀기 위해 자신이 가지고 있는 특정한 사고방식을 먼저 이해할 필요가 있다.

다음의 사례에 빗대어 생각해 볼 수 있다. 연필을 집으려 손을 뻗을 때 당신이 어느 쪽 손을 주로 사용하느냐에 따라 연필을 집는 손이 달라질 것이다. 당신은 어릴 적부터 그와 같은 방식으로 수없이 물건을 집었을 것이다.

이처럼 삶의 여러 의문 가운데 하나에 맞닥뜨리게 되면 그 답을 찾는 데 있어 특정한 스타일이나 태도를 보인다. 그러기를 반복하다 보면 항상 동일한 방식으로 답을 구하게 된다.

이와 같은 대답의 패턴은 당신만의 독특한 것으로, 그 특성을 일컬어 **당신의 통제위치**(Locus of control: 심리학자 로터Julian Rotter가 처음 사용한 표현으로 삶의 통제력이 자신 안에 있느냐, 아니면 외부에 있느냐에 따라 사람의 성격을 구분하는 것을 말함－역주)라 부른다.

통제위치는 삶에서 일어난 일의 원인을 당신이 어디에 두고자 하는지를 보여준다. 통제력이 있다고 여겨지는 곳은 당신 자신에게 익숙한 지점이다. 매순간 어떤 일들이 일어날 때 당신의 통제위치는 책임을 지는 사람 혹은 사물을 일컫는다. 그것은 당신에게 문제가 있을 경우 그 책임의 소재를 어디서 어떻게 따지는가, 당신이 잘했을 때 그 공치사를 어디서 어떻게 하는가를 보여준다. 사실상 당신의 통제위치를 보면 성공과 실패의 원인이 무엇이며, 그 원인의 진원지가 어디인지를 알 수 있다.

한 사람도 빠짐없이 이러한 지각 장치를 통해서 자신의 삶에서 일어난 일을 해석하고 그 원인을 따진다. 이러한 장치가 있다는 것을 자각하지 못해도 그것은 분명 존재한다. 따라서 우리는 다른 내적인 요인들보다 먼저 통제위치에 대해 알아야만 한다.

당신이 자신과 세상에 대해 혼자 하는 말들은 당신의 삶을 통제하는 사물 혹은 사람에 대한 믿음으로부터 커다란 영향을 받는다. 이것은 사건이나 우연적인 일에 대한 당신의 해석과 반응에 지속적으로 강력한 영향력을 발휘하는 요인이다. 이 말은 질문에 답하는 당신의 방식이 충분히 예측 가능한 것이라는 의미다.

그렇다면 당신의 방식은 어떤 것인가? 내가 다음과 같은 질문을 던질 때 당신의 통제위치는 당신을 어디로 향하게 할 것인가?

"당신의 삶을 관할하고 있는 사물 혹은 사람은 누구인가? 당신의 삶에서 벌어진 일들은 누구의 책임인가? 어려움이 닥치면 누구에게 그 해답 혹은 도움을 요청할 것인가? 일이 잘못됐을 때 누가 통제하게 되는가? 일이 잘됐을 때는 누구의 덕분인가?"

비즈니스 세계를 예로 살펴보면 도움이 될 것이다. 당신이 누군가에게 어떤 일을 하게끔 만들어야 하는 상황에 처해 있다면 당신은 결정권자에게 말을 건네는 것이 무엇보다 중요하다는 것을 알고 있다. 당신은 '예' 혹은 '아니오'라고 말할 수 있는 권한을 가진 사람이 귀를 기울여 주기를 바란다.

가령 당신이 '당신'이라는 주식회사를 이끌어 간다고 가정해 보자. 만약 내가 그 회사의 사업에 관한 조언을 한다거나 회사 전반에 긍정적인 변화를 꾀하겠다는 약속을 했다면 나는 그 일과 가장 직접적인 위치에 있는 사람이 누구인지, 그 일을 추진할 때 누가 책임을 지게 될 것인지, 그 사람은 어디에 있는가를 알아야 한다.

이런 질문을 받고 당신이 "알 수 없다. 적어도 내가 아닌 것은 분명하다."라고 말한다면 나는 당신과 얘기하느라 괜히 시간만 낭비한 것이 된다. 당신이 자신은 '도피'라는 열차에 올라탄 승객―언제 어떻게 무슨 일이 일어나든 전혀 책임이 없는 승객―이라는 식으로 대답한다면 나는 당신과 수고스럽게 얘기할 필요가 없다. 하지만 만약 당신이 그 회사의 책임자라고 말한다면, 다시 말해 그 열차를 움직이는 엔진이라고 말한다면 나는 오로지 당신이라는 사람에게만 모든 노력을 기울일 것이다.

당신은 당신이라는 위계질서 속에서 어떤 위치에 있는가를 알아야 한다. 삶에서 주어지는 가장 기본적인 질문에 답하는 자신의 표준적 방식이 어떤 것인지 안다면 참된 자아로 가는 중요한 일보를 내디딘 것이 된다. 이 점을 명심한다면 이 장에서 당신은 자신의 통제위치를 파악하고 이해할 수 있을 것이다.

이미 살펴보았듯이 일반적으로 사람들의 통제위치는 내부 혹은 외부에 있다. 표현을 쉽게 하기 위해 통제위치가 안에 있는 사람을 통제위치 내재론자라 하고, 바깥에 있는 사람을 통제위치 외재론자라 하기로 한다.

잘되고 못 되고는
나 하기에 달렸다고 생각하는가

통제위치 내재론자들은 다음의 자아개념에 기초해 움직인다.

"나쁜 일이 일어나면 내 잘못이다. 반대로 좋은 일이 일어나면 그 또한 내가 그렇게 만든 것이다."

다시 말해서 좋은 일이든 나쁜 일이든 일어난 모든 일은 자신의 책임이라는 것이다. 자신의 삶에서 일어난 일을 설명하기 위해 통제위치 내재론자들은 자신이 한 일과 하지 않은 일, 그리고 자신의 성격과 특징을 헤아려 본다. 그들은 항상 어떤 일이 일어난 근본적인 요인을 자신이 그 일을 했기 때문이라고 생각한다. 어떤 의미에서 보면 사건은 그들에 의해 일어나는 것이다.

통제위치 내재론자는 시험을 잘 치르지 못했을 때 "내가 머리가 좋지 못해서 시험을 못 본 거야. 난 지능이 낮아."와 같은 말을 할 것이다. 혹은 "열심히 공부하지 않았기 때문에 이번 시험에서 죽을 쑨 거야."처럼 말할지도 모른다. 어느 쪽 설명이든 간에 그것들은 모두 그가 가진 고유한 요소에 초점을 맞추고 있다.

반대로 시험을 잘 치렀다고 하자. 통제위치 내재론자는 좋은 성적을 어떻게 설명할까? 그렇다. "나는 똑똑해." 혹은 "공부도 열심히 했고 시험 준비도 철저히 했으니까."라고 설명할 것이다. 이번에도 자신과 자신의 통제를 언급하고 있다.

잘되고 못 되고는
환경에 달렸다고 생각하는가

    통제위치 외재론자들은 어떤 나쁜 일이 일어나도 그 책임을 지지 않으며 그것은 좋은 일이 일어나도 마찬가지다. 그들은 자신들의 삶에서 일어난 일의 배후에 어떤 사람 혹은 힘이 있다고 생각한다. 그것이 국가 정부일 수도 있고, 자신의 어머니일 수도 있다. 어쨌든 분명한 것은 자신은 아니라는 것이다.

    나는 다양한 직업들을 '스트레스를 많이 받음'에서 '스트레스를 전혀 받지 않음'에 이르기까지 여러 가지로 분류한 연구 조사 결과를 본 적이 있다. 설문한 직업들 중에서 가장 스트레스를 많이 받는 직업으로 나온 것은 버스 운전사였다. 왜 그럴까? 속수무책일 수밖에 없는 일을 책임지는 것만큼이나 커다란 스트레스를 받는 것은 없기 때문이다. 버스 운전사는 그들이 통제할 수 없는 운행 스케줄을 지켜야 할 책임이 있다. 그들은 교통 흐름과 승객과 노선 내에서 행해지는 도로 공사를 통제할 권한이 없다.

    통제위치 외재론자들은 자신들을 삶이라는 도로를 달리는 버스 운전자라고 생각한다. 그들은 스트레스가 쌓이고 불안에 시달리고 신경이 곤두선 사람들이다. 그리고 그들은 도로 위의 그 어떤 것도 자신들의 통제권을 벗어나 있다고 믿는다.

    예를 들어 통제위치 외재론자들이 시험을 잘 치르지 못했다면 그것은 누구의 책임이라고 생각할까? 선생님의 책임일 수도 있다. 아니면 전날 밤 자신을 파티에 붙잡아 두었던 나쁜 친구일 수도 있다. 아니면 시험이 지나치게 어려웠거나 부당했다고 말할지도 모른다. 그들은 단 한 순간도 자신이 게을렀다거나 준비가 부족했다거나, 아니면 집중을 하지 못했기 때문에 시험을 망친 것이라고는 생각하지 않는다.

마찬가지로 통제위치 외재론자들은 시험을 잘 봐도 그것은 시험이 쉬워서 혹은 선생님이 점수를 후하게 주었기 때문이라고 말한다. 통제위치 외재론자들의 지각 장치는 제아무리 좋은 점수를 받았다 할지라도 그것을 크게 자신의 몫으로 돌리지 않는다. 그런 사람의 인생사는 마치 다른 사람이나 외부의 힘이 빚어내는 인생사 같다. 그가 자신에게 하는 말은 피해 의식이 가득한 사람의 말과 유사할 것이다. 좋든 나쁘든 어떤 일이 일어나면 그 책임은 다른 사람에게 있는 것이다.

잘되고 못 되고는 운에 따라 결정된다고 생각하는가

그 모든 차이에도 불구하고 통제위치 내재론자와 통제위치 외재론자 간에는 다음과 같은 공통점이 있다. 그들의 삶에서 일어난 일을 책임질 어떤 사람 혹은 어떤 힘이 있다는 것이다. "그것은 항상 나다." 라고 말하든, 아니면 "그것은 절대 내가 아니다." 라고 말하든 양쪽 다 일어난 모든 일에는 그 이유와 직접적인 원인이 있다고 굳게 믿고 있다.

하지만 그에 대해 아무런 말도 하지 않는 제3의 부류가 있다. 그들을 '우연을 믿는' 사람들이라고 부를 수 있다. 이런 사람들의 지각 장치는 모든 일은 운명, 돌발적 사고 혹은 운과 같은 것에 의해 빚어진다고 믿는다. 그들이 생각하기에 "× 밟았다."라는 말은 우스갯소리로 하는 말이 아닌 바로 삶의 강령이자 철학이다.

우연을 믿는 사람들은 자신들의 삶에서 일어난 일에 영향을 미쳤거나 그것을 통제할 수 있는 사람은 없다고 믿는다. 그들은 왜 그런 일이 일어났는지 전혀 알지 못한다. 사건도 예기치 않은 것이고 우리가 행운을 얻는 것도 예기치 않은 것이다.

그들은 라스베이거스에서 슬롯머신 도박을 하는 사람에 비유될 수 있다. 그들은 동전을 넣고 손잡이를 당기는 것 말고는 결과를 좌우할 수 없다. 모든 것은 오로지 기계에 달린 것이다. 일은 스스로 벌어지고 우리가 할 수 있는 일은 없다는 것이다.

예를 들어, 죽음에 대한 그들의 태도를 보자. 그들이 보기에 죽음은 임의적이고 전혀 알 수 없는 사건이다. 제아무리 건강관리에 유념하고 좋은 환경에서 살고 그 밖에 건강하게 살 수 있는 여러 가지 여건이 갖춰져 있다고 하더라도 정해진 죽음의 시간을 바꿀 수 없다는 것이다. 죽음은 어느 순간 닥칠 뿐이다.

육체적 건강이라는 것에 대해 좀 더 얘기를 해보자. 이는 통제위치가 어디에 있는가 하는 논의를 이해할 수 있도록 도와줄 것이다. "당신의 건강은 노력(운동과 식이요법) 때문입니까, 좋은 의사 때문입니까, 아니면 운이 좋아서 입니까?"와 같은 질문에서 그것은 쉽게 드러난다.

통제위치 내재론자들은 몸이 아프면 자신에게 어느 정도 책임이 있다고 믿는다. 그들은 아픈 데 대한 책임도 느끼고 나아야 한다는 책임감도 느낀다. 예를 들어, 심장 질환을 앓고 있는 환자들 중 통제위치 내재론자들은 자신이 비만 또는 운동 부족 때문에 아프게 된 것이라고 말할 것이다. 혹은 스트레스에 너무 많이 노출됐거나 담배를 너무 많이 피워서 자초한 일이라고 생각할지도 모른다.

마찬가지 이유로 건강을 다시 찾는 것도 자신의 책임이라고 생각한다. 생활 습관을 바꾼다든지 꼬박꼬박 약을 챙겨 먹는다든지 하면서 자신을 치유하는 데 있어 많은 책임을 짊어진다. 이런 사람들이 통제위치 내재론자들이다.

반면 통제위치 외재론자들은 병원 침대에 누워서 자신의 심장에 문제가 생긴 것은 자신의 불규칙적인 생활 습관이나 지난 10년 동안 매일 밤 두 개의 치즈버거를 먹던 습관이 아닌 다른 여러 요인 때문이라고 생각한다.

그들은 유전자가 안 좋다며 자신의 부모를 탓하거나 신을 들먹이며 자신들이 어떻게 적에 의해 유린당하고 주변 환경으로부터 나쁜 영향을 받았는지, 그리고 어떻게 국가 기관으로부터 피해를 입게 됐는지를 줄줄이 설명할 것이다. 당연히 이런 사람들은 치료에 있어서도 나 몰라라 한다. 치료는 의사와 간호사와 물리치료사들의 몫이지 자신들의 몫은 아니라는 것이다.

우연을 믿는 부류의 사람들을 도와주기가 가장 어렵다는 것은 놀라운 일이 아니다. 그들은 치료에 있어서 개인적으로 책임을 지려고 하지 않으며 어떤 치료도 신뢰하지 않는다. 노력을 기울여야 할 이유가 없으므로 동기부여도 되지 않는다. 병이 생긴 것은 우연의 소산이며 그것은 마치 확률 게임에서 뽑아 든 카드라는 식이다. 책임을 물을 사람이나 사물은 존재하지 않으며 오로지 사건의 우연적 결합만이 있을 뿐이다. 마치 뽑기 운과 같다. 그저 재수 없는 시간에 재수 없는 곳에 있었던 것일 뿐이다.

클리닉에 왔었던 나의 두 환자인 스티브와 댄의 경우를 다시 생각해 보자. 스티브의 삶의 질이 댄의 것보다 더 낫다는 것은 분명하다. 하지만 이 두 환자 이야기를 한 것은 누가 옳은가를 보여주기 위한 것이 아니라 통제위치가 어떤 식으로 삶에 영향을 미치는가를 보여주기 위한 것이다.

댄은 자신의 문제가 운이 나빠서 생겼다는 식의 사고방식을 갖고 있기 때문에 자신이 활용할 수 있는 강력한 힘들을 간과한다. 다시 말해 손을 뻗으면 닿을 위치에 더 나아질 수 있는 가능성이 있음에도 불구하고 그는 그것을 보지 못했던 것이다. 그의 레이더에는 힘의 원천이나 기회가 포착되지 않았다. 그는 그것을 자신과 상관없는 것으로 생각했고 운이 나빠서 자신이 그렇게 된 것이며 그것에 대해 자신이 할 수 있는 일은 전혀 없다고 믿었다.

자신의 삶에서 일어난 중요한 사건—이 경우 건강 문제—이 우연이라는 사고방식에 지배를 받고 있는 자아개념은 그에게 육체적으로 고통스러운 삶을 안겨줄 것이다. 아직도 그가 그런 삶을 살고 있으리라는 것을 나는 믿어 의심치 않는다.

실수를 범하지 않는 것은 당장 눈앞에 있는 건강보다 더 중요하다. 통제위치를 이해하고 그것을 드러낸다는 것은 분명 육체적 건강을 위해 중요한 일일 뿐만 아니라 삶의 다른 모든 부분에도 영향을 미친다. 그것은 자신이 살아 숨 쉬는 매순간을 채우고 있는 삶의 내용과 그 질에 직접적인 영향을 미친다.

삶에서 일어난 일의 원인을 어디에 두느냐에 따라 직업, 부모로서의 역할, 결혼생활, 그리고 건강 등과 같이 살아가는 데 중요한 모든 일이 영향을 받는다. 이런 부분에서 빚어지는 일들의 원인을 의식적으로, 그리고 습관적으로 엉뚱한 곳에 두게 되면 의심의 여지없이 당신은 거짓된 자아의 모습으로 살고 있는 것이다.

어느 날 내 작은아들 조던이 세상이라도 정복한 듯 의기양양하게 집으로 뛰어 들어왔다. 나는 조던이 그동안 중요한 시험을 준비했다는 것을 알고 있었다. 나는 조던에게 시험을 잘 봤는지 물었다. 조던은 "아주 잘 봤어요. 끝내줬지요. 아빠, 시험이 너무 쉬웠어요."라고 대답했다. 나는 지금이야말로 조던이 자신의 자아개념을 고칠 수 있도록 도와줄 수 있는 절호의 기회라는 생각이 들었다. (하느님께서는 심리학자인 아버지 밑에서 자라나야 하는 아이를 위해 특별한 자리를 마련해 주셨던 것이다.)

"네 말은 네가 열심히 공부했기 때문에 문제를 잘 풀 수 있었다는 말이겠지? 네가 공부를 했기 때문에 시험이 쉬웠던 것은 아닐까? 네가 시험을 잘 볼 수 있었던 것은 시험이 쉬워서가 아니라 공부를 열심히 한 대가가 아니겠니? 만화영화도 안 보고 열심히 공부를 했잖아."라고 말하자 조던은 '이런, 아빠, 숨 좀 돌리고 말씀하세요.'라고 말하는 듯한 표정을 지은 뒤 뭔가 생각에 잠긴 모습으로 고개를 끄덕이며 이렇게 말했다. "음, 그런 것 같네요. 아빠 말이 맞아요. 꼬박 이틀 밤 동안 열심히 공부했어요."

같은 시험이 쉬울 수도 있고 어려울 수도 있다. 그것을 결정하는 것은 바로 자신이다.

당신이 우연을 믿는 사람이라면 "이번 시험은 운이 좋았어." 혹은 "운이 없었어."라고 말할 것이다. 통제위치 외재론자들은 자신들이 얼마만큼 시험을 잘 보았느냐 하는 것은 시험의 난이도에 달렸다고 볼 것이다. 한편 통제위치 내재론자들은 해당 부분을 얼마만큼 잘 공부했느냐, 다시 말해서 얼마만큼 자신들이 똑똑한가에 달렸다고 볼 것이다.

위와 같이 자신을 지각하는 여러 범주에서 당신은 어디에 속하는가? 당신이 살면서 행하는 일들에 대한 책임을 당신은 어디에 두는가? 당신은 인생의 중요한 선택을 자신의 책임하에 행하는가, 아니면 다른 사람의 책임하에 행하는가? 당신은 자신의 삶을 대신 잘 꾸려나가 줄 수 있는 사람이 나타나기를 바라면서 정작 본인은 빈둥대고 있는 것은 아닌가?

나의 실제 모습은 어떠한가

이제 당신의 실제 모습이 어떤지 확인해 볼 시간이다. 내가 자신의 삶을 꾸려나가는 데 있어서 본인의 책임을 역설하는 얘기를 많이 했기 때문에 당신은 자신의 참된 모습을 가장 잘 찾아갈 수 있는 사람으로 내가 통제위치 내재론자를 지목하고 있다는 것을 눈치 챘을 것이다.

이미 여러 차례 말한 바 있지만 당신이 스스로의 삶의 경험을 만들어 낸다는 것은 사실이다. 나는 당신의 삶에서 일어나는 대부분의 일들이 내적으로 통제 받고 있음을 확신한다. 하지만 또한 나는 당신이 이 장을 읽으면서 각각의 통제위치에 문제점이 있다는 것을 알아차렸을 것이라고 믿는다.

통제위치 외재론자든 우연을 믿는 사람이든, 아니면 통제위치 내재론자든 그 어느 쪽도 완벽한 입장을 견지한다고 할 수 없다. 세 부류 모두 본질적인 결점을 갖고 있다.

나는 참된 자아란 자신의 삶과 자신에게 일어나는 일에 대한 반응을 스스로 통제하고자 하는 마음이 절로 생겨나는 자아라고 믿는다. 하지만 자신이 무엇을 통제할 수 있고, 무엇을 통제할 수 없는지에 대해 냉철하게 현실을 직시해야 한다.

가령 당신이 야구 경기를 보고 있는데 2,000마일이나 떨어진 곳에 사는 연로하신 아버지가 갑자기 심장마비로 돌아가셨다고 해보자. 당신이 "아, 내가 같이 있었더라면 돌아가시지 않을 수도 있었는데. 이건 내 책임이야."라고 말한다면, 당신은 아버지의 죽음을 잘못된 방식으로 내재화하고 있는 것이다.

물론 논리적으로 따져보면 그 죽음을 자신이 어찌할 수 없었다는 것을 알게 된다. 하지만 많은 사람들이 이런 식으로 어떤 일을 부정적으로 내재화한다.

사람들은 자식들이 놀다가 다치면 자신들 탓으로 돌린다. 극단적인 경우, 우리가 보통 정신병 환자로 분류하는 불안정한 사람들은 전쟁도 자신들 탓으로 돌린다. 그들은 세상의 문제가 자신들의 잘못으로 생긴 것이라고 여긴다. 우리는 이런 극단적인 생각이 잘못된 것임을 잘 알지만 조금만 더 생각해 보면 겉으로 보아 조금 덜 이상해 보이는 문제일 뿐 우리 역시 그들과 비슷한 죄책감을 느끼는 경우가 종종 있다는 것을 알 수 있다.

세상에는 내가 통제할 수 있는 것이 있고, 통제할 수 없는 것이 있다. 자신의 것이 아닌 것을 요구해서는 안 된다. 그렇게 되면 자신의 자아개념은 명확한 부분에서도 속수무책이 된다.

통제위치 외재론자들의 경우는 어떤가? 그들의 통제위치가 그들에게 어떤 문제를 일으킬 소지가 있는가? 분명히 있다. 부정적인 방식으로 외부에 통제위치를 두는 것은 엄청난 파괴력을 가진다. 예를 들어 돈을 흥청망청 쓰기 좋아하는 통제위치 외재론자들은 파산 상태에 이르면 이런 식으로 말할 것이다. "하느님은 내가 파산하는 것을 바라는 거야. 그것이 하느님의 뜻이지." 이런 식의 생각이 어떤 결과를 가져오게 될지 생각해 보자.

만약 내가 통제위치 외재론자이고 부모님 중 한 분이 돌아가셨다면 나는 그것을 중요한 어떤 힘의 책임이라고 여길 것이다. 외부의 힘에 격분하고 그것의 부당함에 노여워할 것이다.

"왜 하늘은 나를 미워할까? 하늘은 가장 고통스러운 방식으로 나를 벌한다. 내가 이런 고통을 받아야 할 정도로 죄를 저지른 것 같지는 않은데 말이야." 이런 부적절한 비난은 영원히 문제의 핵심을 집어낼 수 없다. 상황을 잘못 판단하게 되면 일을 잘못 처리하게 되고 실제로 해야 될 일도 못하게 된다.

　참된 자아는 내가 누구이며 어떤 사람인지 정확히 파악하고 그것을 통제할 수 있는 것을 기본으로 한다. 우리가 곧 내딛게 될 가장 큰 일보는 자신에게 하는 말에 귀를 기울이기 시작하고, 세상을 바라보는 렌즈를 잘 닦는 것이다. 명심할 것은 어떤 생각을 할 때 그것을 근거 있는 것으로 만들기 위해서는 오로지 사실만을 바탕으로 해야 한다는 것이다. 부적절한 외부 통제위치에 의해 뒤틀린 자아개념은 극단적인 타협을 하게 된다.

　마찬가지로 우연이라는 요소에만 과도하게 집착하면 자아개념은 불구가 된다. 우연에 의지하는 사람들이 다른 사람들의 눈에는 삶에 대한 게으른 방관자로 비치는 것도 무리는 아니다. 그들은 자신들의 삶을 변화시키고 좀 더 참된 자아의 모습에 가까워질 수 있는 중요한 기회를 놓친다.

　내적인 혹은 외적인 통제위치의 근거로 무엇을 내세우든 간에 우연이 끼어들 틈은 없다. 삶에서 진정 우연이라고 할 수 있는 것은 존재하지 않기 때문이다. 마치 자기 결정권이 없는 사람처럼 사는 것은 잘못된 전제하에서 사는 것이며 그런 논리를 받아들이려고 하는 것은 허구적 자아밖에 없다. 이것은 결국 변화의 능력을 상실한다는 의미다. 참된 자신이 될 수 있는 모든 기회를 무시하면 끊임없는 혼돈 속에서 살아갈 수밖에 없다. 우연의 몫으로 남겨진 삶에 진정성은 존재하지 않는다.

변화의 빗장은
안에서만 열 수 있다

자신의 삶에서 어떤 통제위치가 기능하고 있는지 궁금할 것이다. 이제부터 그것을 찾아보도록 하자. 우리는 당신이 답을 채워 넣었던 질문들로 돌아갈 것이다. 그리고 거기서 얻어진 개별 자료들을 가지고 심도 있는 작업을 수행할 것이다.

먼저 건강에 관련된 문제에 대한 검사에서 나온 결과를 한번 훑어보고 시작하자. 이 검사는 누가 혹은 무엇이 자신의 건강 상태를 책임지고 있다고 느끼는가를 파악하는 데 유용하다. 각 부분에서 질문에 답한 점수는 5점에서 40점 사이에 분포하고 있다. 검사의 각 부분—내부 통제위치, 외부 통제위치, 우연에 호소하는 통제위치—에서 점수를 매겨 다음의 차트에서 나타나는 것처럼 분류한다.

건강 통제위치 검사 결과

I. 내부 통제위치	
5-12점	자신의 건강 문제를 거의 내부의 책임으로 돌리지 않음
13-20점	자신의 건강 문제를 조금 내부의 책임으로 돌림
21-32점	자신의 건강 문제를 보통 정도로 내부의 책임으로 돌림
33-40점	자신의 건강 문제를 대부분 내부의 책임으로 돌림
II. 외부 통제위치	
5-10점	자신의 건강 문제를 거의 외부의 책임으로 돌리지 않음
11-15점	자신의 건강 문제를 조금 외부의 책임으로 돌림
16-21점	자신의 건강 문제를 보통 정도로 외부의 책임으로 돌림

22-40점	자신의 건강 문제를 대부분 외부의 책임으로 돌림

III. 우연에 호소하는 통제위치

5-9점	자신의 건강 문제를 거의 우연으로 돌리지 않음
10-17점	자신의 건강 문제를 조금 우연의 책임으로 돌림
18-25점	자신의 건강 문제를 보통 정도로 우연에 돌림
26-40점	자신의 건강 문제를 대부분 우연의 책임으로 돌림

이제 이 점수가 어떤 의미를 갖고 있는지 생각해 보자. 삶에 있어서 우연적 요소가 어떤 의미를 갖고 있는지 잘 살펴보았으므로 우연의 범주에서 점수가 높게 나타나면 십중팔구 앞으로 건강에 문제가 생길 수 있고 재활에도 실패할 수 있다는 것은 놀라운 일이 아닐 것이다. 이런 지각 유형에서 높은 점수(26~40)가 나온다면 근본적으로 자신 혹은 다른 사람들이 자신의 건강을 책임질 수 있다고 믿지 않는 것이다. 이는 자신이 세상의 모든 질병과 세균 앞에 노출되어 있으며, 그것과 싸울 무기가 없다는 것을 보여준다. 이런 유형의 사람들은 건강관리를 함에 있어 매우 수동적인 태도를 취하게 될 것이다. 식생활을 바꿔 보거나 담배를 끊어 보려는 노력도 하지 않을 것이다.

주목해야 할 것은 우연의 이러한 역학 구조는 '자기 절제'와는 전혀 상관이 없다는 것이다. 그것은 처음부터 자신을 단련하고자 하는 마음이 없는 것으로 자신의 습관을 바꾸지 않으려는 것과는 성질이 다르다. 우연에 호소한다는 것은 무력한 자아개념의 발로다. 자신을 단련하려는 노력은 고사하고 뭔가를 바꿔 보려는 노력조차 아예 하지 않는다.

통제위치 외재론자들은 건강의 의미를 어떻게 생각하는가? 외부 통제위치에서 높은 점수(22~40)가 나온다는 것은 자신의 건강을 지키기 위해 타인이나 사물에 의존하는 경향이 높다는 것을 의미한다. 우연적인 것에 통제위치를 두는 사람들처럼 통제위치 외재론자 역시 자신의 건강을 지키는 데 있어 매우 수동적인 자세를 취하는 경향이 있다.

건강에 문제가 생기는 것을 막기 위한 책임감 있는 행동을 하는 대신 그것을 고쳐줄 의사에게 의지한다. '호미로 막을 것을 가래로 막는다'는 옛말은 통제위치 외재론자의 문제점을 보여주기에 딱 알맞은 말이다. 어느 때건 자신의 힘을 포기해 버리면 자신이 통제할 수 없는 힘에 이끌려 다니게 된다.

가장 중요한 건강 문제는 나 자신이 뭔가를 하는가 혹은 하지 않는가에 의해 좌우될 수 있다. 많은 원인과 결과의 고리가 자신의 손에 딸려 있다. 나를 치료하는 의료 전문인들이 질병에 대해서는 나보다 아는 것이 훨씬 더 많을지 모르지만 정작 나에 대해서는 그 누구도 많이 알지 못한다. 그런 까닭에 내부 통제위치의 수치가 높다는 것은 생산적이라는 것을 의미한다.

이제 당신은 육체적으로 건강하기 위해서는 자신의 통제위치가 어디에 위치해야 하는가에 대한 답을 알게 됐을 것이다.

다음으로 자아 통제위치 검사 결과를 살펴보도록 하자. 검사의 각 부분에서 점수를 매겨 낮음, 보통, 높음의 세 등급으로 분류한다. 다음의 점수표를 보고 자신의 점수가 의미하는 바를 확인하도록 한다.

자아 통제위치 검사 결과

I. 내부 통제위치	
5-20점	참된 자아를 거의 내적인 것에서 찾지 않음
21-32점	참된 자아를 보통 정도로 내적인 것에서 찾음
33-40점	참된 자아를 대부분 내적인 것에서 찾음

II. 외부 통제위치	
5-15점	참된 자아를 거의 외적인 것에서 찾지 않음
16-21점	참된 자아를 보통 정도로 외적인 것에서 찾음
22-40점	참된 자아를 대부분 외적인 것에서 찾음

III. 우연에 호소하는 통제위치	
5-17점	참된 자아를 거의 우연적인 것에서 찾지 않음
18-25점	참된 자아를 보통 정도로 우연적인 것에서 찾음
26-40점	참된 자아를 대부분 우연적인 것에서 찾음

　내부 통제위치에서 높은 점수 분포를 보이고 우연에 호소하는 통제위치에서 낮은 점수 분포를 보인다면 자신의 삶을 긍정적인 방향으로 바꾸는 것에 책임 의식을 갖고 있다고 말할 수 있다. 이런 점수 분포를 가지고 있는 사람은 분명하고 참된 자아의 모습을 되찾기 위해 스스로에게 질문을 던진다.

　한편으로 외부 통제위치에서 높은 점수 분포를 보인다면 자신의 자아개념이 얼마나 타당한지 짚고 넘어가야 한다. 즉 자신으로 하여금 자아 통제권을 포기하도록 만든 것이 무엇인지 따져 봐야 한다. 우리는 발생하는 모든 일을 통제할 수는 없다. 혹시 그럴 수 있다고 믿는다면 그것은 한참 잘못된 오만한 믿음이다. 그럼에도 불구하고 바깥세상을 통제할 수 있는 상황에서는 그렇게 해야 한다. 하지만 예로부터 희생양 역할을 했던, 외부적인 요인의 부정적인 측면에 경종을 울릴 필요는 있다.

만약 우연적인 요소에서 제일 높은 점수가 나왔다면, 지금 당장 당신이 운동장으로 뛰어 들어가서 경기를 할 것인지, 아니면 공에 맞기를 기다리면서 남은 평생 동안 관중석에 앉아 있을 것인지를 결정해야 한다. 뭔가를 결정한다는 것이 그리도 힘들게 느껴지는가? 그것은 당신의 인생인데 왜 손님으로 남아 있으려 하는가?

우리는 통제위치를 자세히 살피면서 자신의 삶에서 일어난 사건들을 해석하고 그에 반응하는 특정한 방식들에 대해 이야기하고 있다. 나는 이제까지 수행한 일들을 통해 당신이 위에서 살펴본 세 가지 유형 중에서 삶을 대하는 태도를 가장 잘 설명해 주는 유형이 무엇인가를 확실하게 이해했다고 생각한다. 자신의 스타일을 알게 되면 삶에 새로운 힘이 생겨날 것이다. 그것은 자신의 내적인 진실을 밝히기 위한 중요한 첫걸음이다.

이어지는 장에서는 어떤 패턴에 따라 자신의 삶에서 주어지는 의문에 답하는지를 살펴볼 것이다. 거기서 자신의 개인적 성향과 통제위치에 대해서 한번 더 진지하게 따져 볼 수 있는 기회를 갖게 될 것이다. 몸에 밴 익숙한 방식으로 의문을 좇아다니기보다 사건의 원인이 있어야 할 자리에 원인을 찾아주는 일을 하게 될 것이다.

잘못된 방식으로 어떤 일의 원인을 내재화하게 되면 그것의 실상을 고려하지도 않고 자신의 삶에서 일어난 모든 일에 책임을 지려고 하는 우를 범하게 된다. 그러한 짓은 당장 그만두는 것이 좋다.

부모님이 돌아가셨고, 배우자가 곁을 떠났고, 허리케인이 플로리다를 휩쓸었다는 사실을 바꿀 수는 없다. 그럼에도 사실을 누구도 바꾸려고 한다면 당신은 허구적 자아의 성만 쌓게 될 것이다. 그러므로 자신이 통제할 수 있는 것과 없는 것을 구분해야 한다.

옛말에 "하느님은 주차된 차는 운전하지 않는다."는 말이 있다. 주차장에 가만히 앉아 있어서는 안 된다. 당신의 참된 자아가 당신을 깨워서 움직일 시간이라고 말하고 있다. 누가 어떻게 우리를 방해해도 우리는 이 작업을 계속해 나갈 것이다.

SELF MATTERS

나에게 상처줄 수 있는 사람은 오직 나뿐이다

> 당신이 동의하지 않는다면 당신은 그 누구한테도
> 열등감을 느낄 이유가 없다. - 엘리노어 루스벨트

몇 년 전 한 실험에서 과학자들이 실험을 자원한 학생들에게 물체가 거꾸로 보이는 안경을 쓰게 했다. 그 렌즈로 보면 사물이 전부 거꾸로 보였다. 실험을 시작한 처음 며칠 동안 학생들은 그 안경을 쓰고 몹시 비틀거리며 책상에 부딪치기도 하고, 넘어지기도 하는 등 어려움을 겪었다. 그들의 뇌는 사물의 실제 모습이 어떤 것인지 알기 때문에 이처럼 덤으로 주어진 새로운 정보를 거부하고 있었다. 적어도 처음에는 그랬다.

그러다가 이상한 일이 일어났다. 며칠이 지나자 학생들은 그들이 바라보는 거꾸로 선 가짜 세상을 진짜 세상처럼 받아들이기 시작했다. 그들의 뇌가 이런 왜곡에 익숙해지기 시작한 것이다. 심지어 그들은 위쪽이 아래쪽으로 가고, 아래쪽이 위쪽으로 간 것에 대해서도 아무런 의구심을 갖지 않았다. 일주일이 지났을 무렵, 학생들은 거의 아무런 문제없이 돌아다닐 수 있었다.

"흠." 연구자들은 이구동성으로 이 말을 내뱉었다. 그들은 실험 기간을 한 달로 연장하기로 했다. 한 달이 지났을 무렵 학생들은 더 이상 그 안경이 아무런 문제도 일으키지 않으며 방향 감각도 거의 정상에 가깝다고 말했다. 학생들은 실험하기 전만큼 수월하게 읽고 쓸 수 있었고 '정상 시야'를 가진 친구들처럼 자연스럽게 긴 계단을 오르내릴 수도 있었다.

이 실험이 얘기하고 있는 것은 실체를 완전하게 왜곡시키는 렌즈를 끼고 세상을 본다고 하더라도 우리는 자신이 지각하는 것에 빨리 적응할 것이라는 사실이다. 동시에 충분한 시간만 있으면 우리는 심각하게 왜곡된 지각이라 할지라도 정상으로 받아들일 수 있다는 것이다.

이와 관련된 비극적인 예들은 지난 역사 속에서 심심치 않게 찾아볼 수 있다.

나이가 많든 적든, 영리하든 아니든 간에 사람들이 보는 실체 및 관점, 그리고 가치관은 범람하는 왜곡된 정보의 홍수 속에서 각양각색의 모습을 띤다. 그들도 한때는 삶에 대해 명확한 입장을 가지고 있었고, 옳고 그름에 대한 뚜렷한 기준이 있었으며, 이상과 가치관을 굳게 견지하고 있었지만 지금은 왜곡된 것을 진실로 받아들이기 시작한다. 그처럼 잘못된 관점은 결국 비극적 결과를 초래할 수밖에 없는 행동으로 이어지게 된다.

당신의 자아개념은 얼마만큼 이런 왜곡된 생각에 토대를 두고 있는가? 이 장의 요지는 당신이 사이비 종교집단에 빠지는 것만큼 커다란 물의를 일으키는 방식은 아닐지라도 적어도 스스로를 황폐하게 만드는 세뇌를 하고 있을 수도 있다는 것이다.

당신이 살아가면서 만날 수 있는 가장 강력한 힘을 가진 세뇌자는 바로 당신 자신이다. 그리고 자신의 모습인 것과 아닌 것에 대해서 잘못된 정보에 노출되어 그것을 곧이곧대로 믿어버리면 당신도 모르는 사이에 당신은 세상을 완전히 거꾸로 보게 된다. 당신의 자아개념이 왜곡되어 일상생활의 어떤 부분에서 비열하고 파괴적인 행동을 강요하고 스스로를 실패자라고 믿게 만드는 상황이라면 당신은 좋은 세월을 헛되이 보내고 있는 것이다.

이 장에서는 어떻게 그런 일이 일어났으며, 그것이 어떻게 영향을 미쳤는지, 그리고 그에 대해 어떤 조치를 취해야 하는지를 중점적으로 살펴볼 것이다.

나는 어떤 프레임 안에 갇혀 있는가

우리는 특정한 여과 장치를 통해 세상과 우리 자신을 바라본다. 이 여과 장치가 어떤 것으로 만들어졌느냐에 따라 보이는 것, 즉 걸러진 것들의 내용물이 달라진다. 그것은 내면적, 정신적, 감성적, 언어적, 감각적인 것이며, 그러한 여과 장치를 통해서 우리는 삶에서 일어나는 모든 사건의 비중과 의미를 가늠하고 또 부여한다. 여과 장치는 우리가 보는 것에 영향을 미치는 것이 아니라 우리가 듣고 믿는 것에 영향을 미친다.

우리는 자신이 스스로에게 거짓말을 하지 않는다고 믿기 때문에 여과된 지각 내용이 실체에 대한 정확한 묘사라고 믿는 경향이 있다. 그런데 만약 이 내용이 거짓이라면 우리는 전도된 세계가 마치 실상인 양 여기며 살아온 것이 된다. 그러므로 주의해야 한다. 왜곡된 조명 속에서 스스로를 보지 않으려면 검증되지 않고 따져보지 않은 지각 내용에 대해 경각심을 가져야 한다. 우리의 지각을 여과하는 장치는 유감스럽게도 긍정적인 것은 걸러내고 부정적인 것에 더 예민하게 반응한다. 그것이 사람의 본성이다.

누구나 진실을 왜곡하거나 간과하기 마련이다. 특히 우리가 육체적으로 혹은 감정적으로 위협을 받는 상황에서는 더욱 그렇다. 예를 들어 총으로 위협을 받고 있는 사람은 안전하게 몸을 피할 수 있는 문이나 그 밖의 다른 기회를 엿보지 않고 오히려 총구를 응시한다는 연구 보고가 있다. 왜 그럴까? 부정적인 것이 긍정적인 것보다 더 목소리가 크기 때문이다. 부정적인 것이 극단적인 형태를 띠면 띨수록 그 외침도 커진다.

우리는 위협, 골칫거리 등과 같은 부정적인 것에 주파수를 맞춘다. 어떤 사람 혹은 사물이 우리를 (총으로) 위협하려는 의도를 갖고 있을 때 다른 모든 사건과 입력된 정보는 이 위협 앞에서 묻혀버리고 마는 자기 보호 본능을 갖고 있기 때문이다. 무기로 인한 공포감은 다른 모든 정보를 완전히 제압하고 배제함으로써 우리의 주의력을 독점한다. 옆에서 건물이 무너져도 당신은 그것을 모를 수도 있다. 인간의 마음이 한번 부정적인 것에 쏠리면 그 정도의 위력을 발휘한다.

지금 당신의 인생에는 당신을 믿고 격려하는 사람들이 많을지 모른다. 당신을 후원하는 사람들이 수백 명을 헤아릴 수도 있다. 하지만 한두 명의 비판자가 있으면 그렇게 '시끄러운' 소수가 모든 긍정적인 정보를 걸러내고 당신의 이목을 사로잡고 만다. 왜 그럴까? 우리는 거부당하고, 비판받고, 공격받는 것에서 오는 고통에 더 마음을 쓰기 때문이다.

총을 든 강도를 만나면 우리의 여과 장치는 고통스런 위협에 온 신경을 쏟게 되고 우리의 자아개념은 다른 무엇보다 그 위협에 더욱 생생한 영향을 받게 된다.

중요한 사실은 이러한 위협이 쉽게 뇌리를 떠나지 않는다는 점이다. 무대 위에서 연기하는 배우를 생각해 보자. 수백 명의 열렬한 팬들이 자신을 존경하고 숭배해도 단 한 사람이 야유를 퍼붓는다면 배우는 그날 밤에 가졌던 모든 느낌과 기억을 그 사람의 야유에 지배당하게 된다.

앞에서 나는 과거가 현재에 스며들어 미래를 좌우한다는 말을 한 적이 있다. 여과 장치는 그런 일이 어떻게 일어나는지를 매우 잘 보여준다. 예를 들어 당신의 인생 속에 있는 몇몇 사람들이 심각한 고통을 안겨주었다면 그것은 당신에게 영향을 미치고 긍정적인 다른 사람들의 말을 무시하게 만들 수 있다.

그리고 당신은 세상 사람들을 자신에게 해를 끼칠 수 있는 존재라 생각하는 여과 장치를 통해 세상을 바라보게 된다. 당신은 스스로 그것을 초래했기 때문에(부적절한 내부 통제위치의 결과다.) 혹은 적어도 그것을 받아들일 수밖에 없기 때문에 자신이 상처를 받았다는 잘못된 결론을 내릴 수도 있다.

어느 쪽이든 이런 부정적인 경험은 진정한 자신의 모습을 바꿔 놓는다. 당신은 그것이 옳다는 생각에 굴복하고 스스로를 성가시게 하는 가운데 그러한 비판을 함에 있어 자신도 한몫한다.

한편 그동안의 세상 경험이 자신에게 유익하고, 힘이 되는 것이었다고 내재화했다면 긍정적인 여과 장치를 통해서 새로운 사건들을 맞이할 것이다. 당신은 앞으로 닥칠 일을 잘 감당하고 처리할 수 있다고 자신에게 말한다. 세상 속에서 살고 세상과 조응하는 방식은 당신이 어떤 것을 바라보고 있느냐에 따라 좌우된다. 그 방식은 결국 전적으로 당신이 그것을 통해 세상을 보고 듣고 느끼고 생각하는 여과 장치의 산물이다.

당신은 자식, 결혼생활, 직장, 가족, 청구서로 점철된 매일매일이 투쟁의 연속인 삶을 살고 있는지도 모른다. 따라서 당신의 여과 장치는 그러한 문제들로 오염되기에 이르렀고 아무것도 그 여과 장치를 통과하지 못하게 되었을지 모른다. 당신은 자신이 진정으로 원하는 것을 얻기 위해 노력하는 것은 아무런 소용이 없다는 식으로 스스로에게 말하고 있는지도 모른다.

결론적으로 여과 장치를 통해 나온 내용을 검증하지 못한다면 당신은 심각한 판단 오류를 저지를 수 있다. 이런 배경과 고통에 대한 두려움에서 비롯된 당신의 지각이 아주 잘못된 것일 수도 있고 자신이 알아야 할 저 바깥세상의 실상을 간과한 것일 수도 있다.

이 모든 것을 염두에 두고 이 장이 목표하는 바와 해야 될 일에 대해 가능한 분명하게 짚고 넘어가도록 하자. 당신의 자아개념은 위기에 처해 있다. 당신은 지금 사실이라고 받아들이는 온갖 종류의 잘못된 정보를 가지고 스스로를 엉뚱한 곳으로 이끌어 가고 있다. 당신은 거꾸로 보이는 안경을 쓰고 있는지도 모른다. 그러므로 당신이 해야 할 일은 다음과 같다.

- 당신은 일어난 사건 자체에 반응하는 것이 아니라 그 사건을 보고 느낀 것에 반응한다는 사실을 알아야 한다.
- 당신은 자신의 억측을 사실로 받아들일 것이 아니라 당신이 여과해서 받아들인 정보들을 검증해 봐야 한다.

나는 나 자신과 어떤 대화를 나누는가

여과 장치에 빗대어 설명하는 것은 유용하긴 하지만 그것은 어디까지나 비유일 뿐이다. 이것은 사물을 지각하는 방식이 어떻게 자신의 자아개념과 인생에 영향을 미치는가를 이해하는 데 있어 부분적 암시를 해줄 뿐이다.

그 과정을 덮고 있는 안개를 더 걷어내기 위해서는 실제 자신의 내면에서 벌어진 일을 분명히 하고 본격적으로 자신과의 대화에

임할 필요가 있다. 왜냐하면 정보가 여과 장치에서 걸러질 때 언어의 형태를 취하기 때문이다.

　자기대화는 우리가 우리의 삶에서 일어나는 모든 일에 대해 자신과 실시간으로 나누는 대화다. 우리가 내재화시키게 되는 부정적인 것들, 자기비판의 내용들과 세상에 대한 왜곡된 관점들, 이 모든 것이 자기대화로 표현된다. 자기대화는 그것이 긍정적이고 이성적이든, 아니면 자기 파괴적이고 부정적이든 간에 현재 우리가 자신과 세상에 대해서 스스로에게 건네는 말이다.

　그리고 그것은 우리가 이 책을 집어들기 전에 자신에게 했던 모든 말이고 이 책을 덮고 난 뒤 자신에게 할 모든 말이다. 다시 말해서 자기대화는 일종의 목소리로서 자신만 들을 수 있는 목소리다. 또한 그것은 오직 자신만이 통제할 수 있다.

　자기대화는 전체 사고 작용에서 일부분을 차지한다. 사고 작용에는 필요에 의한 사유가 다수 포함되어 있고 이런 내용들이 항상 자아개념과 관련이 있는 것은 아니기 때문이다. 우리가 여기서 관심을 기울이는 것은 우리가 자기 자신과 나누는 노골적인 형태의 대화로서 골프 스윙 연습 세트를 조립하거나 VCR을 녹화할 때와 같은 사고 작용 이면에 있는 것이다.

　몇 년 전 크리스마스 전날 밤에 나는 골프 스윙 연습 세트를 조립하느라 애쓰고 있었다. 나는 설명서를 보면서 무수한 조각으로 이루어진 부품들을 다 펼쳐 놓았다. 나의 정신 에너지의 일부는 설명서를 읽는 데 쓰였고, 나머지―나의 내면의 대화―는 '넌 할 수 없어. 크리스마스 아침까지 제대로 완성될 기미가 보이지 않아. 차라리 매형 스코트(그는 기계 장치에 관한 한 신비한 두뇌 구조를 가진 사람이다.)를 깨워서 불러오거나, 아니면 아이들을 엄청 실망시키는 수밖에 없어.'라고 비명을 질러대고 있었다. 다시 말해서 내 머릿속에서는 두 가지의 생각이 진행되고 있었고 그중 한 가지 생각, 즉 나의 자기대화는 볼트 A, B와는 전혀 상관없이 오로지 나의 자아 개념하고만 관계가 있었다.

이제 자기대화의 몇 가지 근본적 특징들에 대해서 좀 더 구체적으로 살펴보도록 하자.

1. 나는 언제나 나 자신과 대화한다.

당신의 삶에서 가장 은밀한 부분을 같이 하는 사람일지라도 다른 사람에게 할애하는 시간은 자신에게 할애하는 시간과 비교할 수 없을 정도로 적다. 우리는 1년 365일, 하루 24시간 자신과 함께 한다. 자기대화는 깨어 있는 시간 내내 이루어진다. 즉 우리는 자신을 향한 말을 멈추는 법이 없다.

2. 나는 실시간으로 나 자신과 대화한다.

나중에 더 구체적으로 얘기하겠지만 자동적으로 튀어나오는 생각과 달리, 자기대화는 일반적인 속도로 이루어진다. 마치 누군가가 옆에 서서 내가 무슨 일을 하고 있든 간에 내 귀에 대고 끊임없이 속삭이는 모습을 보는 듯하다.

그것은 심사숙고할 필요도 없고, 곰곰이 따져 볼 필요도 없는 대화이거나 혹은 너무도 생생해서 실제로 큰소리로 얘기할 수 있는 것이다. 그 대화가 전하는 내용은 속삭임처럼 음량이 작은 것일 수도 있고, 아니면 고압 전류처럼 충격적인 것일 수도 있다. 자기대화가 가진 쉬지 않고 흐르는 속성 때문에 우리는 그것에 대해 속수무책일 수밖에 없다는 잘못된 생각을 할 수 있다.

3. 나는 몸과 마음으로 나 자신과 대화한다.

우리가 어떤 생각을 할 때마다 신체적인 반응이 생겨난다. 만약 자기대화의 내용이 자신은 성공할 수 없고 허둥댈 것이라고 말한다면 손에 땀이 나거나 경련이 일거나 하는 육체적인 반응이 일어난다. 심장 박동이 빨라질 수도 있다. 이러한 반응은 하나씩 쌓여간다. 앞으로 살펴보겠지만 염세적이며 패배주의적인 자기대화는 다른 어떤 외상이나 바이러스 못지않게 건강에 치명적일 수 있다.

4. 나 자신과의 대화는 통제위치의 영향을 받는다.

우리가 앞 장에서 살펴보았던 통제위치는 자기대화의 내용에 직접적인 영향을 미친다.

통제위치 외재론자라면 자신과 나누는 대화의 많은 부분이 '나는 그것을 할 수 없어.'라는 말로 대변될 것이다. 다른 사람이 그것을 대신 해줘야만 한다는 식이다.

반면 통제위치 내재론자라면 '나는 다른 사람이 이 일을 처리하도록 만들지 않을 거야. 차라리 밤늦도록 꼼짝하지 않고, 나 스스로 이 모든 일을 처리하겠어.'라는 식으로 말할 것이다. 어떤 상황에 직면했든 자기대화는 통제위치로부터 영향을 받는다.

5. 나 자신과의 대화에서는 오직 나만이 마이크를 쥐고 있다.

자기대화에서는 외부의 정보가 철저히 배제된다. 자기대화에서 다루는 정보는 자신에게서 나온 것이며 자신에게 귀를 기울이는 것도 바로 자신이기 때문이다.

스스로에게 거짓말을 하거나 자기 자신을 엉뚱한 곳으로 이끌지는 않겠지만 조심하지 않으면 소란스럽고 정신없는 자신과의 대화를 하느라 시간만 허비하게 된다.

문제가 되는 것은 바로 부정적인 자기대화가 가장 적절하지 않은 순간에 큰소리를 낸다는 것이다. 그 이유는 개인적 진실에서 유래하기 때문이다. 만약 당신의 개인적 진실이 의심과 불안으로 점절된 것이라면 자기대화도 마찬가지다.

요컨대 뭔가 대립하는 상황에서는 자기 패배적인 내용이 가득한 자기대화가 더 큰 목소리를 내게 마련이다. 그것은 당신이 일자리를 얻으려고 애쓸 때도 큰소리를 낸다. '너는 머리도 나쁘고, 유능하지도 못해. 넌 제대로 하지 못할 거야.' 그것은 당신이 일상생활에서나 직장에서나 힘겨운 결정을 내리려고 할 때에도 큰 목소리를 낸다. '이봐, 넌 도대체 뭐야? 넌 네가 가질 수 있는 것만 가지고 그냥 그렇게 살면 돼. 괜히 잘난 척하지 말라고.'

중요한 시기에 이런 자기대화를 듣게 되면 삶이 생각지 못한 방향으로 뒤바뀔 수도 있다. 내가 나의 가장 큰 적이 되는 것이다.

부정적인 생각이
부정적인 인생을 만든다

　위에서 언급한 것들은 자기 자신과 나누는 자기대화의 전형적인 특징이다. 그렇다면 이러한 자기대화가 요구하는 대가는 무엇인가?
　자기대화는 끊임이 없으며 늘 현재적이기 때문에 그것이 모이면 삶을 주도하는 힘으로 자리 잡게 된다. 그것은 은밀하게 전개되는 인생의 실패에 종지부를 찍을 수도 있다.
　모든 사람들이 여름 내내 윗도리를 걸치지 않고 햇볕에 등이 타는 줄도 모르는 채 돌아다닌다고 가정해 보자. 사람들은 등에 다리미를 대면 비명을 지를 것이다. 햇볕과 다리미는 똑같이 화상을 입히지만 햇볕은 은밀하게 화상을 입힌다. 그 사실을 인식하지 못할 뿐이다. 마찬가지로 당신이 어떤 여자 앞에 다가가 그녀의 눈을 똑바로 쳐다보면서 "당신은 어리석고 하잘 것 없는 여자야."라고 말했다면 그녀는 순간적으로 엄청난 분노와 고통을 느낄 것이다. 그런데 당신은 매일 매순간 자기대화를 통해 스스로에게 딱 이와 같은 얘기를 하고 있다.
　이처럼 부정적인 의미의 자기대화에 매일 노출된다는 것은 자신도 모르는 사이에 서서히 자신을 죽이는 것이다. 결국 우리는 스스로 유독한 내적 환경을 만들어놓은 것이다. 그것은 살금살금 눈에 띄지 않게 다가와 우리를 덮친다.
　당신이 자신과 정신적, 감성적 싸움을 하고 있다면 그것은 당신의 생리 기능에도 변화를 가져온다. 그것은 수명을 단축시키기도 하고 면역력을 떨어뜨리기도 한다. 우리의 면역 세포는 신경 세포와 밀접한 관련이 있으며 그 두 세포 사이에서는 끊임없이 정보 교환이 이루어지고 있다. 우리가 어떤 생각을 할 때마다 우리 몸에서도 그에 따른 변화가 일어난다.

만약 우리가 우리 자신에 대해 부정적이거나 자기 패배적인 생각을 하게 되면 그에 따라 부정적이고 치명적인 생리 현상이 나타난다. 내분비 활동이 증가하고, 아드레날린이 지속적으로 분비되며, 혈압이 오르고 심지어 심장 마비까지 일으킬 수 있다.

요약하자면 자기대화는 효력이 강한 약물이라고 할 수 있다. 우리 몸이 스스로에게 귀를 기울이고 두통, 요통, 우울, 불안, 만성 감기 등의 증상으로 말을 하고 있다. 그 증상이 하는 말을 조금만 생각해 보면 참된 자아가 "제발 여기서 날 꺼내주세요!"라고 외치는 소리를 들을 수 있다.

만약 당신이 늘 피곤하고 어딘가 결리고 아프다면 당신은 자신에게 낮이고 밤이고 하는 말이 어떤 것인지를 귀를 쫑긋 세우고 들어 보아야 할 것이다.

또한 일종의 심리적 동맥경화라고 할 수 있는 정서적 대가도 치르게 된다. 이미 살펴보았듯이 통제위치에 문제가 생길 경우, 부정적인 자기대화가 이루어지는 사이에 강력한 힘이 될 수도 있는 중요한 정보를 간과하게 된다. 우리는 다른 긍정적인 정보가 주어진다 해도 더 이상 그것을 알아볼 수 없게 된다. 우리의 정보처리 센터가 더 이상 기능을 하지 못하기 때문이다.

당신이 다음과 같은 대화를 자신과 나눈다고 가정해 보자. '나는 바보야. 과거에도 그랬고 앞으로도 그럴 거야. 아무도 날 거들떠보지 않을 거야.' 일단 이런 식으로 자신을 규정한 이상, 무엇 때문에 내면의 정보처리 과정이 이어지겠는가? 당신은 다음 일주일 사이에 자신이 바보가 아니라는 것을 보여주는 열 가지 경험을 할 수 있지만 당신의 정보창은 열리지 않는다. 결국 당신은 그와 반대되는 내용의 정보를 볼 수 없게 되는 것이다.

만약 자기대화의 내용이 당신이 바보라는 것이고, 자기 스스로가 솔직하다고 믿어 의심치 않는다면 당신은 분명히 그 반대되는 증거를 찾으려고도 하지 않을 것이며 혹 발견하더라도 그냥 지나치고 말 것이다.

당신에게는 뛰어난 예술적 재능이 있는데 직장에서는 틀에 박힌 일을 해야 한다고 가정해 보자. 당신의 자기대화가 거기서 오는 고달픔을 무시하도록 만들 것임은 쉽게 상상이 갈 것이다. 괜히 엉뚱한 곳에 대고 자신의 불행을 탓할 것이다. 배우자나 생활 환경을 탓하거나, 자신의 학력이 높지 않다거나 적성에 맞는 전공을 선택하지 않은 것을 탓할 것이다.

세상에 널린 것이 다 핑곗거리인데 지금의 좌절감이 자신에게 솔직하지 않음으로써 비롯된 것이라는 사실을 알아차릴 수 있겠는가. 당신은 그것을 향한 문을 닫아놓은 지 이미 오래다. 따라서 당신은 "나는 잘못한 게 없어."라고 말한다. 당신의 자기대화는 다른 길은 쳐다보지 못하게 만들면서 다른 길을 가지 못하는 것을 합리화하고 정당화하며 당신을 한쪽으로 내몬다.

당신이 원인을 제공한 대로 그 결과는 나오게 된다. 당신의 부정적인 자기대화로 인해 진실로부터 멀어지게 되고 자아개념은 오염된다. 당신이 좌절감을 가진 불행한 사람의 모습으로 세상에 나타나면 세상은 당신을 그런 사람으로 대한다.

때로 당신의 자기대화가 그 독성을 퍼뜨리는 과정을 보면 은근히 덮치는 식이 아니라 바로 정면에서 일격을 가하며 심각한 피해를 입히는 경우가 있다.

「포춘Fortune」지 선정 100대 기업 안에 드는 회사를 다니는 그레그라는 이름의 회사 중역을 상담한 적이 있다. 그는 열심히 일한 덕에 정기적으로 회사의 대변인 업무를 맡아야 하는 직책으로 승진했다. 그는 앞으로 의혹의 눈길로 쳐다보는 몇몇 까다로운 청중들을 대상으로 그 회사에서 하는 일이 환경에 미치는 영향에 대해 설명해야 한다는 것을 알고 있었다.

내게 면담하러 오기 전에 그는 자신의 대중 화술을 갈고 닦기 위해 '데일 카네기(Dale Carnegie, 인간 경영과 자기계발 분야 최고의 컨설턴트) 과정'에 등록하고 행사 진행자 모임에도 참가했다. 실력은 나아졌지만 긴장감은 어쩌지 못했다. 추측하건대 그가 안고 있는 문제는 솜씨나 능력 혹은 동기 부여의 결핍에서 오는 것이 아니었다. 그보다 사사건건 방해하며 일을 망치는 그의 자기대화가 문제였다.

그는 대중 앞에서 발표를 하게 되면 자신이 할 말의 내용과 말투를 꼼꼼하게 챙기고 준비가 다 됐다는 확신이 들 때까지 연습한다고 했다. 그는 앞좌석에 앉아서 긴장 이완법을 실시하고 능숙하게 발표하는 자신을 머릿속에 그리는 자기 암시도 해보았다. 모든 것이 순조로웠다. 하지만 일단 단상에 올라서면 그의 자기대화는 비명을 질러대기 시작했다. 나는 그에게 그 상황에서 자신과 나눴던 대화 내용을 상기해 보라고 했다. 다음은 그가 쓴 내용의 일부다.

'아, 안되겠어. 벌써 땀이 나는군. 이 사람들은 내 말을 조금도 들으려 하지 않을 거야. 다들 나를 노려보고 있군. 난 보기 좋게 실패할 거야. 제대로 할 수 없을 거야. 왜 나를 비웃는지 그 이유를 모르겠어. 난 이 일에 적합하지 않다는 것을 인정해야 해. 내가 말을 시작하니까 벌써 열일곱 명이 자리에서 일어나서 나가버리는군. 이런 낭패가 또 있을까.'

자, 당신은 그레그가 자신과 부정적인 대화를 했고 따라서 자신은 실패할 것이라고 지레 규정했기 때문에 실패한 것이라고 생각할 수도 있다. 옳은 말이다. 하지만 어떻게 그런 일이 일어났는지를 좀 더 자세히 살펴보도록 하자.

그가 보여준 자기대화는 부정적이었다. 정상적인 인간의 행동 역학을 보면 부정적인 생각에는 식은 땀, 떨림 등의 생리적 현상이 수반된다. 그러나 여기서 더 심각한 문제는 그의 자기대화가 발표하는 데 정신을 집중하지 못하도록 훼방을 놓는다는 것이다.

그레그가 발표를 하는 데 필요한 총 100개의 핵심적이며 지적인 장치를 가지고 말을 시작했다고 하자. 하지만 그는 이 100개의 장치를 현안을 다루는 데 모두 사용하지 못하고, 반은 다른 곳에 써 버리고 만다. 마이크 앞에 다가서자 그레그는 가진 것의 반을 자신과 부정적인 대화를 나누는 데 사용하고, 정작 그가 말하고자 하는 현안을 위해서는 나머지 반밖에 남겨두지 못한다.

누군가가 당신의 지적 능력을 반으로 나눠 버리면 살면서 겪게 되는 매일의 도전들과 맞닥뜨리기 위해 어떻게 문 밖을 나설 수 있겠는가? 다시 말해서 100의 좋은 아이큐가 아닌, 그보다 훨씬 못한 아이큐 50을 갖고 일을 하는 것이다. 우리에게 도움이 되지 않는 자기대화가 미치는 영향이 바로 이런 식이다.

그레그가 복잡한 발표를 하면서 자신의 아이큐를 반 정도만 사용했다면 발표가 잘 될 까닭이 없지 않겠는가? 그레그의 문제는 대중 앞에서 말하는 법을 모르는 것도 아니고 화법이 서투른 것도 아니다. 자신이 스스로를 닦달하는 소리를 들으면서 동시에 주어진 발표를 하는, 두 가지 일을 한꺼번에 처리하려 한다는 것이다.

일단 무엇이 문제인지 제대로 알고 난 뒤 그레그는 내가 앞으로 소개할 방법대로 자기대화를 통제함으로써 자신의 문제를 해결했다. 그가 자기대화를 멈출 수 있을까? 없다. 하지만 그는 자기대화에 이의를 제기하고 그것을 제어할 수 있었다.

그렇다면 자기대화의 소재 혹은 데이터는 어떤 것인가? 자기대화는 어디서 정보를 얻어 오는 것일까? 인간은 진정으로 자신을 모르기 때문에 부모, 형제, 영향력 있는 사람, 신문, 텔레비전 광고, 인터넷 등 외부에서 오는 온갖 종류의 자극에 쉽게 노출된다. 그러한 정보는 새 차를 구입하면 멋있고 성공한 사람처럼 보일 수 있다는 데이터가 되고 그것은 자기대화를 통해 해석된다.

대화 A에서는 이런 결론이 나오고, 대화 B에서는 저런 결론이 나온다. 우리에게 영향을 미칠 수 있는 외부의 사람들이나 텔레비전 광고 등이 많으면 많을수록 자기대화는 스스로에 대한 반성으로부터가 아닌 바깥으로부터의 영향에 더 많이 반응하게 된다. 그럴수록 우리는 참된 자아로부터 더욱더 멀어지게 된다.

그리고 외부에서 주어지는 메시지의 내용들이 구체적이기보다 우리가 가진 가치와 같은 추상적인 것을 자극할 때 우리는 그에 매우 민감해진다. 누군가가 자신을 향해 근거도 없고 이치에 닿지도 않는 비판을 할 수도 있고 이기적인 행동을 하거나 아무 말이나 닥치는 대로 할 수도 있다. 그리고 자신이 그것을 받아들이지 않으면 저주를 퍼부을 수도 있다.

그런데 당신도 알다시피 그 다음에 일어나는 일은 당신이 그런 비난을 자신의 자기대화 속에 포함시키면서 반응하기 시작한다는 것이다. 마치 '나쁜 친구'와 어울리게 된 아이처럼 스스로 부정적인 자기대화를 시작할 엄두를 내지 못할 수 있다. 하지만 당신은 진정으로 자신이 누구이며 어떤 사람인지를 모르기 때문에 누군가 한번 자극을 주면 그 흔적을 깊이 간직하게 된다. 그렇기 때문에 자신의 참된 자아에 따라 사는 것은 매우 중요하다.

만약 우리가 진정으로 우리 자신이 누구인지, 무엇을 믿는지, 무엇을 믿지 않는지, 우리의 모습이 어떠한지를 알았다면 바깥에서 안으로 우리를 정의해 줄 사람이나 사물을 찾아 그렇게 헤매지 않아도 되었을 것이다.

내 아버지는 이런 말을 자주 하셨다. "아들아, 뭔가 뚜렷한 입장을 갖고 있지 않으면 아무 생각에나 휩쓸릴 수 있다." 지당한 말씀이다. 만약 당신이 자신이 누구이며 어떤 사람인지에 대한 나름의

'입장'을 갖고 있지 않으면 당신을 향해 열린 문은 당신을 진정한 모습으로부터 멀어지게 할 것이다.

내 마음은 온갖 쓰레기로 가득하지 않은가

자기대화가 상황마다 새롭게 변한다 하더라도 거기에는 일정한 주제가 있다. 문제는 그 주제들이 항상 부정적인 것은 아니라도 중립적인 가치를 표방하는 것이 극히 드물다는 사실이다.

자기대화에는 두려움, 걱정, 불안, 비관론 등과 같은 단골 메뉴가 있다. 사소한 것에서부터 인생의 커다란 사건에 이르기까지 모든 것이 심각한 자기대화거리가 된다.

가령 당신이 자신이 너무 뚱뚱해서 옷을 입으면 맵시가 나지 않는다고 굳게 믿는다고 하자. 그런 경우라면 당신의 자기대화는 당신이 어떤 사회적 환경에 처하든, 즉 직장에 가든, 식료품 가게에 가든, 결혼식장에 가든, 아니면 '날씬한 엉덩이를 사방으로 흔들고 다니는' 이웃집의 그 말라비틀어진 여자와 공원 안의 풀장에 가든 항상 똑같이 나타난다. 당신은 자신에게 이렇게 말한다.

'내가 이런 처지가 됐다는 것을 믿을 수가 없어. 내 모습은 마치 암소 같아. 어떻게 하면 이런 빌어먹을 상황에서 빠져나올 수 있을까? 아무도 뒤에서 내 모습을 볼 수 없도록 맨 뒤에 서 있고 싶어. 재킷을 조금 더 아래로 잡아당길 수 있으면 좋을 텐데. 내가 이 살들 때문에 미쳐 죽기 전에 다이어트를 시작해야 할 텐데. 내 엉덩이가 마치 40달러짜리 노새의 엉덩이 같다는 사실은 세상이 다 알아. 아무도 내게 관심을 갖지 않지. 어떻게 하면 여기서 빠져나갈 수 있을까? 제발, 하느님, 저들이 이쪽으로 오지 않도록 해주세요. 오, 이런, 그들이 이쪽으로 온다.'

이것은 자기대화가 유사한 주제를 반복해서 다루는 것을 잘 보여주는 예다. 하지만 사람들의 유전자가 고유하면서도 다양하듯이 자기대화의 주제는 사람마다 다 다르다. 사실 자신에 대해 언급하고 있는 많은 내용들이 그것만 따로 떼어놓고 보면 그리 나쁜 것만은 아니다. 자기대화는 그저 하나의 과정일 뿐인 경우가 많다. 하지만 그것이 너무 과도하게 진행되면 급기야 자신을 심각하게 짓누르는 상황에까지 이르게 된다.

왜 부정적인 생각에 더 끌릴까

대개의 부정적인 자기대화를 꼼꼼히 따져 보면 납득이 가지 않는 것이 있다. 즉 그처럼 부정적인 것을 왜 그리 붙잡고 있는가 하는 것이다. 이 행위가 해가 될 것이 뻔한데도 왜 나는 그것을 고집하는 것일까?

이미 살펴보았듯이 그에 대한 첫 번째 답은 부정적인 것이 가진 힘 때문이다. 강도가 든 총이 무서워서 다른 일체의 정보가 억압당하고 배제되는 예에서 보았듯이 우리에게는 여타 모든 정보를 보지 못하게 만들면서 부정적인 정보에 자신을 가두는 경향이 있다. 부정적인 정보가 긍정적인 정보보다 훨씬 생생하고 더 사실 같아 보일 수 있다.

그리고 보상의 힘이라는 것도 있다. 우리는 자아와의 대화를 아무렇게나 하는 것이 아니다. 부정적인 자기대화가 어떤 부분에서 유용하기 때문에 그러한 대화를 선택한 것이다. 그렇지 않다면 우리는 그런 대화를 선택할 필요가 없다. 따라서 자신의 자기대화가 왜 부정적인 내용이 되었는가를 이해하는 과정에서 자신이 얻는 보상이 무엇인지를 알아낼 필요가 있다.

내게 상담을 청했던 캐롤의 예를 살펴보자. 그녀는 지금의 남편을 만나 결혼하느라 학업을 중단했다. 캐롤은 의식의 차원에서는 공부를 다시 해 학위를 따고 싶어한다. 하지만 자기대화는 그것이 그리 간단한 일이 아니라고 말하며 더 많은 어려움과 예기치 못한 일에 대해 말한다.

학위를 따면 최고의 능력을 가진 전문가들이 모여 있는 경쟁이 더 심한 시장 질서에 편입될 텐데, 캐롤에게 있어 이는 매우 소름끼치는 일이었다. 요컨대 그녀의 삶에서 직업이라는 부분은 그리 화려한 것이 아니었다.

그러므로 지금 그녀가 안전하게 자리하고 있는 곳에서 자신의 주장을 펼치는 것이 그녀에게 있어 진정한 보상일 수 있다.

따라서 그녀의 자기대화는 이런 식이었던 것이다.

'지금 내가 하는 일은 그렇게 멋진 일이 아니야. 하지만 내겐 적어도 그럴 만한 사정이 있었어. 난 남편을 위해 내 일을 포기했어. 내가 만약 존경받는 다른 사람들처럼 공부만 했더라면 더 많은 기회가 주어졌을 거야. 그런데 다시 공부를 한다면 내게 그런 기회가 올 것 같지 않아. 핑곗거리도 없는데 좋은 직장을 얻지 못한다면 그렇게 창피한 일이 또 있을까.'

캐롤의 경우에서 보았듯이, 때로 자기대화는 가장 기본적이고 중요한 목표마저도 괜히 복잡한 것으로 만들거나 그를 달성하는 것을 방해한다. 정신 차리고 자기 현실을 제대로 보기보다는 자신에게 거짓말을 하고 그 거짓 속에서 살게 한다. 그리고 허구적인 대화가 시작된다.

'정말 괜찮아. 이게 내가 원하는 모습은 아니지만 그래도 이게 어디야. 내게 일이 있다는 것에 감사해야지. 어딘가에 공헌을 하는 삶을 살고 싶지만 내 안에 그런 자질이 충분한 것 같지 않아.'

이것이 바로 스스로에게 주는 보상이다. 위험으로부터 몸을 숨김으로써 두려움과 고통과 중압감에서 벗어나려는 것이다.

다시 말해서, 자기대화가 끈질기게 자신을 과소평가하는 것은 많은 사람들에게 있어 그것이 아주 간편한 핑곗거리가 되기 때문이다. 안전한 게임을 하고 자신에게 그리 큰 기대를 걸지 않는 데 있어서 효과 만점인 핑계다.

  '운동선수가 돼서 멋진 경기를 하고 싶지만 나는 숫기도 없고 자신감도 없어서 안 돼.'

 아, 정말 그런가? 얼마나 뻔뻔스러운 말인가? 두려워하며 꼼짝도 하지 않으려는 당신을 우리 모두가 억지로 끌고 다녔던 것인가?
 나는 그렇게 생각하지 않는다. 내 말을 잘 들어보기 바란다. 자기대화 때문에 꼼짝 못하고 있을 것이 아니라 그것에 과감히 도전해 보는 것은 어떨까?
 만약 당신의 자기대화가 자기평가와 관련된 것이라면 먼저 그 대화가 자신이 진정으로 원하는 것에 가깝게 해주는지 아닌지를 <u>스스로에게 물어보도록</u> 한다.
 세상은 참여하는 사람을 필요로 하지 구경꾼을 필요로 하지는 않는다. 만약 삶에 대해 불안감과 두려움을 느끼고 있으며 자기대화가 그것을 입증한다면, 당신은 타협을 하려고 할 것이다.
 다른 식의 삶을 살아간다는 것에 불안감을 느끼지 않는 사람은 없다. 모두가 자신을 의심하며, 두려움과 불안감을 갖고 있다. 하지만 만약 당신이 자신의 자기대화가 내세우는 핑계를 받아들인다면, 그리고 그 핑계에 따라 뭔가 다른 것을 해볼 생각도 하지 않는다면 당신은 자신뿐만 아니라 당신의 삶에 존재하는 모든 사람들을 기만하는 것이 된다.

긍정적인 자기 암시가
잘되는 나를 만든다

우리는 이 장에서 자기대화가 커다란 문제를 일으킬 수 있는 많은 경우를 살펴보았다. 그런데 자기대화가 매우 합리적이고 생산적인 것이 될 수 있다는 사실도 잊지 않았으면 한다. 합리적이고 생산적이라는 기준에 대해 좀 더 설명이 필요할 것이다. 이것은 어떤 것이 긍정적인 자기대화인가를 판단하는 데 도움이 된다.

나는 평생 운동을 쉬지 않았다. 예전에는 축구, 근래에는 테니스를 낙으로 삼고 있다. 그런 내가 운동 경기에서의 정신적 측면의 중요성, 특히 경기 도중의 자기대화가 끼치는 커다란 영향력을 제대로 파악하고 있는 코치들을 많이 만날 수 있었던 것은 하나의 축복이라 할 수 있다.

그중에서 바로 내 머릿속에 떠오르는 사람은 폴 비슈니스키다. 폴은 뛰어난 테니스 선수이며 환상적인 복식 파트너이기도 하지만 무엇보다 테니스 코치로 더 탁월하다. 그는 많은 시간을 할애하여 정신인공두뇌학Psychocybernetics과 자기대화에 대해 연구했으며, 그것을 테니스를 가르치는 데 활용했다.

한번은 그가 내게 이런 말을 했다.

"첫 번째 서브에서 실수를 했을 경우에 자신에게 '더블 폴트(Double fault: 주어진 두 번의 서브 기회를 모두 실패했을 경우를 말한다. 상대팀에게 서브권이 넘어간다 – 역주)는 안 돼.'라는 말은 하지 마세요."

그의 말은 더블 폴트가 될 수도 있는 두 번째 서브를 하기 전에 마음속에서 이 말을 미리 새길 필요가 없다는 것이다. 그는 긍정적인 암시를 하라고 말했다. 백번 옳은 말이다. 그는 암시가 갖고 있는 힘을 강조하고 있었다. 나는 그것이 매우 생산적인 것임을 바로 알게 되었다.

나는 테니스를 칠 때마다 나의 자기대화의 내용이 생산적이며 합리적인가를 반드시 확인해 보는 습관이 생겼다. 경기가 잘 풀리지 않을 때마다 나는 속으로 이런 말을 한다.

'여유를 갖고 편하게 임하라. 넌 이 경기를 좋아하지 않느냐. 그도 너처럼 힘들고 지쳐 있다. 승리는 그것을 가장 소망하는 자에게 돌아간다. 반드시 이겨야 된다는 것은 아니다. 단지 이기기만을 소망하면 된다. 그렇다면 공에서 눈을 떼지 말고, 발을 움직여 자신감 있는 경기를 하면 된다.'

이 모든 것이 당신에게는 이상하게 보일지 모르겠지만 내게는 그것이 잘 들어맞았다. 나는 방해가 될 수 있는 상황에서는 이런 대화를 하지 않는다. 포인트(point: 서브를 해서 한쪽이 득점할 때까지의 과정을 일컫는 말이다 – 역주)와 포인트 사이에 이런 대화를 하기 때문에 일단 포인트가 시작되어서 경기가 진행되면 오로지 내 발의 움직임과 볼을 치는 것에만 정신을 집중할 수 있다. 사실이 그렇지 않은가. 나는 윔블던 경기에서 뛰고 있는 프로 선수가 아니다. 나는 다른 직업이 있는 머리가 벗겨진 보통 사람이다.

그러므로 '나는 이제 즐거운 시간을 보낼 것이다. 그리고 이기든 지든 샤워를 하고 나서 뭔가를 먹고 아들의 기하학 숙제를 봐줄 것이다.'와 같은 자기대화를 하면서 상황을 제대로 직시한다.

우리는 앞서 부정적인 자기대화가 생리적 현상을 수반하는 것을 보았다. 지속적인 아드레날린 자극이 이어지고 혈압이 상승하는 등의 현상이 수반되는 것이다. 그렇다면 당신이 합리적인 모습으로 긍정적이고 활기 있는 생각을 할 경우 당신 몸의 각각의 세포도 긍정적이고 활기찬 에너지로 가득 찰 것은 당연한 사실이다.

스포츠 심리학자들은 이런 몸과 마음의 관계를 오랫동안 연구해왔다. 그들의 연구를 보면 우리는 다음과 같은 사실을 다시 한 번 확인하게 된다. 즉 우리가 육체적으로 어떻게 움직일 것인가를 생각하는 것만으로 그 일의 결과가 좌우된다는 것이다.

역도 선수는 자신에 대해 긍정적인 생각을 할 때 더 많은 무게를 들어 올릴 수 있다고 한다. 그런 식으로 수영 선수는 더 빨리 헤엄칠 수 있고 육상 선수는 더 빨리 달릴 수 있다. 올림픽 육상 선수들이 하는 말을 종합해 보면 자기대화가 얼마나 중요한지 알 수 있다. 이들이 알고 있는 사실은 우리가 하는 모든 일에서도 적용된다. 따라서 나의 코치들이 자기대화가 내 생각에 어떤 영향을 미치는가를 가르쳐준 이유도 자명해진다.

테니스를 칠 때 자신에게 하는 말을 유의하라는 폴 비슈니스키의 충고를 내가 선뜻 예로 든 이유가 여기에 있다. 나는 올림픽 육상 선수가 아니지만 이런 방식은 그들에게뿐만 아니라 당신과 나 모두에게 적용된다.

자, 이제 긍정적인 자기대화가 아닌 것에 대해 살펴보도록 하자. 앞서 얘기했듯이 긍정적인 자기대화는 근거 없이 잘한다고 열광하는 과대 포장이 아닌 합리적이고 낙관적인 자기대화다. 긍정적인 자기대화는 거짓, 가정, 억측이 아닌 자신이 실제 있는 그대로의 모습으로 살 수 있게 해주는 생각과 의도, 그리고 허황되지 않은 수사학으로 이루어진다. 억지웃음을 짓지 않고 세상에 대해 솔직해지는 것이다.

당신이 어떤 일을 그만두고 다른 것을 하고자 할 때 그것이 당신에게 능력이 있다는 것을 말해 주는 것은 아니다. 오히려 실상을 들여다보면 당신은 능력도 없고 그동안 게으름뱅이로 살았을 수도 있다. 그러므로 자신과 정직한 대화를 나눌 수 있다면 당신은 맨 먼저 무엇을 해야 하는지 알 수 있다. 당신이 게으른 사람이라면 그것을 인정해야 한다. 반대로 게으른 사람이 아니라면 자신이 게으르다는 말을 더 이상 자신에게 하지 말아야 한다. 이는 너무도 평범한 상식이다. 무엇보다 당신은 자기대화에 귀를 기울이고 그것이 옳고 그른지를 한번 따져 보아야 한다. 어떤 경우라도 허구가 아닌 사실에 대해서만 얘기해야 한다.

예를 들어 누구나 다 두려워하는 상황일 때도 두려움이라는 것을 전혀 느껴본 적이 없는 사람이 있다고 하자. 이런 경우는 긍정적이고 건전한 자기대화를 하는 사람과 거리가 멀다. 나는 이런 괴짜 같은 사람들을 가리켜 '방탄 인간'이라고 부른다. 그들은 자신들을 불사조라고 생각한다. 그들이 하는 자기대화는 맹목적인 비판만큼이나 위험하다.

자기대화에서 추구하고자 하는 것은 맹목적인 긍정이 아니다. 그것은 당신의 개인적 진실에 기반을 둔 것이어야 한다. 당신도 이제는 개인적 진실이 자신과 함께 살아 숨 쉬고 있는 진실이라는 것을 알 것이다.

자신에게 거짓말을 하면 그만한 대가를 치르게 된다. 당신의 거짓말이 자기 비하적인 것이든 자화자찬이든 상관없이 거짓이라는 점에서는 똑같다. 또한 그 거짓말이 의도적인 것일 수도 있고 삶에 은근 슬쩍 스며든 왜곡의 결과일 수도 있다.

솔직한 자기평가가 가능하도록 만들어주는 가감 없는 진실만이 당신의 개인적 진실일 수 있다. 만약 그 개인적 진실이 자신에 대한 의혹과 자책감과 자기학대로 점철된 것이라면 당신은 세상에 나가서도 그런 진실을 갖고 살아가게 된다.

당신이 보기에 자신이 자신감에 차 있고, 세상 물정에 밝으며 인내심도 있다고 생각한다면 당신은 제아무리 위험한 상황에 처해 있다 하더라도 두려움에 떨 필요가 없을 것이다.

어떤 상황에 처했을 때 내보이는 반응은 스스로를 어떻게 생각하는가에 따라 좌우된다. 그러므로 자신의 생각에 집착하지 말고, 자신에 대한 사실에 주목해야 한다.

긍정적인 자기대화를 통해 우리는 우리 자신의 역사를 알 수 있으며 그것을 넘어서기 위한 노력을 할 수 있다.

아버지 생각이 난다. 앞서 말한 바 있지만 아버지는 외가와 친가를 통틀어서 처음으로 대학 교육을 받은 사람이다. 그는 자신의 환경을 넘어섰다.

아버지는 분명 매일 자신과 이런 자기대화를 나눴을 것이다.

'가난과 무지가 우리의 모습이다. 자, 이제 나는 그것에서 벗어나려고 한다. 나는 이 불운의 구렁텅이에서 벗어나 내 길을 개척해 나갈 것이다. 나는 여기서 벗어나기 위해 앞으로 나아갈 것이다.'

긍정적인 자기대화는 올림픽 육상 선수들이 신기록을 내도록 하는 추진력이다. 긍정적인 자기대화가 이끌어 내는 힘에 의해 선수들은 또 다른 목표를 향해 나아갈 수 있다. 그 다음부터 선수들은 자신이 온전히 경기에 몰입했던 때만 기억할 수 있게 된다.

또 다른 예로 오프라 윈프리가 초등학교 3학년 때의 경험에서 간직했던 대화 내용을 들 수 있다. 시간이 흘러도 그 내용은 변함이 없었다.

만약 당신이 최선을 다한다면 성공할 것이고 가치를 인정받을 것이다. 내 경우를 보면 나 자신과 친구들을 보호하다가 학교에서 정학을 맞은 뒤에 내가 떳떳하게 요구했던, 바깥세상에서 그 진가를 입증한 자기 가치가 나의 긍정적 자기대화였다.

긍정적인 자기대화는 자신의 참된 자아의 모습과 완벽하게 일치한다. 그리고 그것은 내가 여기에 존재할 권리를 따로 구할 필요는 없다고 말한다. 왜냐하면 유일한 존재로서 내가 가지고 있는 특성들이 내게 그러한 존재의 권리를 마련해 주기 때문이다.

> 연습하기

자기 자신과 나누는 가장 솔직한 대화

| 연습 1 |

하루 종일 갖고 다니기 편한 필기도구를 준비한다. 자신이 할 일들을 정한다. 그리고 매 두 시간마다 하던 일을 멈추고 노트를 꺼내서 바로 그 두 시간 동안 다음과 같은 부분에 대해 자신에게 했던 말을 적어넣는다.

1. 나의 외모
2. 두 시간 동안 내가 한 일
3. 좀 더 넓은 의미에서 내가 하는 일
4. 나의 지능
5. 나의 적성
6. 나의 재주와 능력
7. 나의 가치

만약 당신이 두 시간을 기다릴 것 없이 위와 같은 내용을 쉽게 파악할 수 있으면 자신이 그것에 대해 하는 말을 들으면서 적을 필요 없이 바로 적어나간다. 중요한 것은 하루 일정에 차질이 생기지 않게 하면서 하루 동안 진행되는 자기대화를 철저히 파악하는 것이다.

당신은 스스로에게 하루 24시간 내내 말을 거는 유일한 사람임을 잊지 말아야 한다.

| 연습 2 |

당신이 내일 직장에서 중요한 발표를 하기로 되어 있다고 하자. 직장 동료와 상사들뿐만 아니라 중요한 손님들과 고객들도 많이 와서 그 발표를

보기로 했다. 지금이 바로 그 전날 밤이다. 당신은 어둠 속에서 침대에 누운 채 발표에 대해 생각하고 있다. 당신은 자신에게 무슨 말을 하는가?

당신의 머릿속에 스치고 지나가는 생각들과 예상할 수 있는 자기대화들을 가능한 많이 적도록 한다.

| 연습 3 |

⟨연습 1⟩과 ⟨연습 2⟩에서 적은 것을 다시 읽어 볼 때 두 글에서 어떠한 일관된 주제와 흐름을 파악할 수 있는가? 그 내용을 적는다.

| 연습 4 |

⟨연습 1⟩과 ⟨연습 2⟩에서 적은 것을 다시 읽어 볼 때 당신의 자기대화가 갖고 있는 전반적인 톤과 분위기는 어떤가? 긍정적이며 즐거운 분위기인가? 아니면 비관적이고 패배주의적이며 자책감에 휩싸여 있는가?

만약 그것이 긍정적이라면 그것은 또한 합리적이기도 한 것인가? 아니면 아무런 근거도 없이 열광과 허영에 찬 것인가?

당신이 생각하기에 특별히 긍정적이거나 부정적인 자기대화라고 여겨지는 글에 동그라미를 치도록 한다.

| 연습 5 |

다시 한 번 ⟨연습 1⟩과 ⟨연습 2⟩에서 쓴 내용을 읽어 보도록 한다. 그 글들은 당신의 통제위치에 대해 어떤 말들을 하고 있는가? 당신은 앞 장에서 통제위치와 관련해서 몇 가지 검사를 했다. 이번 연습에서 통제위치에 대해 새로운 사실이 추가된 것이 있는가? 당신의 자기대화는 외부 지향적인가? 내부 지향적인가? 그도 아니면 우연적 요소에 중점을 두는가?

| 연습 6 |

자신이 쓴 것을 보면서 다음 질문에 답한다. 만약 당신이 자신의 귀에 대고 〈연습 1〉과 〈연습 2〉에서 적은 내용을 속삭여 주는 친구라면 당신은 어떤 친구의 모습을 하고 있는가?

당신이 자신에게 전하는 말은 합리적이고 낙관적인가 아니면 오히려 앞장서서 자신에게 해로운 환경을 만들고 세상에 대한 경험을 왜곡시키는 자인가?

SELF MATTERS
나는 정해진 꼬리표대로 살고 있지 않은가

> 사람들은 스스로 가치를 매긴다. 인간이 위대하고 그렇지 못하고는 자신의 의지에 달렸다. - 실러

오래 전 한 심리학자 모임에서 초등학생을 실험 대상으로 하는 연구를 추진했다. 연구자들은 사회적 환경으로부터 받은 대우가 어떻게 자아개념에 영향을 미치는가에 주목했다.

학년 초에 연구자들은 6학년의 한 반을 두 집단으로 나눴다. 나누는 데 있어서는 무작위 원칙을 철저히 지켰기 때문에 두 집단의 아이들은 지능, 능력, 성숙도, 배경 등 기타 여러 가지 면에서 고른 모습을 보였다.

연구자들은 한 집단에게 그들은 파랑새로서 비범한 능력을 가진 선택받은 아이들이라고 말해 주었다. 그리고 그들에게 이번 학년은 도전해 볼만한 것으로 그들의 재능을 십분 활용하기만 하면 진도는 더 빨리 나갈 것이라는 말도 해주었다.

다른 한 집단의 아이들에게는 그들은 노랑새로서 주어지는 과제물을 하기 위해서는 더 많은 노력을 기울여야 할 것이라고 말해 주었다. 그리고 이번 학년에는 많은 고비가 있을 것이고 힘들어하는 친구도 많을 테지만 선생님이 그들을 도와주기 위해 최선을 다할 것이라는 말도 해주었다. 노랑새 아이들에게 해준 말은 기본적으로 "너희들은 똑똑하지 않다. 그리고 너희들이 최선을 다한다 해도 그 성과는 보잘것없을 것이다."였다.

그들이 가진 그 밖의 조건은 동일했다. 각 집단별 과제물은 따로 없고 모든 학생들이 똑같은 과제물을 받았다. 시간표도 같았으며, 시험도 똑같이 보았다.

다행히도 이런 종류의 실험 계획은 오늘날에는 이미 제안 단계에서 폐기될 것이다. 실험 대상자들에게 해를 끼칠 소지가 있기 때문이다. 어쨌든 한 반을 인위적으로 4개월 동안만 나눴음에도 그 실험 결과는 실로 엄청났으며 수년간 영향을 미쳤다.

실제로 노랑새 집단 아이들은 힘들게 견뎌 나갔다. 심각한 좌절감과 자기 비하의 모습을 드러냈고 노랑새 집단이라는 꼬리표를 제거해도 불행히도 이러한 문제는 사라지지 않았다.

10년 뒤 연구자들이 이 아이들을 다시 관찰해 보니 노랑새 집단의 아이들은 파랑새 집단 아이들에 비해 여전히 시험 성적이 낮았고, 운동과 음악 활동에서도 성취도가 떨어졌으며, 위법 행위도 더 많았고, 지능 검사에서도 현저하게 낮은 점수가 나왔다. 반면 파랑새 집단은 모든 테스트에서 탁월한 수행 능력을 보여주었고 사회 적응 능력도 뛰어났다.

이 연구 결과의 핵심은 다음과 같다. 두 집단의 아이들은 일찍이 자신들에게 붙여진 꼬리표에 따라 살았다. 아이들은 그 사실을 몰랐다. 아이들은 꼬리표가 그들의 자아개념을 바꾸었다거나 그것 때문에 자신의 인생이 불행해졌다는 식으로 말하지 않았지만 어쨌든 이 일은 비극을 가져왔다.

이렇듯 꼬리표는 우리의 삶에 믿을 수 없을 정도로 커다란 영향을 미친다. 그러나 우리는 우리에게 붙은 꼬리표도, 그리고 그 위력도 의식하지 못할 뿐만 아니라 그것이 바깥 세계에서 유래한 것인지 자신 안에서 유래한 것인지도 알아차리지 못한다.

꼬리표는 아주 중요하다. 그것은 허구적 자아를 구성하는 핵심이며 우리의 진정성을 공격하고 우리가 마치 선한 양이라도 되는 듯 주위 사람들의 기대를 저버리지 말아야 한다고 얘기하는 방식 중의 하나다.

자기 변화가 심하고 제한적인 기능을 하는 꼬리표는 부모에게서 유래할 수도 있고, 친구들에게서 비롯될 수도 있으며 혹은 선생님으로부터 시작될 수도 있다. 자신이 삶을 엉망진창으로 만드는 것을 보면 그것이 스스로에게서 비롯되는 것일 수도 있다. 어느 쪽에서 유래했든 간에 우리는 꼬리표가 있다는 것을 알아야 하고, 그것이 자신에게 맞는 것인지 따져 보아야 하며 이러한 꼬리표가 우리의 자아개념에 미친 영향을 가늠해 보아야 한다.

우리가 참된 자아로 돌아가고자 한다면 이처럼 강력한 영향력을 미친 것을 간과할 수는 없다. 꼬리표는 내면화되어 그대로 수용되는 만큼 강력한 힘을 가진다.

만약 당신이 이러한 꼬리표를 갖고서 자신을 정의한다면 당신은 아주 핵심적인 차원에서 변화를 겪게 될 것이다. 꼬리표를 타당한 것으로 받아들이면 자신의 본 모습에 대한 정의를 그 꼬리표가 규정한 모습으로 대체하게 된다.

내가 앞에서 던졌던 "당신은 누구인가?"라는 질문을 다시 한 번 상기해 보라. 우리는 그 질문에 대해 많은 사람들이 직업이나 직위로 대답하는 것을 보았다. 그들은 자신이 누구인가를 얘기하지 않고 외적으로 규정된 역할에 대해 얘기했다.

사람들이 그 질문에 대해 답하는 두 번째로 중요한 방식이 있다. 그것은 단 한 번도 말로써 표현해 본 적이 없는 것이다. 사업가라느니 기업인이라느니 그 질문에 대해 큰소리로 답하고 있을 때 내면에서는 다른 방식으로 답을 한다.

분명 당신에게는 '사회적 가면'이라고 할 수 있는 꼬리표들이 붙어 있다. 사람들을 만나거나 세상 앞에 자신을 내보일 때 당신은 이런 꼬리표 뒤로 몸을 숨긴다. 반면 내적인 꼬리표들도 있다. 당신은 자신에 대해 직접 판단하기 위한 내적인 꼬리표를 스스로에게 붙인다. 이때의 판단은 당신이 결코 구두로 표현할 수 없는 것이지만 당신의 개인적 진실에 있어서 중요한 일부다.

따라서 내적인 차원에서 "나는 누구인가?"라는 질문에 대한 당신의 대답은 여러 부류의 꼬리표를 아우른다. 그것들은 믿을 수 없을 정도로 몰인정하고 가혹한 것이다.

간단히 말해서 꼬리표가 붙여지는 것은 다음과 같은 경우다.

> - 다른 사람으로 하여금 자신을 판단하도록 만들 때
> - 자기가 스스로를 판단하고 그 판단을 영원한 자기 성격으로 규정할 때

만약 당신이 꼬리표에 따라 산다면 당신은 스스로 인위적 한계를 설정한 허구적인 자아개념을 만들어 내게 된다. 꼬리표는 자신의 진정한 모습을 무시하고 스스로를 일반화시킨다. 이러한 꼬리표가 안으로부터 주어졌든 밖으로부터 주어졌든 당신은 곧바로 그것을 자기 것으로 받아들인 채 내부에 계속 가지고 있다. 다시 말해서 스스로가 혹은 다른 누군가가 자신에게 노랑새라고 말했던 것은 이미 오래전 일인데 당신은 아직도 그것을 믿고 있는 것이다.

꼬리표는 어린 시절부터 지금까지 계속하고 있는 자기대화의 상징이다. 그것들은 세상이 부여한 표준적인 잣대로 당신이라는 사람을 측정했을 때 도출되는 결론이 어떤 것인지를 보여준다. 그 기준이 돈이 될 때 당신이 무일푼이라면 당신에게 붙는 꼬리표는 '헛된 인생'이 된다. 그 기준이 성적일 때 당신의 형이나 누나가 당신보다 더 좋은 성적표를 내밀면 당신은 '우리 집안에서 똑똑치 못한 놈'이라는 꼬리표를 달게 된다.

다른 말들과 달리 꼬리표에는 그것과 관련된 감정적 비난이 실리게 된다. 한마디로 말해서 그것은 단순한 묘사가 아니라 힐문이며 상처를 헤집는 것이다. 꼬리표에 파괴적인 힘을 부여하는 것은 바로 이러한 감정적인 측면이다.

어휘가 늘어나면 당신은 중성적인 말과 나쁜 말을 가릴 줄 알게

된다. 욕설이 의미하는 바나 비하하는 말도 알게 된다. '실패'라는 말이 꼬리표가 되어 자아개념 속으로 스며들면 자기를 제대로 평가하지 않고, 자존심에 상처를 입고 성공에의 열망만 강해질 것이다. 당신이 귀로 들은 그 꼬리표가 '더 이상 가망이 없다.'는 것일 수도 있다. 이 말은 자신을 쓸모 없고 어리석은 사람으로 본다는 것이다. '추하다'는 말은 꼴도 보기 싫고 혐오감이 생긴다는 뜻이다.

명심할 것은 이와 같은 추상적인 말들은 우리가 어찌하기가 힘들다는 사실이다. 이 말들은 객관적인 사실이 아닌 주관적인 생각을 다루는 것이기 때문이다.

당신은 자신이 도둑이 아니라는 것을 자신 있게 말할 수 있다. 그것은 분명하게 판단할 수 있는 것으로 문제의 소지도 없고 복잡할 것도 없다. 객관적이고 믿을 만한 근거 자료들도 제시할 수 있다. 하지만 지금처럼 희망이 없고 자신은 실패자이며 추하다는 꼬리표를 붙여 버리면 누군가가 당신의 가치를 무너뜨릴 것이다.

당신은 누구에게 반대 의견을 내놓을 수 있을까? 꼬리표를 거부하는 것은 쉬운 일이 아니다. 이제 그런 혼돈 상태에 감정적 고통을 집어넣고 같이 휘저어 보자. 당신이 그런 꼬리표를 한 번 들었든 수천 번 반복해서 들었든 그것은 상관없다.

만약 당신이 어떤 감정적인 단어를 듣게 되면 그것은 그대로 꼬리표가 되어 마음에 남게 된다. 상처가 단어의 뜻을 구체화시키는 것이다. 그리고 그 뜻이 갖고 있는 추상성 때문에―추상성에도 불구하고가 아니다―꼬리표는 3차원적인 물체보다 더욱더 생생하고 실제적일 수 있는 것이다.

꼬리표는 우리를 우리와 유사하다고 보여지는 다른 사람들의 집단 속에 포함시키는 것이다. 또한 꼬리표는 우리가 어떤 다른 사람들과는 다르다는 것을 보여주는 것이기도 하다. 어떤 집합 속에 있는 사람들은 특정한 방식으로 행동하고 그 집합 바깥에 있는 사람은 그와는 다른 식으로 행동한다.

꼬리표의 의미를 잘 살펴보면 그것이 일종의 예언과도 같다는 것을 알게 될 것이다. 가령 파랑새 집단 아이들은 학교생활을 잘 해나갈 것이고, 노랑새 집단 아이들은 늘 힘겹게 버텨 나가야 할 것이다. 당신은 심지어 똑똑하다고 하는 사람들이 다른 사람들과 자신을 특정 집단에 억지로 꿰어 맞추기 위해 이런 종류의 미신에 빠지는 경우를 볼 수 있다.

고등학교 시절은 당신이 이런 식으로 무리를 짓는 데 있어 더 없이 다양한 범주가 있는 곳이었다. 근사한 애, 재수 없는 애, 운동선수인 애, 별 볼일 없는 애, 킹카인 애, 폭탄인 애, 모범생인 애 등 종류도 정말 여러가지다.

고등학교 시절은 인생에서 가장 감수성이 예민하고 상처받기 쉬운 시기다. 특히 그 또래의 아이들은 사회적 관계에 매우 민감하고 자신들의 준거집단을 찾아 헤맨다.

우리는 머리가 텅 빈 것 같은 축구선수보다는 공부 잘하는 우등생이 되고 싶어 한다. 괴짜 친구가 기타에 통달하고 버디 홀리(Buddy Holly: 1950년대를 대표하는 가수 겸 작곡가 겸 기타리스트 – 역주) 같은 사람들이 되는 것은 있어서는 안 되는 일이라고 생각한다. 그는 그냥 괴짜로 남아 있어야 하기 때문이다.

그보다 더 중요한 것은 우리에게 붙여진 꼬리표와 관련이 있는 예측은 절대 어긋날 수 없는 사실이라고 믿는 것이다. 우리는 우리에게 붙여진 꼬리표에 너무나 길들여진 나머지 그에 대한 어떤 문제 제기도 무익한 것이며, 때로 아무 문제도 없는 것에 괜한 위협을 가하는 것이라고 생각한다.

때로 우리는 적어도 이런 식으로나마 우리에게 일말의 주체성이 있다는 사실에 만족해한다. 심지어 우리는 그것을 지키기 위해 적극적으로 행동에 나설 때도 있다. 당신은 자신이 그러한 꼬리표를 잃을까봐 두려워하고 있다. 그것을 대신할 수 있는 것이 없다고 생각하기 때문이다.

명심할 것은 당신을 위해 세상의 모든 것이 계획되고 예정되었다 할지라도 당신의 참된 자아의 모습은 그러한 계획 어디에도 존재하지 않는다는 사실이다.

세상은 꼬리표를 좋아한다. 꼬리표를 붙이면 편리하기 때문이다. 꼬리표에 따라 사는 것을 거부하면 곧 불편함이 따른다.

잘되라고 한 말이 평생 남는 꼬리표가 되는 경우

당신의 삶에 어떤 꼬리표가 붙어 있는지를 찾을 준비가 되었다면 해로운 꼬리표라고 해서 반드시 증오 혹은 다른 사람을 지배하고자 하는 욕망에서 비롯된 것은 아님을 이해해 줬으면 좋겠다.

의원성醫原性 상해라는 말이 있다. 이것은 치료자가 오히려 해를 끼치는 경우를 말하며 병을 치료하고자 하는 좋은 의도에서 발생된다. 예를 들어 어떤 의사가 환자에게 앞으로 2주 이상 병원에서 요양하라는 처방을 내렸는데 그만 환자가 욕창에 걸리고 마는 경우가 있다. 혹은 의사가 환자에게 정신적인 활동을 일부 상실할 수도 있다고 주의를 준 것이 화근이 되어 환자가 정말 정신적인 활동을 일부 상실할 수도 있다.

이와 유사한 개념으로 의원성 꼬리표란 친절한 행동에서 비롯되는 해로운 꼬리표를 일컫는 것이다. 뭔가 도움이 되기 위해 붙여졌던 꼬리표가 평생을 망쳐놓는 것이다. 단순히 좋은 의도를 가졌다고 해서 꼬리표가 해롭지 않다고 말할 수는 없는 것이다.

헬렌 켈러가 어렸을 때 가장 힘들어했던 부분은 보지 못하고 듣지 못하는 것이 아니라 그녀를 과잉보호했던 아버지였다. 의도는 좋지만 자신의 딸을 극난석으로 편협한 꼬리표에 묶어 두려 했고, 영원히 바깥세상과 차단하려 했던 헬렌 켈러의 아버지가 그녀의 모든 인생을 좌우했다면 인류 역사에 있어 얼마나 큰 손실이었을지 상상해 보라.

그 밖의 다른 아이들도 연약한 체질이니, 남달리 예민하다느니 하는 소리를 들으며 자란다. 아무런 악의 없이 아이들에게 이런 꼬리표를 붙였다 할지라도 이것은 장기적으로 봤을 때 무시무시한 결과를 초래할 수 있다.

따라서 자신의 인생에서 이런 의원성 꼬리표가 미칠 수 있는 영향에 대해 주의를 기울일 필요가 있다. 당신을 사랑하고 아끼는 마음에서 붙인 것인데 궁극적으로 당신의 자신감을 약화시키고 평생토록 한계를 느끼도록 만드는 꼬리표를 한번 찾아보자.

한마디 덧붙이자면 이런 꼬리표를 찾는 것은 당신이 무력감을 느끼도록 한 책임을 당신의 부모에게 묻기 위한 사전 작업이 아니다. 물론 부모와 교사, 그리고 영향력을 가진 여타의 사람들이 당신에게 의원성 꼬리표를 붙인 것은 사실이다. 하지만 지금 당신에 대한 책임은 당신이 갖고 있다.

이제 당신이 할 일은 자신의 내부를 들여다보고 꼬리표를 찾아내 그것을 계속 갖고 갈 것인지 말 것인지를 스스로 결정하는 것이다. 그것은 당신의 선택에 달린 문제다.

그저 정해진 꼬리표에 따라 살고 있는 것은 아닌가

베스 앤이라는 마흔다섯 살의 여성을 치료한 적이 있다. 그녀는 내가 만나본 사람들 중에서 최악의 자아개념을 갖고 있었다. 네 형제 중의 맏이로 태어난 그녀는 외동딸로서 큰 터울이 나지 않는 세 명의 남동생들에 둘러싸여 있었다.

그녀의 아버지는 상대방을 압도하는 듯한 강한 성격을 가진 광신적 애국주의자이자 신체가 건강한 남자였다. 그는 동료처럼 같이 어울릴 수 있는 아들을 원했다.

베스 앤이 태어났을 때 그는 실망감을 감추지 못했다. 그는 자신의 아내를 파출부처럼 대했으며 딸 베스 앤이 성인이 되자 겨우 자식으로서 인정해 주는 듯했다.

베스 앤의 남동생들이 다 커서 자신과 친구처럼 어울릴 수 있게 되자 베스 앤은 그의 안중에 없었다. 그는 모든 시간과 정력을 아들들에게 쏟아 부었다. 베스 앤은 아버지가 자신을 인정하고 받아주기를 갈망했지만 아버지로 하여금 그런 마음이 들도록 만들 힘이 없었다. 딸을 무시하는 아버지의 태도는 점점 더 심해져 갔고 딸 때문에 시간이나 돈이 허비된다고 느낄 때에는 그 무시하는 마음이 노골적인 분노와 함께 절정에 달했다.

아들들은 최고급의 옷에다 운동 기구를 가졌고, 용돈도 마음대로 썼으며 나중에는 좋은 차까지 갖게 되었지만 베스 앤은 현대판 신데렐라 신세였다. 그녀는 남이 입던 옷을 입었고, 다용도실로 쓰이는 작은 방에서 생활했다. 차도 어머니가 몰던 20년 된 스테이션 웨건을 몰았다. 아버지와 남동생들은 그녀의 사생활을 인정하지 않았고 그녀를 존중하지도 않았으며 관심도 없었다.

그 결과 베스 앤이 자신에게 열등한 하층 계급의 사람이라는 꼬리표를 붙인 것은 놀랄 일이 아니다. 그녀가 그런 꼬리표를 붙인 것은 집안이 돌아가는 모습을 볼 때 자신이 분명 하층 계급 취급을 받는다는 생각이 들었기 때문이다. 아이들은 자신들이 살아가는 환경에서 배운다는 말은 전혀 틀린 말이 아니다.

자신이 아무런 가치도 없는 사람이라는 것을 알게 된 베스 앤은 그 이후로 어떤 것도 기대하지 않는 삶을 살게 되었다. 남자들과 데이트를 할 때도 그녀는 너무도 수동적이고 굴종적인 태도를 취했기 때문에 상대가 그녀를 함부로 할 여지를 주게 되었고 생기도 열정도 없는 따분한 사람으로 비쳤다.

심지어 그녀는 상담과 조언을 받기 위해 진찰비를 지불하고 나를 만나는 과정에서도 내게 그녀의 모든 문제를 털어놓는 것이 왠지 불편하다고 했다.

아버지의 태도가 그녀에게 꼬리표를 붙였고, 더 나아가 스스로 그런 꼬리표를 붙였기 때문에 그녀는 다른 가능성이나 자신의 가치를 재고해 보는 일을 일체 거부하게 되었다. 그녀의 꼬리표는 모든 생각과 느낌과 행동을 통제하였다.

아버지의 말과 행동에 의해 붙여지고, 자기 자신에 의해 내면화된 이 꼬리표는 그녀의 감옥이었다. 그것이 그녀의 삶을 지배하는 힘은 점점 더 커져가 급기야 외부에 도움을 요청해야 할 정도로 그녀의 정신을 짓눌렀다.

사람들은 꼬리표에 함축된 의미를 전적으로 인정하면서 꼬리표에 순응하기도 하고, 또 어떤 경우에는 꼬리표의 의미와는 정반대의 입장을 취하면서 극단적으로 역반응을 보일 때도 있다. 베스 앤과 같은 처지에 놓이고 그와 같은 꼬리표가 붙은 사람일지라도 오히려 가장된 거만함과 우월감으로 반응할 수도 있다. 그런 사람들은 자신의 아버지나 남자 형제들이 자신을 받아 주지 않는다고 해도 전혀 신경 쓸 일이 아니라고 열변을 토할 것이다.

당신이 꼬리표를 받아들이든, 아니면 거역하든 간에 각각의 경우에서 꼬리표는 당신을 통제하고, 당신의 삶을 좌우한다는 것을 명심해야 한다.

상처받기 쉽고 감수성이 예민한 어린 여자아이를 그렇게 다룸으로써 그녀의 생각을 통제할 수 있다는 사실은 그리 이해하기 어려운 일이 아니다. 그런데 그 소녀가 성인이 된 이후에도 계속 그러한 태도를 갖고 있는 이유는 무엇인가? 무엇 때문에 능력이 있는 한 여인이 어린 시절의 꼬리표에 계속 끌려다니는 것일까?

그것은 꼬리표에 따라 살면 자기에게 돌아오는 현실적 대가가 있기 때문이다. 그것은 자신이 수동적인 데 대한, 화를 낸 데 대한, 피해자가 된 것에 대한 변명이 될 수 있다. 그러나 그것이 어떤 변명이 되었든 간에 보상이 없으면 그렇게 하지 않을 것이다.

나는 베스 앤보다 덜 비극적인 상황에 처해 있으면서 자신들에게 환자라는 꼬리표를 붙이는 멀쩡한 사람들을 수없이 만났다. 그들이 꼬리표를 붙이는 까닭은 진짜로 아프거나 다쳐서가 아니라 그런 꼬리표에 따라 살 경우에 엄청난 보상이 따르기 때문이다.

그들의 병이 공인된 것이건 혹은 선석으로 건강염려증(hypochodriasis: 사소한 신체적 현상이나 감각을 부풀려서 받아들여 마치 자신이 심각한 병에 걸린 것이 아닌가 하고 생각하는 것. 이것도 장애 가운데 하나로 본다 – 역주)이건 간에, 꼬리표는 그들이 해야 하거나 하지 말아야 할 것들에 대한 정의를 내리면서 그들이 다른 사람들로부터 어떤 대우를 받고 싶어하는가를 보여주는 일종의 상징이 된다.

그들은 아픔으로써 환자가 되는 '영광'을 누린다고 생각했다. 그 영광은 전쟁에서 돌아온 상이용사가 누렸음직한 영광이다. 그들의 꼬리표가 그러한 영광을 취하도록 하는 것이라면 그들은 병석에서 일어나야 할 이유가 없다.

나는 많은 환자들이 자신의 상처와 질병에 대해 자부심을 갖고 있는 것을 이상하게 생각하곤 했었다. 그들은 자신들이 얼마나 아픈지 혹은 얼마나 많이 다쳤는지를 가지고 서로 자랑하기에 바빴고 의사에게 진찰을 받기 위해 생존하는 것 같았다.

한때는 사회의 생산적인 구성원이었던 사람들이 꼬리표에 따라 살게 되면서 사회에 기생하는 비생산적인 동물이 되고 말았다. 그들은 병원 근처를 어슬렁거리면서 이런저런 얘기들은 많이 하는데 그 내용에 다시 생산적인 역할로 돌아갈 계획은 전혀 없다.

그들이 하고자 하는 말은 다음과 같다.

"나는 허약한 환자다. 그러니 나 자신보다 나의 꼬리표를 존중하라. 나는 나 자신과 다른 사람을 위해서 할 수 있는 일이 매우 제한되어 있다. 나를 가엾이 여기고 존중해 주기를 바란다. 하지만 내게 어떤 것도 기대하지 마라."

많은 사람들에게 있어 환자니 학생이니 하는 꼬리표는 생산적인 일을 하라는 세상의 요구에 사회적으로 '타임아웃'을 부를 수 있는 권리를 인정받도록 해준다. 만약 어떤 사람이 아파서 치료를 받아야 한다고 한다면 어느 누가 그에게 일어나서 일하러 가라고 할 수 있겠는가? 그런데 단지 그냥 게을러서 일하러 가기 싫을 때 이런 꼬리표는 얼마나 간편한 것일까?

하지만 꼬리표가 완전히 허구이고 그러한 꼬리표에 따라 사는 것이 그 안에 묻혀버린 자신의 참된 자아의 모습과 모든 수완과 재능을 완전히 부인하는 것이라면 크나큰 문제가 아닐 수 없다. 베스 앤의 경우와 마찬가지로 매일매일의 상황과 꼬리표는 자신의 삶을 더욱 틀에 박히게 만들고 말 것이다.

졸업 30주년 고등학교 동창회가 생각난다. 그 '예뻤던 여학생들'은 여전히 예뻤다. 하지만 그들은 그리 매력적인 존재들은 아니었다. 그중 몇몇은 단지 예쁘다는 이유 하나만으로 모든 일에서 주목을 받았었다. 그들에게는 예쁘다는 것이 여러 모로 편했다. 따로 관심을 끌 필요도 없었고, 공부를 잘할 필요도 없었다. 자신들은 그럴 필요가 없다고 믿었다.

그녀들의 꼬리표는 편리한 것이었지만 또한 저주의 대상이 되었다. 30년 만에 만난 그녀들은 더 이상 젊고 아름답다는 기준을 만족시킬 수 없었지만 그녀들은 마치 과거에라도 돌아간 것처럼 그때의 기준을 만족시키기 위해 모든 노력을 다 바치고 있었다. 과거를 규정했던 꼬리표는 이미 유효 기간이 지났는데 말이다.

여기서 꼬리표가 가진 또 하나의 문제점이 분명히 드러난다. 꼬리표는 당신이 현재 있는 곳을 보여주는 것이 아니라 당신이 있었다고 여기는 곳을 보여준다는 점이다.

만약 당신이 꼬리표에 모든 것을 맡겨 버리면 그것은 분명 앞으로 당신이 있을 곳을 예측해서 보여 줄 것이다. 당신에게 축적된 꼬리표에 주목하는 것은 앞보다 뒤에 시선을 두는 것이며 당신의 과거를 당신의 미래로 만들려는 것이다.

다른 내적인 요인들에 해당되는 특징이 꼬리표에도 해당된다. 즉 당신은 자신의 꼬리표를 유지하기 위해 정보를 왜곡시킨다. 만약 당신이 보기에 당신의 자식이 문제아고, 직장 상사는 얼굴만 봐도 불쾌해지는 사람이며 자기 자신은 낙오자라 여긴다면 당신은 혈안이 되어 그러한 꼬리표를 뒷받침할 수 있는 정보란 정보를 다 모으고 그렇지 않은 정보는 모두 거부할 것이다. 당신은 자신의 정보 수집용 레이더를 오로지 꼬리표를 입증하는 모드에서만 작동시킬 것이며, 그러한 사례만 자세히 조사할 것이다. 모든 행동과 상호작용을 해석할 때도 마찬가지일 것이다.

당신이 누군가를 보고 혼잣말로 '저 사람은 바보다.'라는 판단을 내린다면 당신은 더 이상의 정보 처리는 하지 않을 것이다. 당신은 이미 그가 어떤 사람인지를 결정해 버렸기 때문이다. 배심원이 이미 자리를 같이하고 있고 그가 바보라는 평결을 내린다. 더 이상 의문의 여지가 없다. 만약 그 꼬리표가 스스로가 실패자라는 것이면 당신은 매일 스스로 실패자라는 말을 붙들고 지낼 것이다.

당신은 성공한 사람의 모습을 많이 가지고 있을 수도 있다. 하지만 당신의 꼬리표는 더 이상 다른 정보를 필요로 하지 않는 '완결된 예언'이 되고 만다.

어떤 꼬리표를 받아들이게 되면 당신은 분명히 이 구석 저 구석 그것을 뒷받침할 것들을 찾아다니며 그 꼬리표에 따라 살게 될 것이다. 그것은 진정한 자신을 찾는 것보다 모든 정보가 착착 들어맞는 것이 쉽고 편리하며, 자신에게 주어지는 보상이 비록 비논리적이라 할지라도 강력한 힘으로 사람을 끌어당기기 때문이다.

연습하기

자신에게 어떤 꼬리표를 붙이고 있는가?

이제 몇 가지 자가 진단을 해볼 시간이다. 자신이 만들어놓은 허구적 자아로부터 스스로를 자유롭게 하려면 스스로를 옥죄고 있는 꼬리표들을 정확히 찾아내서 그것들을 가늠한 뒤 지워 버려야 한다.

다음의 연습들이 도와줄 것이다.

|연습 1|

자기 스스로에게 붙였던 모든 꼬리표들을 적어 내려가도록 한다. 자신의 인생에서 최대한 옛날로 돌아가서 기억할 수 있는 모든 꼬리표를 다 적어넣는다. 그 목록에는 자신의 자아개념에 영향을 미쳤던 꼬리표도 있을 것이고, 자신이 거부한 꼬리표도 있을 것이다.

기억하는 모든 꼬리표를 다 적었다면 그 목록에서 부모가 붙인 꼬리표라고 생각되는 것에 동그라미를 친다.

|연습 2|

〈연습 1〉에서 표시한 부모가 붙인 꼬리표는 그것을 처음 들은 것이 언제인지 기억할 수 없을 정도로 아주 오래 전의 것들일 것이다. 하지만 그러한 꼬리표로 인해 맨 처음 아픔을 느꼈던 때가 언제인지, 그리고 그때 자신이 어떤 행동을 취했는지를 기억해 보도록 한다.

표에다 가능한 자세히 그 내용을 적어 넣고 그것을 바탕으로 일기장에 다음과 같이 세 개의 제목이 붙은 표를 작성하도록 한다.

꼬리표	처음 들은 때	취했던 행동

| 연습 3 |

　〈연습 2〉에서 작성한 표를 다시 읽어 본다. 그리고 지금도 자신의 삶의 한 부분을 차지하고 있다고 여겨지는 꼬리표가 있으면 그 옆에 따로 표시를 한다.

| 연습 4 |

　〈연습 1〉에서 작성한 처음 목록을 다시 살펴본다. 거기에 적힌 꼬리표들 중에서 부모가 아닌 다른 사람에 의해 붙여진 것이 있는가? 그들이 그 꼬리표를 붙인 때와 그때 자신이 취했던 행동을 기억할 수 있는가?

　그 내용들을 표에다 적어넣고 그것을 바탕으로 일기장에 아래와 같이 네 개의 제목이 붙은 표를 작성하도록 한다.

꼬리표	꼬리표를 붙인 사람	처음 들은 때	취했던 행동

| 연습 5 |

　이제 꼬리표를 적은 목록에서 자신이 직접 덧붙여 나간 꼬리표가 어떤 것인지를 기억해야 한다. 여기서 적어 나가게 될 것은 어떤 사건에서 자신에 대해 스스로가 내린 결론으로 추출한 꼬리표다.

　우리 내부에서 꼬리표를 붙이는 작업은 종종 우리의 의식 밑에서 일어나기 때문에 이 연습을 하려면 흔들리지 않는 고도의 집중력이 요구된다.

　예를 들어, 실연을 당해서 상처 입고 낙심했을 때 스스로에게 실패자라는 꼬리표를 붙였다면 지금도 그런 꼬리표를 붙이고 있는가? 만약 힘들게 이혼을 했다면 그때도 자신에게 실패자라는 꼬리표를 붙였고, 지금도 자신에게 그런 꼬리표를 붙이고 있는가? 시험에서 떨어졌다면 그때 자신에게

멍청이라는 꼬리표를 붙였는가?

자신에게 어떤 특정한 꼬리표를 붙이게 된 사건이 있는가? 그때의 사건은 어떤 것이었으며 거기서 어떤 꼬리표를 가져와 붙이게 되었는가? 자기 스스로가 붙인 꼬리표는 어떤 것인가?

자신이 직접 붙인 각각의 꼬리표에 대해서 그것이 자신의 꼬리표라는 것을 알게 된 때를 기억해 본다. 그때의 상황은 어떠했는가?

그 내용들을 바탕으로 일기장에 아래와 같이 세 개의 제목이 붙은 표를 작성하도록 한다.

꼬리표	발생한 때	취했던 행동
_____	_____	_____
_____	_____	_____

우리는 당신이 대답한 내용을 나중에 자세히 살펴볼 것이다. 지금 당장은 당신을 구성하고 있는 여러 다양한 꼬리표를 한번 훑어보기 바란다.

이 꼬리표들이 당신의 이력서에 적힌다고 해보자. 그리고 자신이 고용주가 되었다고 생각하고 이력서를 읽는 장면을 상상해 보자. 고용주는 이렇게 얘기할 수도 있다.

"어디 보자. 어떤 친구가 지원을 했지? 음 좋아. 뚱뚱하고 게으름뱅이에 야심이라고는 전혀 없는 일개미 유형이군. 아주 좋아. 이런 꼬리표들을 고용하도록 하지."

이러한 상황이 말이 안 된다는 것을 당신도 알 것이다. 고용주로 하여금 당신의 성격이라고 생각하도록 만들고 싶은 꼬리표들이 이런 것이 아니라면 무엇 때문에 스스로 이 꼬리표를 붙였는가?

당신은 이제 자신에게 편협한 꼬리표를 부여하면서 세상과 거짓된 노름을 하는 것을 그만두어야 한다. 그러한 꼬리표에 의해 어떤 보상을 받든 앞으로 영원히 그 안이한 장소를 없애 버려야만 한다.

SELF MATTERS

이제 내 인생의 대본은 내가 쓴다

> 당신의 묘비에는 두 개의 날짜가 적힐 것이며 당신의 모든 벗들이 그것을 보겠지만 소중했던 모든 것은 그 두 날짜 사이의 작은 이음 표시에 있나니. - 케빈 웰치

자기대화를 다룬 장에서 당신은 자신과 끝이 없는 실시간 대화를 나누고 있다는 것을 알게 되었다. 또한 자기대화가 즉각적이며 구체적인 영향을 미친다는 것도 알았다.

만약 자기대화가 긍정적이라면 활력이 솟겠지만 자기대화가 부정적이라면 그 느낌을 몸 속 세포에서까지 느끼게 될 것이다. 자기가 세상을 향해 온갖 부정적인 메시지들을 품을 때 왜곡된 자아개념은 당신이 느끼고 말하고 행동하는 모든 것을 통해서 그 모습을 드러낼 것이다. 물론 세상은 그에 맞춰서 응대할 것이다.

특히 여타의 자기대화와 달리 정신 활동의 내용을 담고 있는 자기대화는 다루기가 매우 어렵다. 이런 자기대화는 재빨리 일어났다 사라지고 악의적인 내용을 담고 있는 경우가 많기 때문에 별도

의 논의가 필요하고 각별한 주의가 요구된다. 이처럼 위험이 도사린 자기대화를 나는 '테이프'라고 부른다.

테이프는 오랜 세월 되새기고 과잉학습한 부정적인 자기대화를 의미한다. 그것은 매시간, 매일, 매달 머릿속에서 돌아가고 있다.

테이프는 우리 안에 깊이 스며들어 자동적인 반응을 유발한다. 앞에서 살펴보았던 뱀 공포증을 가진 사람 얘기를 기억하는가? 그는 누군가가 "뱀이야!"라고 소리치면 아주 빨리, 그리고 강렬하게 반응한다. 일단 테이프가 돌아가면 그것은 매우 극적인 반응을 유발하거나 혹은 조용하지만 뚜렷하게 의식 속에 각인된다. 그것은 너무도 빠르고 강력하게 일어나는 반응이기 때문에 단순한 생각으로도 이론적 해석으로도, 그리고 추론으로도 알 수 없다.

만약 당신이 꼭두각시고 그런 당신의 위에서 움직이는 존재가 있다면 당신은 그를 알고 싶어할 것이다. 그것도 지금 당장 말이다. 당신은 자신이 당신 인생의 주인이 아니며 당신이 했던 일과 그 일을 했던 시기를 자신이 선택하지 않았다는 사실을 알고 충격을 받을 것이다. 이상이 이 장의 전제다.

나는 테이프의 작동 원리를 이해하고 자신의 테이프를 파악할 수 있도록 도와줄 것이다. 그 다음에는 테이프에 수록된 고정되고 제한된 믿음에 대해 살펴볼 것이다. 그리고 마지막으로 이런 테이프에서 어떻게 꼭두각시 인형을 조작하는 사람처럼 당신의 인생에서 벌어지는 일들을 명령하는 인생의 대본이 엮어지는지에 대해 얘기를 나눌 것이다.

당신의 모든 것을 기록한
테이프가 있다

내가 이러한 것들을 테이프라 부르는 이유는 대형 컴퓨터가 거대한 마그네틱 테이프의 명령에 의해 돌아가던 시대에 성장기를 보냈기 때문이다.

테이프가 돌아가면 컴퓨터는 테이프에 기록된 프로그램이 지시하는 대로 일을 수행한다. 이런 이치는 당신에게도 동일하게 적용된다. 당신도 독자적인 마음 없이 테이프에 의해 작동된다고 할 수 있다는 것이다. 당신은 이 장을 읽고 난 뒤에 다음과 같이 생각하게 될 것이다.

'음, 이제 알 것 같군. 내가 살면서 가고 싶지 않은 곳에 가면 왜 몸이 긴장하는지를 알겠어. 나는 그런 식으로 행동하도록 프로그램화되어 있었기 때문에 그런 결과를 가져왔던 거야.'

테이프는 그림자처럼 자연적이며 통제가 불가능한 것이고, 몸의 장기처럼 독자적으로 작용한다. 심장에서 피를 펌프질해서 보내듯, 폐에서 산소를 받아들이고 이산화탄소를 내보내듯 테이프는 당신이 의식하건 그렇지 않건 간에 자체적으로 작동한다. 앞에서도 얘기했듯이 테이프는 어떤 부분에선 자기대화와 유사하지만 그 자체로 고유한 것이다.

테이프는 오래 간직되고 과잉학습된, 순식간에 일어나는 자동적인 사고 작용이다. 그런 사고 작용은 현재 새로 주입되는 내용을 철저히 무시하며, 특정 결과를 도출하도록 프로그램화한다.

당신이 어떤 남자를 만나서 얘기를 나눈 뒤 이런 혼잣말을 한다고 해보자.

'이 남자는 입으로만 숨을 쉬는 사람이어서 말을 하기가 힘든가 보다. 정말 따분하기 그지없는 사람이다. 차라리 집에서 보풀 달린 실내화를 신고 땅콩버터나 퍼먹을걸.'

당신이 방금 자신에게 한 말은 자기대화의 일부다. 그것은 지금 주어지고 있는 외부 자극에 대해 실시간으로 일어나고 있는 대화다. 즉 지금 바로 이 자리에서 일어나고 있다. 당신도 거기에 있고, 그도 거기에 있다. 그리고 당신은 지금 그 사람과 현재 일어나고 있는 일에 대해 반응하고 있다. 지금 나타나는 당신의 반응을 기반으로 당신은 '이봐, 난 여기서 나갈 거야. 안녕.'이라고 마음 속으로 결정한다.

테이프는 철저히 과거의 경험을 기반으로 한다는 점에서 앞서의 대화 방식과 다르다. 그것은 당신으로 하여금 지금 이 자리에서 일어나고 있는 일을 무시하게 만든다.

위의 예를 볼 때 만약 당신이 시간을 보내려고 했던 그 바보 같은 사람을 보석시키려고 하는 것이 당신의 테이프 때문이라면 그러한 결정을 내리게 된 것은 그의 개입 여부와는 무관한, 사전에 기록된 반사작용 때문이다.

예를 들어, 당신이 연속해서 일곱 명의 바보와 데이트를 했다고 하자. 그중 마지막에 만났던 사람이 도저히 참을 수 없는 사람이었던 것이다. 당신은 다른 여섯 번의 기분 나쁜 체험 위에 다른 하나를 더 경험하면서 어떤 강한 관념 같은 것을 갖게 된다.

이런 경험들과 자아개념의 차원에서 만들어진 주제들은 테이프의 내용을 하나하나 쌓아 올리는 벽돌과 같은 것이 된다. 당신에게는 다음과 같은 내용들이 포함된 테이프 자료실이 마련될 것이다.

- 남자는 인간관계에 관해서 매우 이기적이다.
- 나는 매번 덜 떨어진 사람들을 고른다.
- 남자는 항상 나를 이용한다. 내가 그런 빌미를 주나 보다.
- 내가 먼저 그들을 할퀴지 않으면 그들이 나를 할퀼 것이다.

테이프 각각의 내용을 살펴보면 다음과 같다.

- 자기 자신과 다른 사람에 대해 판단한 내용이 포함되어 있다 : '남자는…' 혹은 '나는… 고른다.'
- 구체적인 맥락이 수반된다 : '인간관계에 관해서는' 혹은 '항상 나를 이용한다.'
- 결과를 예측한다 : '매번' 혹은 '나를 할퀼 것이다.'

상황이 이러하니 데이트를 하기 위해 말끔히 차려 입고, 세차하고, 즐거운 시간을 보낼 준비를 단단히 하고서 당신 집 현관에 서 있을 다음번의 남자가 가엾다. 이 불쌍한 남자는 입을 열기도 전에 아무런 기대도 할 수 없다. 그가 톰 크루즈보다 훨씬 잘 생겼다 해도 달라질 것은 하나도 없을 것이다.

왜 그럴까? 그것은 당신이 지금 이 자리에서 사람을 바라보는 것이 아니라, 자신의 자아개념 깊숙한 곳에서 테이프를 돌리고 있기 때문이다. 당신은 의식의 차원에서 그러한 테이프의 존재 혹은 내용에 대해 전혀 모를 수 있다. 하지만 자아개념 깊숙한 곳에서는 그에 대해 잘 알고 있다. 그 메시지는 다음과 같다. '위험해! 너를 보호해야 해. 뒤로 물러서, 너를 보호해야 한다고!' 당신의 모든 행동과 이런 관계에서 빚어지는 결과는 시간이 흐르면서 형성된 것이다. 당신은 과거를 돌아보고 현재를 무시한다.

게다가 전광석화 같고 과잉학습된 테이프 덕분에 당신의 결정은 순식간에 이루어진다. 그렇기 때문에 당신은 그에게 문을 열어주기도 전에 이미 그를 얼어붙게 만들어 버렸다는 것을 알지 못한다. 당신은 앞에 서 있는 남자를 보는 것보다 자신의 과거에 일어났던 일들을 어깨 너머로 돌아보느라 정신이 없다.

테이프에 의해 좌우되는 것과 실수로부터 배우는 것은 서로 다른 것이다. 만약 실수로부터 뭔가를 배웠다면 자신의 행동을 의식하는 가운데 좀 더 많은 정보를 바탕으로 결정을 내릴 것이다. 하지만 테이프가 통제를 하고 있는 경우에는 자신의 행동을 의식하는 가운데 어떤 결정도 내리지 못할 것이다. 테이프가 통제를 하고 있을 때에 자신은 지나가는 나그네일 뿐이다. 테이프는 이런 식으로 작동하는 아주 위험한 것이다.

다른 예로 당신이 정말 들어가고 싶어하는 회사의 최종 면접을 앞두고 있다고 하자. 당신은 이미 몇 차례의 면접을 잘 통과했고 지금까지 심사위원들의 반응도 긍정적이었다. 사실 최종 면접까지 올 수 있을 것이라고 생각하지 못했는데 일이 순조롭게 되어가고 있다는 생각이 든다. 여기서 도출할 수 있는 합리적인 결론은 '이번엔 제대로 해봐야지. 정신을 가다듬고 이 면접을 통과할 수 있도록 해야지.'가 아니겠는가?

이때 그 저주 같은 테이프가 끼어든다. 40년 전 당시 고등학생이었던 당신이 들개 포획 보조 요원의 자리에서 쫓겨났던 때부터 테이프는 돌아가기 시작한다. 당신은 진정으로 자부심을 갖고 있던 일자리에서 쫓겨나게 되자 커다란 상처를 받았다. 다른 친구들이 유니폼을 입은 자신의 모습을 바라볼 때 당신은 대단한 자부심을 느꼈다. 당시로서는 수입도 짭짤했다. 그런데 당신은 그때 처음으로 자신이 좋아하는 일에서 좌절을 맛보았다. 그것은 어떤 면에서 당신이라는 사람을 변화시켰다. 이와 같은 과거를 시작으로 40년 된 테이프는 당신에게 이런 말을 들려준다.

'나는 이 면접에서 그리 안전한 자리에 있는 것이 아니다. 쉰다섯 살 난 사람이 새로운 일을 시작하는 것이 어떤 것인지를 제대로 인식해야 한다. 나는 일을 하다가 쫓겨나기 십상이다. 나는 아주 어린 나이에 이미 실패를 겪었다. 그들은 나에게서 그때의 모습을 보게 될 것이다. 내 테이프를 보면 결과를 예상할 수 있다. 그러니 포기해라. 나는 그 일자리를 결코 얻지 못할 것이다.'

면접에 들어가기 전에 테이프가 작동한다면 당신은 긍정적인 인상을 주려는 자신의 노력에 재를 뿌리는 행동이나 말을 하게 될 것이다. 말, 태도, 몸짓 등을 통해 면접관들에게 다음과 같은 인상을 주게 될 것이다. '제길, 당신들이 날 그 자리에 적합한 사람으로 생각하진 않겠지. 당신들이 날 뽑을 것 같지 않은데, 내 말이 맞지?' 그러면 면접관은 앉아서 이런 생각을 할 것이다. '음, 자네가 그렇게 의심한다면 내가 무슨 수로 자네 생각을 바꾸겠나?'

지금 이곳에서 일어나고 있는 일에 반응하는 자기대화와 달리 테이프는 삶의 세 가지 시제인 과거, 현재, 미래에 모두 작동을 하고 또한 그 세 시제에 영향을 미친다. 요점은 다음과 같다.

1. 테이프는 과거를 돌이켜 본다.

테이프는 과거와 개인사에서 특정 시기 혹은 자기 관찰의 내용에 대해 과거 지향성을 가진 반응을 하는 것이다. 그것은 강력한 감정적 요소가 들어가 있는 사전 녹음된 메시지이자 쉽사리 바뀌지 않도록 암호화된 장기 기억이다. 어떤 고통스러운 사건이 일어났을 때 당신은 그 사건에 대한 자신의 반응을 평가한다. 그런 식으로 테이프는 만들어진다. 자기평가를 필요로 하는 상황에 처할 때마다 매번 자신을 재평가하지는 않는다. 테이프는 즉각 어떻게 반응해야 하는가를 알려주는 데 유용하다.

2. 테이프는 현재 자신에 대한 판단을 보여준다.

테이프는 그것이 자동적으로 튀어나올 만큼 과잉학습시키기 위해 의식의 하층부에서 과거에 인식했던 것을 암호화하여 기록한다. 그것은 관련된 상황이 연출될 때마다 그것을 통제하기 위해 자동적으로 튀어나오게끔 돼 있다.

이처럼 테이프에 사전 녹음된 정보는 당신의 자아개념의 상상할 수 있는 모든 측면을 보여준다. 예컨대 지능, 인간적 가치, 현실적 가치, 능력, 잠재력 등이다.

당신은 어떤 판단을 하는가에 상관없이 그 테이프를 복음이나 마찬가지의 진실로 받아들일 것이기 때문에 그것이 당신의 실제 모습이 될 것이다.

3. 테이프는 자신이 미래에 어떤 결과를 낳을지 예측한다.

위와 같은 판단을 기반으로 테이프는 예측한다. 당신은 그러한 테이프를 기반으로 현재에 대해 결정을 내리고, 미래를 예측한다. 결과적으로 테이프는 자신의 생각과 행동뿐만 아니라 미래의 결과도 통제하는 것이다.

예를 들어, '나는 바보다.'라는 판단을 내렸다고 하자. 우리가 살펴본 것처럼 테이프는 과거의 역사에 기반을 둔 것이다. 그러므로 삶의 어느 장소에서 일어난 특정한 사건에 반응하는 과정에서 실시간으로 진행되는 자기대화를 통해 '나는 바보다.'라는 말을 자신에게 하기 시작했던 것이다. 자신이 내린 판단을 그토록 오랫동안 큰소리로 반복한 덕에 그것은 당신 마음에 아로새겨진다.

현재에 대한 얘기로 넘어가 보자. 취업 면접이나 시험을 보는 상황에서 테이프는 의식의 하부에서 아주 빨리 작동되어 '나는 바보다. 그러니 나는 취업이 안 될 것이다. 시험에 합격할 방도가 없을 것이다.' 와 같은 내용으로 돌아갈 것이다.

테이프는 어떤 결과를 예상하고 있으며 그 결과는 항상 부정적인 것이다. 즉 '나는 바보다. 그렇기 때문에 이 일이 어떤 일이든 간에 내게 좋은 쪽으로 잘 되지 않을 것이다.' 라고 그 결과를 예단한다. 그리고 기억할 것은 어떤 생각이 일어나면 거기에 상응하는 생리적 현상이 수반된다는 것이다. 당신이 자신을 정신적으로 귀찮게 만들기 시작하자마자 당신의 몸도 재빨리 그것을 따라간다.

이제 이런 생각이 들 것이다.

'이봐, 잠깐만! 긍정적인 테이프는 없는가? 만약 나의 개인사가 긍정적인 것이라면 나의 테이프도 내가 항상 최고임을 믿도록 프로그램화될 것 아닌가?'

그러나 유감스럽게도 그런 경우는 없다. 긍정적인 테이프가 좋은 쪽으로 작용할 것이라고 생각하는 데는 두 가지 문제가 있다. 우선 그 생각이 틀렸다는 것이다. 그리고 나는 아직 테이프에 대한 얘기를 다 끝낸 것이 아니다. 긍정적인 테이프라는 것은 존재하지 않는다. 당신은 '음, 긍정적인 것을 얘기하고 있는 테이프가 어떻게 부정적인 것이 될 수 있는가? 긍정적인 생각이 갖고 있는 힘은 또 어떻고?'라고 생각할지 모른다.

그것을 현실 상황 속에서 생각해 보자. 당신이 1월에 뉴욕에서 이륙 준비를 하기 위해 활주로 맨 끝에 서 있는 비행기에 탔다고 가정해 보자. 눈보라가 치고 활주로는 결빙되어 있다. 그리고 조종사는 이륙을 시도할 것인지 말 것인지 결정을 내려야 한다.

조종사가 현재의 조건을 자세히 따져보지 않고 이륙에 자신이 있고 다른 이륙에서도 별 문제 없이 잘해냈기 때문에 이륙하기로 결정했다고 해보자.

그의 테이프의 내용은 '이봐, 난 항상 잘해 왔어. 난 늘 난관을 잘 극복해 왔어.'일 것이다.

테이프가 그를 좌우하는 상황에서 조종사는 위험을 알리는 경고 사인도 무시하고 그의 수완으로도 어찌할 수 없는 상황에 직면할 것이라는 사실도 무시한다. 내게 처음으로 비행을 가르쳐줬던 한 비행 교관은 다음과 같은 잊을 수 없는 말을 해주었다.

"저는 대담한 조종사들도 많이 봤고 나이 든 조종사들도 많이 봤습니다. 그런데 나이 든 대담한 조종사들은 만나본 적이 없습니다."

만약 그런 상황에서 당신이 탄 비행기의 조종사가 과거의 테이프로 인해 대담해진다면 당신은 끝내 죽음에 이를 수도 있다. 그의 테이프는 긍정적인 내용을 담고 있다는 점에서 긍정적인 것일 수 있지만 그것은 현재 상황에 기반을 둔 것이 아니다.

그러므로 그 말은 어떤 의미에서 보더라도 그 이상의 긍정적인 뜻을 가진다고 볼 수 없다.

나는 비행기를 탈 때마다 조종사가 1년, 2년 혹은 5년 전에 일어났던 일에 대해 그가 취했던 행동 방식을 답습하지 않고, 현재의 상황을 보고 자세한 정보에 입각한 실시간의 결정을 내리기 바란다.

당신이 처해 있는 상황이 어떠한 것이든 간에 그에 적절한 질문은 다음과 같다. "내가 이 상황을 처리할 수 있을까? 이것이 내가 원하는 것일까?" 만약 당신이 테이프에 좌우된다면 자신과 이런 대화조차 나누지 않을 것이다. 그 대신 그 상황에 대해 사전에 입력된 당신의 반응이 결과를 지배할 것이다. 그것은 일종의 무릎 반사와 같은 반응이다.

테이프라는 말을 떠올리면 나는 수년 전에 보았던 텔레비전 뉴스가 생각난다. 그 뉴스 보도는 텍사스에서 열린 성대한 가축 경연과 로데오 경기장에서 진행된 것이었다.

기자는 코를 틀어막고 인상을 잔뜩 찡그린 채 가축우리의 책임자인 거스라는 사람을 붙잡고 이렇게 물었다. "아이고! 거스 씨, 당신은 이 냄새를 어떻게 견디십니까?" 어리둥절한 표정으로 기자를 바라보던 거스가 대답했다. "무슨 냄새요?" 그는 그 환경에 너무 익숙해져 있었기 때문에 악취라는 생각이 전혀 들지 않았던 것이다. 악취가 깊게 스며들어서 거스는 감각이 마비된 것이었다. 그는 거기에 적응이 되어 버렸다.

테이프가 작동하는 것도 이런 식이다. 한때 당신도 그것을 의식하면서 들었던 적이 있을 것이다. 시간이 흐르면서 거기에 순응하다 보니 더 이상 그것을 자각할 수 없게 된 것이다. 악취가 이제 막 일상의 일부분이 되었다고 가정해 보자. 그렇다면 악취가 막 일상화된 그 순간이 잠시 물러서서 냄새를 맡아볼 수 있는 절호의 기회다. 나는 지금 당신이 자신에게 주어지는 메시지를 알아차리기를 바란다. 그렇게 되면 당신은 지금 여기서 선택을 할 수 있다.

다른 자기대화도 그러하지만 당신의 테이프는 당신의 DNA만큼이나 고유한 것이다. 그럼에도 불구하고 그것에 생각이 미치도록 하기 위해서는 많은 사람들의 머릿속에서 작용하고 있는 일반적인 테이프와 메시지의 목록들을 한번 살펴보는 것도 큰 도움이 될 것이다. 다음의 열 가지 테이프 내용 중에서 당신의 귀에 익숙한 것이 있는가?

1. 나는 좋은 경험을 할 수 없을 것이다. 우리 집안 꼴이 엉망이기 때문이다. 우리는 즐겁게 사는 법을 배운 적이 없다.
2. 나는 아주 못생겼다. 내 얼굴은 보통 사람들과 너무도 딴판이다.
3. 나의 미래는 과거와 별 차이가 없을 것이다. 과거와 같이 운도 안 따르고 얻는 것도 없을 것이다. 성공은 아예 꿈도 꾸지 말아야 한다. 내 팔자에 그런 것은 없다.
4. 나는 나쁜 짓을 했었다. 그것은 용서받지 못할 것이다. 죄책감은 내가 지고 갈 십자가다.
5. 나는 어렸을 때 성추행을 당한 적이 있다. 남자란 인간들은 자신들이 원하는 것을 충족시키기 위해 나를 이용할 것이고 내가 어떤 느낌을 갖는지는 관심도 없을 것이다.
6. 나는 빈민에 속한다. 나는 거기서 벗어날 수 없을 것이다. 그것을 바꾸기 위해 내가 할 수 있는 것은 아무것도 없기 때문이다.

7. 내 아버지는 인생의 낙오자였다. 나도 결국 아버지와 같은 인생을 살아갈 것이다.
8. 나는 사람들을 이끄는 위치에 있다. 사람들은 내가 강하고 타의 모범이 되기를 기대한다. 나는 결코 나의 약한 모습을 보여 줘서는 안 된다.
9. 게으름은 죄악이다. 그러므로 나는 한시도 쉴 수 없다.
10. 나는 사람들로부터 존중받고 대접받을 만한 가치가 없는 사람이다.

이 테이프들 중에서 한두 가지 혹은 그와 유사한 것들이 당신의 삶에서 돌아가고 있을 것이다. 나는 당신이 자신의 테이프에 대해 생각해 보기를 권한다.

다른 사람이 쓴 대본에 따라 살고 있지 않은가

당신의 테이프에 들어 있는 내용들에 대해서 좀 더 많은 사실을 알기 위해서는 내가 '고정된 믿음 fixed beliefs'이라고 부르는 것에 익숙해질 필요가 있다.

일반적으로 테이프가 특정 결과를 향해 전속력으로 내몰면서 당신 머릿속에서 돌아갈 때면, 그 테이프가 명령을 받는 곳은 최상위의, 가장 강력하고 조직적인 지각(perception: 뇌가 감각 기관으로부터 환경에 대한 일련의 정보를 받아들인 다음 이러한 정보를 이용해 유기체가 그 환경을 이해할 수 있도록 하는 과정 – 역주)에서다.

이와 같이 조직화된 지각, 세계관을 고정된 믿음이라고 한다. 고정된 믿음은 세상 속에 처해 있는 자신의 위치에 대해 전반적인 이해를 가능하게 해준다. 그것들이 '고정되었다'고 하는 것은 더 이상 거기에 새로운 정보를 덧붙일 수도, 뺄 수도 없기 때문이다. 그것들은 고정되어 변하지 않는 지각이다. 고정된 믿음은 자신이 어딜 가든 늘 따라다니며 인생의 모든 부분에서 기초가 된다. 그것들은 자신이 지닌 현실적 가치와 인간으로서 지닌 기본적 가치, 그리고 중요한 특징과 성격에 영향을 미치며 자신의 영역이 어디까지인지를 말해 준다.

당신의 주된 관심이 이성 관계든 일에서의 성공이든, 아니면 자식 혹은 배우자와의 상호 관계든 간에 고정된 믿음은 그것에 강력한 영향력을 행사한다.

고정된 믿음은 '꼭 해야만 한다.' 혹은 '반드시 하겠다.'와 같은 말과 함께 표현된다. 실제로 그것들은 당신이 어떤 특정한 인생관을 따를 것을 요구하며 다른 사람들이 하고 있는 역할을 방해하거나 어지럽히지 말 것을 요구한다.

만약 당신의 믿음이 고정된 것이 아니라면 그것에 대해 끊임없이 질문을 해대고 당신의 인생에 부과된 질서를 어지럽힐 수 있는 새로운 기대를 가질 것이다. 반대로 고정된 믿음은 당신이 과업을 수행할 수 있도록 늘 거기에 존재한다.

고정된 믿음은 이 세상 속에서 당신에게 주어진 위치를 벗어나지 않도록 해주고 당신이 삶에서 기꺼이 받아들이게 되는 것의 한계를 설정한다.

고정된 믿음을 다루기 위해서는 그것을 제대로 이해해야 하는데, 가장 손쉬운 방법은 그것들이 자신이 삶에서 수행할 역할을 규정한다는 것을 이해하는 것이다. 다시 말해서 고정된 믿음이 어떤 것인지를 알게 되면 자신의 인생을 관통하고 있는 인생 대본이 무엇인지 알게 된다.

텔레비전의 저녁 뉴스를 보면 모든 뉴스 앵커의 귀에 전자 장치가 부착되어 있는 것을 알 수 있다. 그것은 화면 뒤에 있는 연출자가 지시하는 내용을 듣기 위한 작은 수신 장치다. 어떤 질문을 할 필요가 있다거나 뉴스가 엉뚱한 데로 흐른다거나 광고를 내보내야 한다거나 할 때 연출자가 명령을 내리는데 그 말은 오직 앵커만이 들을 수 있다. 그런 조그만 이어폰 같은 기계 장치 덕분에 앵커는 '대본대로' 뉴스를 진행할 수 있는 것이다.

이와 유사한 방식으로 우리도 인생을 어떻게 살라고 지시하는 말들로 채워진 인생 대본에 따라 살고 있다.

대본이란 무엇인가? 대부분 대본이 연극에 의미를 부여하는 것이라는 데 동의할 것이다. 그리고 대본은 연극 전체에서 필요한 선택들, 예컨대 대사, 의상, 배역, 로케이션, 무대 장치에 영향을 미친다는 것에도 동의할 것이다.

몇 차례의 리허설을 마치면 배우들은 대본을 치우고 극중 인물이 '되려고' 한다. 그때부터 대본은 종이 위에 쓰여진 단어들의 묶음이 아니다. 배우들은 더 이상 대본을 읽지 않지만 그것은 이제 배우의 머릿속에서 살아 움직이고 배우의 행동과 대사를 이끌어내면서 생생하고 역동적인 것이 되어 간다.

연극에서 한 배우가 혼자 제멋대로 연기를 하는 것은 아무도 원하지 않는다. 그것은 예정된 흐름을 혼란에 빠뜨리고 많은 불편을 초래한다.

그렇다면 당신의 경우는 어떤가? 당신은 대본에 따라 인생을 살고 있는가? 당신에게 주어진 역할이 있는가? 몇 마디 대사가 있는 역인가? 당신은 당신이 역할 밖의 즉흥적인 행동을 함으로써 생길 불편을 용납받지 못할 것 같아서 두려워하고 있지는 않은가?

만약 당신이 어린 시절에 다른 사람에 의해 작성된 대본에 따라 살고 있다면 당신은 그 대본이 어떤 것인지 알겠는가? 당신은 자신에게 주어진 대본에 충실하게 살고 있는가? 만약 그 대본을 새로 쓸 수 있다면 어떤 내용의 대본을 쓰겠는가?

대본에 따르면 자신이 진정 원하는 것을 추구하는 데 평생을 다 바쳐야 하는가, 아니면 이미 오래 전에 자신이 원하는 것을 얻을 수 있노록 되어 있는가? 당신은 대본을 훌쩍 뛰어 넘었는가, 아니면 그냥 대본에 따라 살고 있는가?

인생의 대본은 고정된 믿음이라고 부르는 기반 위에서 형성되고 거기서 힘을 얻는다. 고정된 믿음은 당신이 하고 있는 역할이 무엇인지를 보여준다.

당신이 자신의 대본을 그토록 오랫동안 열심히 연습했기 때문에 자신의 가능성과 책임에 대한 믿음이 고정되고 반석처럼 굳어진다. 그런데 나는 그 반석을 조금씩 깨려 한다.

당신의 대본이 고정된 믿음에 얼마나 의존하고 있는지 좀 더 자세히 살펴보도록 하자.

고정된 믿음은 '행동'을 묘사해 준다. 또한 당신이 자신의 인생에서 일어나는 사건들을 이해할 수 있는 틀을 마련해 주고 그 일어난 사건에 대한 당신의 반응에 영향을 미친다.

고정된 믿음은 당신이 할 말도 준비해 준다. 자기대화가 대사를 준다면 고정된 믿음은 너무 엉뚱한 데로 나가지 않도록 그 대사를 검열하는 일을 한다. 그리고 앞으로 일이 어떻게 진행될지 보여주고 결과에 대해 기대감을 준다. 고정된 믿음은 모르는 것이 나타나도 당신이 익숙한 것이 있는 쪽으로 향하게 함으로써 미지의 것에 대한 두려움을 없애준다.

당신이 궤도에서 이탈한 것 같거나 통제력을 상실한 것 같으면 고정된 믿음이 안전지대를 마련해 준다. 대본을 움켜쥐고 끙끙대는 배우의 모습처럼 당신은 자신의 고정된 믿음으로 돌아가면 된다. 그것을 보면 무슨 말을 해야 할지 어떤 행동을 해야 할지 알 수 있어 당신은 마음의 평정을 되찾고 편안함을 느끼게 된다.

고정된 믿음은 우리 인생의 '배역'에도 영향을 미친다. 그것은 자신의 인생에 누구를 참여시키고 누구를 뺄 것인지에 대한 자신의 선택을 대신해 준다. 또한 고정된 믿음은 무대 장치에도 영향을 미친다. 즉 자신의 인생이 펼쳐질 장소와 환경에 영향을 미친다. 그리고 의상과 가면에 대해서도 한마디 거든다. 자신을 세상에 선보일 때 어떤 외모와 복장, 그리고 스타일을 하고 나타날 것인지에 대해서도 조언을 해준다.

다음은 고정된 믿음을 이해하는 데 필요한 것들이다. 우리가 고정된 믿음을 따른다고 할 때, 즉 대본에 따라 산다고 할 때 우리는 대본에 수정을 가하는 것을 거부할 것이다. 더 큰 행복이나 더 큰 평안함을 느껴본 적이 없었음에도 어떤 사건이 고정된 믿음을 거스르기라도 한다면 우리는 운명을 생각하지 않을 수 없게 된다.

그 때의 자기대화는 이런 식이 될 것이다.

'난 이제 곧 죽을 거야. 내 운명은 이런 것이 아닌데. 나의 본분은 이런 것이 아닌데.'

자신의 대본이 불행한 내용을 담고 있다면 불행해져야 한다. 대본에는 '행복'이 없기 때문이다. 그러므로 행복의 감정을 느끼는 대신 무언가 잘못됐다고 느끼거나 폭풍 전의 고요라는 생각에 두려움을 갖게 된다.

어떤 사람들은 고정된 믿음과 인생 대본으로 변화에 힘겨움을 겪기도 한다. 조시아 주에서 왔던 변호사들이 생각난다. 그들은 곧 있을 크고 복잡한 재판 전략을 논의하기 위해 우리 사무실을 방문하기로 되어 있었다. 관례대로 나는 그들에게 모든 편의시설이 다 갖춰진 쾌적하고 편리한 고급 호텔을 잡아 주었다.

방들은 넓었고 저녁 회의를 할 만한 공간도 많았으며 하루 24시간 룸서비스가 제공되었다. 게다가 매우 조용하고 다른 투숙객들을 신경 쓸 필요가 없었다. 둘째 날 아침에 우리는 그들이 회의에 참석할 수 있도록 차를 보냈다. 그런데 변호사들이 온데간데없이 사라져 버렸다. 프런트에서는 그들이 지난밤 체크아웃을 하고 나갔다고 했다.

얼마 있지 않아서 변호사 전원이 밤새 개들에게 쫓겨 다닌 듯한 모습으로 회의실에 나타났다. 웅성거림이 잦아든 뒤에 우리는 그들에게 왜 호텔에서 나갔느냐고 물었다.

그 대답은, 내가 알고 있는 바에 의하면 군대의 막사와 별 차이가 없는 어떤 호텔로 옮기기 위해서였다.

그곳은 30분 이상 에어컨을 틀어 주지 않고 귀가 멍멍할 정도로 시끄러운 고속도로 옆에 위치해 있었다. 결국 변호사들은 창문을 열고 소음과 바람을 맞으며 잠을 잘 수밖에 없었다. 또한 방이 너무 작았기 때문에 그들은 대부분의 옷가지며 소지품들을 빌린 차에 둘 수밖에 없었다.

이들 변호사들이 얘기하는 것을 가만히 듣고 있노라니, 제아무리 공짜로 고급 호텔에 머무를 수 있다고 해도 창문을 활짝 열고 바깥 공기를 마실 수 있고 담배도 마음대로 피울 수 있는 여인숙 같은 곳을 더 편하게 여겼다는 것을 알 수 있었다. 그들 말의 요지는 방이 너무 크고 조용했기 때문에 고급 호텔에서는 마음 편히 머무를 수 없었다는 것이었다.

요컨대 그들은 자신들이 경험해 보지 못한 환경에서는 불편함을 느꼈다. 그들의 고정된 믿음과 인생의 대본에는 특실 서비스와 편의시설이 존재하지 않았고 잠시라도 인생의 대본에서 벗어나는 것을 그들은 견딜 수 없었다.

당신도 이런 식으로 자신의 인생을 살아가고 있지 않은가? 당신의 자기대화는 다음과 같은 소리를 내고 있지 않은가?

- 나는 조금 모자란 것으로 충분하다.
- 나는 이것을 할 수 없다.
- 나는 결코 저 사람이 이룬 만큼 성취할 수 없을 것이다.
- 나는 그들이 누리는 것을 누릴 자격이 없다.
- 나는 여기서 기만되고 있다는 것을 안다. 하지만 나는 언제나 불만에 가득 찬 사람이 아닌 좋은 사람이어야 한다.
- 나는 항상 2인자였다. 누군가가 결정을 내려주면 나는 일을 더 잘한다. 나는 일을 잘 처리할 수는 있지만 지도자로서의 자질은 없다.

중요한 것은 대부분의 고정된 믿음이 제한적인 믿음이라는 사실이다. 우리가 스스로에 대해 확고하게 믿는 것들의 내용은 하나같이 부정적이다. 그러므로 우리는 자신에게 그것이 어떤 것이든 간에 우리가 할 수도 없고, 할 자격도 되지 않고, 할 능력도 없는 것이라고 말한다.

제한된 믿음은 아주 강력한 힘으로 스스로를 꼼짝 못하게 한다. 그래서 자유의 가능성이라든가 불행의 쳇바퀴에서 벗어나는 것은 오히려 재난을 초래할 것만 같다고 느끼게 한다.

제한된 믿음이 원래 목록에 있는 것이든 전혀 새로운 것이든 그것에 의혹의 눈길을 던지는 것 자체가 하나의 위협이다. 사람들이 스스로를 그토록 제한하는 것을 보면 그저 놀라울 따름이다.

우리는 인생 대본에 입각해서 환경을 선택한다. 수입의 정도와 인간관계, 생활방식을 설정한다. 말로는 더 많은 것을 원한다고 하지만 실제로 변화를 향해 나아가는 것을 매우 힘들어한다. 놀랍게도 사람들은 누가 봐도 더 나은 생활방식임에도 그것이 익숙하지 않다는 이유로 그보다 못한 기존의 익숙한 생활방식을 택한다.

명심할 것은 당신만 유일하게 그 고정된 믿음을 바탕으로 활동하고 있는 것은 아니라는 사실이다. 다른 사람들도 당신의 인생 대본, 즉 당신이 어떻게 행동하고 무슨 말을 하고 무슨 일을 하는가를 주시하면서 활동한다.

그래서 당신이 대본에서 벗어나려고 하면 다른 사람들은 커다란 불안감을 느낀다. 당신이 자신의 고정된 믿음을 버리기로 마음먹으면 주변의 다른 사람들로부터 환영받지 못할 수도 있다. 그들이 갖고 있는 당신에 대한 고정된 믿음에 혼돈을 가져오기 때문이다. 더 나은 쪽으로의 변화라 할지라도 거기에는 고통이 따른다.

어떤 사람이 "당신은 자신의 인생에서 어떤 대본에 따라 생활하고 있나요?"라고 물으면 당신은 뭐라고 대답할 것인가? 자식을 기르는 엄마, 자식을 끔찍이 아끼는 부모, 현모양처, 성실한 남편, 성공한 사업가, 백만장자?

그도 아니면 당신은 자신의 의지는 조금도 섞이지 않은 자연발생적인 가족 관계를 기준으로 자신을 규정하는가? "나는 존 스미스와 매리 스미스의 딸이다." 만약 그렇다면 당신은 집안을 기준으로 쓰여진 대본에 따라 살아가고 있는 사람인가?

연습하기

테이프 평가하기

이 장의 서두에서 자신의 테이프가 과잉학습된 까닭에 그것이 작동되는 속도가 거의 순식간이라는 것을 알았을 것이다. 한 가지 희소식은 그 속도를 늦출 수 있다는 것이다. 당신은 테이프의 소리를 들을 수도 있고 그것을 분석하는 것이 가능할 만큼 속도를 늦출 수도 있다.

방법은 의식적으로 귀를 기울이고 인생의 여러 시기에서 스스로가 믿었던 바가 무엇인가에 관한 중요한 질문을 던지는 것이다. 당신의 인생에서 돌아가고 있는 테이프는 어떤 것인가?

| 연습 1 |

당신이 지금 아주 존경하는 사람을 만나러 가는 중이라고 하자. 그는 유명한 사람일 수도 있고, 부자일 수도 있고, 권력을 가진 사람일 수도 있다. 그 이유가 무엇이든 그는 당신이 경애해 마지않는 사람이다. 일반적인 경우에 당신은 그를 만나기 전에 아무런 의문도 품지 않을 것이다. 그냥 만나러 가면 되는 것이다.

이와 같은 가상의 만남을 계기로 나는 당신이 자기 자신에게 조심스럽게 의문을 제기해 보았으면 한다. 이런 경우에는 솔직하면서도 철저한 태도를 취하는 것이 무엇보다 중요하다.

이 만남을 고대하면서 당신은 자신에게 구체적으로 어떤 얘기를 하는가? 시간을 두고 찬찬히 생각한 뒤에 그 만남의 시간이 가까워질수록 당신의 느낌이 어떻게 변하는지 종이에 적도록 한다. 당신이 적는 것은 당신 자신과 당신에게 알맞은 모습, 그리고 당신의 현실적 가치와 당신의 정신적 가치를 수록한 테이프의 중요한 내용이 될 것이다.

만약 당신이 위협을 느낀다면 그것을 인정하도록 한다. 두렵고 불안하고 벙어리가 된 것 같고 하찮은 존재가 된 것 같은 느낌이 든다면 스스로 그것을 인정하도록 한다.

|연습 2|

다음 일주일 동안은 아침에 일어나 그날 하루에 대한 마음가짐과 기대하는 바에 대해서 적어 본다. 당신은 낙관적인가? 두렵거나 불안한가? 마음이 쓰라리고 후회가 막심한가?

어쩌면 "나는 항상 어떤 일을 할 때 추진력이 부족하다. 어떤 일에서 최상의 위치에 서본 적이 없다. 오늘은 다른 날과 다름이 없을 것이다."와 같이 쓸 수도 있다.

명심할 것은 의식의 차원에서는 활기찬 대화를 하면서도 동시에 아주 덜 낙관적인 테이프가 돌아가고 있는, 실시간으로 작동하는 당신의 자기대화에 대해 말하고 있는 것은 아니라는 사실이다.

테이프가 특정 결과를 예상한다는 사실을 기억할 것이다. 따라서 내가 말하고자 하는 것은 철저히 마음 밑바닥으로 내려가 당신이 오늘 하루 어떻게 지내기를 바라는가에 대해 자신에게 물어보라는 것이다.

|연습 3|

직장 상사가 당신에게 오늘 4시에 만나자는 전갈을 보냈다고 하자. 결정적인 계기-직장 상사라는 존재-가 없다면 당신의 상황에 맞게 당신에게 어떤 권위를 내세울 법한 위치에 있는 중요한 사람으로 대체한다. 가령 집주인이라든가 목사님이라든가, 아니면 배우자의 직장 상사라든가.

이 연습은 네 번 실시하도록 한다. 매번 다음과 같이 다른 상황을 설정해서 실시하도록 한다.

1. 당신은 자신이 실수를 했다는 것을 안다.
2. 당신은 뭔가 다른 나쁜 소식이 있을 것임을 안다.

3. 당신은 도대체 왜 보자고 하는 것인지 알 수가 없다.
4. 당신은 그가 당신이 한 일에 대한 평가를 할 것임을 안다.

자, 이번에는 당신과 개인적으로 관련된 사람을 이 상황에 포함시킨다. 배우자, 친척, 친구 혹은 자식이 당신에게 나중에 얘기 좀 할 수 있느냐고 묻는 경우를 상상해 보자.

이 연습을 다음과 같이 조금씩 다른 네 가지 상황에서 해보도록 한다.

1. 당신은 인간관계에 문제가 있다.
2. 당신은 최근에 뭔가 좋지 않거나 힘들거나 잘못된 일을 겪었다.
3. 당신은 도대체 왜 보자고 한 것인지 알 도리가 없다.
4. 당신은 아주 오랫동안 이 사람과 아무 말도 하지 않았거나 깊은 속내를 얘기해 본 적이 없다.

의식적인 자기대화 이면에 존재하는 모든 생각들을 적도록 한다. 즉 스스로 위와 같은 질문을 던지고 자신이 예상하는 바가 무엇인지를 알려고 할 때 마음속에 떠오르는 모든 생각을 적으라는 것이다.

[테이프 평가하기]

당신의 테이프를 돌아볼 때 어떤 유사성이라든가 패턴 같은 것을 찾을 수 있는가? 당신이 이런 식의 부정적인 자기대화와 결부시키는 어떤 특정한 시나리오가 있는가? 예를 들어 당신의 테이프는 일 관계로 빚어지는 만남들과 관련이 있는가? 아니면 가족이나 아는 사람에 관한 것인가?

노트를 보면서 이처럼 공통적으로 나타나는 실마리나 패턴이 어떤 것인지를 파악한다.

| 연습하기 |

인생 대본 평가하기

| 연습 1 |

　당신이 살아오면서 맡았던 대본 속의 모든 역할에 대해 잠시 생각해 보자. 친구, 노동자, 자애로운 부모, 교수, 운동선수, 배우자, 환자, 누구누구의 아들 혹은 딸 등 그 종류는 매우 많을 것이다.

　맨 먼저 당신이 하고 있는 역할-엄마, 알코올 중독자를 남편으로 둔 아내, 괴짜-에 따라 그것에 어울리는 대본의 이름을 붙인다. 그러고 나서 그 대본에서 요구하는 활동이나 행동을 간단한 용어로 나열한다. 여기서 당신의 목적은 당신이 대본에 쓰여진 대로의 역할을 하기 위해 실제로 한 일이 무엇인가를 기억해 내는 것이다.

　다음으로는 그 역할을 수행했을 때 다른 사람들의 반응이 어떠했는가를 한두 문단으로 묘사한다. 당신의 역할이 대본 속에 있는 다른 사람들로부터 이끌어 낸 것은 무엇인가?

　하나의 역할과 대본에 대해 첫 번째 연습을 마쳤으면 당신이 다른 역할과 대본으로 넘어간다. 이런 식으로 하나씩 같은 절차에 따라 적어 나간다.

| 연습 2 |

　이제 당신이 따랐던 대본 중 몇 가지를 확인해 보았으므로 다시 대본들로 돌아가서 다음과 같은 연습을 해본다.

1. 당신이 원하는 삶의 모습과 가장 일치하는 역할, 다른 사람에게 스스로에 대해 얘기할 때 떳떳할 수 있고 상대방이 자신에 대해 알아주었으면 하는 역할은 어떤 것인가? 당신이 정말 즐거운 마음으로 수행했던 역할은 무엇인가? 그 역할에 동그라미를 친다.

2. 이와 비슷하게 다른 사람에게 자신에 대해 얘기할 때 가장 숨기고 싶은 역할은 어떤 것인가? 정말로 하기 싫어했던 역할 옆에 체크를 한다.

3. 긍정적이든 부정적이든 당신이 확인한 모든 대본에서 당신으로 하여금 특정한 대본에 따라 살도록 만드는 데 가장 큰 역할을 했던 사람에 대해 두 문단 정도 적는다. 그러고 나서 그들이 당신에게 그런 역할을 부여한 까닭과 그들이 거기서 얻은 것에 대해 두 문단 정도 적는다.

나만의 인생 대본을 쓰라

여기서 할 일은 인생 대본을 평가하고 그것들 간의 의미를 밝히는 것이다. 당신은 어떻게 그것들이 한데 모여 당신이라는 사람을 규정해 왔는지, 그리고 각각의 역할과 대본들이 당신으로 하여금 진정한 자신의 모습에 가까워지도록 만들었는지, 아니면 더 멀어지게 만들었는지를 규명하고 싶을 것이다.

어떤 대본이 자신의 참된 자아와 일치하는지를 아는 것은 매우 중요하다. 대본에 대한 자신의 감정적 반응을 보면 이런 문제에 대한 아주 생생한 실마리를 얻을 수 있다.

미식축구를 특히 좋아하던 한 친구가 있었다. 그는 중학교, 고등학교, 대학교, 그리고 프로팀에서 계속 선수로 뛰었다. 하지만 부득이하게도 그의 전성기는 빨리 마감되어 버렸고 그는 어쩔 수 없이 미식축구를 그만두어야 했다.

  하루는 그가 내게 자신은 늙고 지치고 상처를 입었다고 털어놓았다. 나는 그에게 인생의 최고 전성기였던 지난 선수 시절을 떠올려 보라고 말했다. 그리고 인생의 대본을 뒤로 돌려 마음속으로나마 다시 유니폼을 입어 보라고 했다. 눈앞에서 그가 신체적으로 변화하는 모습을 보는 것은, 결과를 이미 예상하고 있었던 내게도 등골이 오싹할 정도로 놀라운 일이었다.

  원기를 회복하고 눈이 총명해진 그는 꼿꼿한 자세로 고쳐 앉았다. 목소리에는 자신감과 힘이 넘쳤다. 그는 가슴으로부터 그가 너무도 사랑한 자신의 역할을 할 때 가졌던 감정과 근육에 대한 기억을 일깨웠다. 잠깐 사이에 그 역할에 대한 생각에서 비롯된 감정만으로 그는 전혀 다른 사람이 되었다.

  요점은 우리가 수행한 역할과 결부된 감정이 매우 강력하다는 것이다. 내 친구의 경우처럼 그 감정이 긍정적인 것인가, 부정적인 것인가에 관계없이 그에 결부되어 있는 감정은 매우 강력한 것이다. 자신의 삶에서 어떤 역할이 어떤 감정을 유발하는지를 아는 것은 중요한 일이다.

  그것을 파악하는 방법은 다음과 같다.

  스스로 작성한 목록을 가지고서 각각의 대본 속으로 한 번씩 자신을 투사하고서 몇 분 동안 그 속의 인물이 되어 이야기 해보는 것이다. 그러고 나서 그것을 큰소리로 말한다.

  예를 들어 '어머니'라는 역할의 대본을 골랐다면 자식을 키우는 사람으로서 당신이 큰소리로 말했음직한 것을 얘기한다. 가령 이런 식으로 말할지 모른다.

"자, 따뜻하게 옷을 입어라. 감기 걸리면 안 되니까. 엄마는 너희들을 사랑해. 그러니까 걱정 끼치지 않는 것이 좋겠지. 옷을 꼭 껴입고 나가 놀아라. 조심해라. 잠깐, 다시 한 번 엄마 말 들어라. 한 시간마다 들어와서 내가 안심할 수 있도록 해야 한다."

나는 당신이 살펴보고 있는 이 첫 번째 대본이 나쁘다거나 좋다고 말하는 것이 아니다. 모든 대본에는 거기에 결부된 감정이 있기 마련이고 나는 특정한 역할을 맡았을 때 당신이 느끼는 것에 주목하기를 바란다.

따라서 당신이 자신에게 생겨난 느낌과 감정을 파악할 수 있도록 길게 얘기하는 것이 필요하다. 그 감정은 긍정적일 수도 있고, 이렇다 할 동요가 생기지 않는 것일 수도 있고, 혹은 불안과 분노를 유발시키는 것일 수도 있다.

끝으로 당신에 관한 대본을 아무런 제한 없이 선택한 뒤에 그것을 가능한 아주 구체적으로 적도록 한다. 어떤 사람의 기분을 헤아려 준다거나 그것이 적절한가 아닌가를 따진다거나 하는 일은 하지 않는다. 그냥 상상 속에서 활개를 칠 수 있도록 잠시 자신을 내버려 두도록 한다.

만약 자신이 원하는 일을 할 수 있다면 당신은 어떤 대본을 선택할 것인가? 당신은 어떤 감정을 느끼고 그 감정을 누구와 공유하고 싶은가? 이 작업을 하기 위해서는 당신의 주의력과 의지가 분산되어서는 안 된다. 이 가상의 대본에 충분한 시간과 정력과 창의성을 부여하면 이것이 실제적인 의미를 가질 수 있다.

지금쯤 당신은 자신에 대해 쓰고 싶은 이야기와 그 속에서 하고 싶은 역할에 대해 진지하게 둘러봤으리라 생각한다. 또한 자신의 마음속에 올바른 대본을 가졌을 때 어떤 느낌이 드는지를 깨달았을 것이다. 그것은 주변 사람들의 기대와는 전혀 다른 대본일 수도 있다. 하지만 인생 대본은 그 누구의 것도 아닌, 바로 자신의 것이다. 자신이 쓴 대본을 갖고 무엇을 하느냐 하는 것은 오로지 자신에게 달렸다.

이제 내가 원하는
진짜 삶을 살자

SELF MATTERS
어제와 다른 오늘

> 비행을 하면서 저는 태평한 마음을 갖거나 과신하는 것이 차분한 마음으로
> 위험을 인정하는 것보다 훨씬 더 위험하다는 것을 알았습니다.
> – 윌버 라이트

이 책 앞부분에서 나는 우리의 삶을 일련의 고리로 연결된 사슬로 생각할 수 있다는 얘기를 한 적이 있다. 당신은 이제까지 그 중요한 연결 고리들을 찾기 위해 애를 썼다. 이제는 애써서 했던 작업들을 한데 모으고 그것이 자신에게 의미하는 바를 판단하고 그것을 위해 해야 할 일의 계획을 짜야 할 시간이 되었다.

나는 우리가 살면서 하는 일은 삶이라는 사슬이 우리의 과거와 현재와 미래를 연결하는 과정에서 생겨난 산물이라는 생각을 한다.

그것이 허구적인 것이든, 아니면 참된 것이든 당신의 자아개념은 이러한 연결 과정에서 생겨난 것이다. 사슬이 어떻게 형성되어 나라는 사람으로까지 발전되어 왔는지를 파악하는 것이 지금까지 이 책의 주제였다.

이 장의 주제는 자신이 원하는 사슬과 자아개념을 만들어 내는 것이다. 나는 당신으로 하여금 지난 삶을 되돌아보게 함으로써 이 작업을 시작했다. 미래에 어떤 행동을 할 것인가를 가장 잘 보여주는 지표는 바로 과거의 행동이라고 믿기 때문이다. 이런 내 생각이 옳다면 당신의 역사라는 사슬을 이루고 있는 고리들이 당신의 미래를 예견해 보여줄 것이다.

많은 사람들은 이 말의 의미를 과거가 엉망이면 미래도 엉망이라는 식으로 받아들인다. 그렇지만 당신도 그러리라는 법은 없다. 당신은 자신의 사슬을 끊고 새로운 사슬을 엮어나감으로써 타성의 방향을 바꿀 수 있다. 일단 현재의 삶에 영향을 미치는 과거의 통제력에 어떤 고리들이 엮어져 있는가를 알게 되면 당신은 어디에 자신의 온 정력을 쏟아부어야 하는지 알 수 있다. 새로운 미래를 바란다면 먼저 새로운 역사를 만들어 내야 한다.

처음에는 새로운 역사를 하루 단위로, 그 다음에는 1주일, 한 달, 1년 단위로 늘려간다. 이런 식으로 하다 보면 당신은 곧 온전히 다른 미래를 예견해 보여주는 전혀 새로운 역사를 갖게 될 것이다.

만약 당신이 수년 동안 매일 먹고 마셔댔다면 올해도 당신은 그렇게 먹고 마셔댈 것임을 충분히 예견할 수 있다. 하지만 단 하루라도 당신이 다른 모습을 보여준다면 당신의 삶은 재빨리 거기에 반응을 보인다. "이봐, 이건 뭐야? 새로운 시도야?" 새로운 행동을 하는 하루가 쌓일 때마다 새로운 예측은 더욱더 단단해지고 정확해진다. 이제 이런 시도는 낡은 사슬을 부수고 새로운 사슬을 만들어 나가기 시작한다.

우리가 낡은 사슬에 그 많은 시간을 쏟아부었던 이유는 당신이 자신의 눈을 가린 안대를 풀고 과거의 어떤 부분이 현재의 어떤 부분과 연결되어 있는가를 정확히 알 수 있도록 하기 위함이었다. 자, 이제 당신은 모든 것을 알고 있다.

살면서 겪은 외적인 경험과 그에 대한 내적인 반응들은 평생 자신을 규정해 온 자아개념을 확고히 했다. 대장장이가 달군 쇠를 모루에 올려놓고 망치로 두드리고 벼리듯이 자아개념을 만드는 과정도 이와 다르지 않다.

당신은 스스로에게 내적인 지각과 자기대화를 마구잡이로 주입했고 자신의 인생에서 만난 사람들의 행동과 말에 의해 연마되고 형성되어 왔다. 당신의 결정적인 사건, 중요한 선택, 그리고 중심적 인물들은 자아개념이라는 쇠를 마구 내려치던 망치들이었다.

그처럼 벼리고 연마하는 대부분의 과정이 자신도 모르는 가운데 일어났다. 뒤를 돌아보건대 당신은 말을 배우기 전부터 이미 인생이라는 사슬이 당신의 목을 휘감고 있었다고 느낄지 모른다. 사슬이 스스로를 꽁꽁 묶어서 당신은 꼼짝달싹하지 못하고 숨을 옥죄는 듯한 느낌을 받았을지 모른다.

이미 얘기했지만 스스로가 모르는 것을 바꿀 도리는 없다. 당신을 묶어 놓은 인생이라는 사슬의 고리들을 제대로 알면 끊고 버려야 할 고리들이 참된 자아로 가는 길을 보여줄 것이다.

이제 자신의 인생을 벼리는 대장장이가 되어야 한다. 그동안 살면서 외적, 내적인 힘들에 의해 수동적으로 끌려다니던 것을 멈출 때가 온 것이다.

이제는 의식적으로, 그리고 능동적으로 그 힘들을 통제하고 이끌어 나가야 한다. 그렇게 한다면 자신의 자아개념을 세상이 규정한 허구적 연결 고리의 끝에서 자신이 규정한 참된 연결 고리의 끝으로 옮겨놓을 수 있게 된다.

지치고 낡고 무의미한 역사에 바탕을 둔 방향으로 나아갈 것이 아니라 바로 지금 여기에서 약동하고 있는 힘에 바탕을 둔 새로운 방향으로 나아갈 때다. 당신은 자신이 진정으로 가치를 두고 소중하게 생각하는 모습이 될 수 있고 또한 그런 힘을 창출할 수 있다.

자신의 삶과 자아개념을 다시 정의하기 위해서는 첫째, 구체적인 도구를 갖춰야 하고, 둘째 지금까지 모아온 모든 정보들을 평가하고 사용하는 데 있어서 솔직하고 대담한 모습을 보여주어야 한다. 자신이 찾은 정보들 가운데는 추하게 느껴지고 불쾌한 것들도 있을 것이다. 하지만 지금은 그것에 대해 뭔가 조치를 취해야 할 때다. 행동이 따르지 않는 통찰은 자신의 책임을 방기하는 것보다 더 나쁜 결과를 가져온다.

자신의 삶의 모습을 파악하는 데 필요한 힘든 작업을 하다가 멈춰서서는 다시 옛날의 힘겹고 따분한 상태로 돌아가는 것은 바람직하지 않다. 있는 그대로의 진실을 효과적으로 다루고 중요한 변화를 이끌어 내기 위해서는 책임감 있는 행동을 보여주어야 한다.

내가 말하고자 하는 것은 이제까지 당신을 억눌러 왔던 굴레에서 벗어나 인생의 질을 극대화하고자 한다면 현실을 직시할 수 있는 용기를 갖고 자신의 삶의 양식을 외적, 내적인 측면에서 변화시키는 데 적극적으로 나서야 한다는 것이다.

당신이 행한 선택에 대해서 눈 가리고 아웅하는 법도, 변명도, 남을 탓하는 것도 용인되지 않는다. 어떤 자아개념에 가치를 부여하고 그것을 유지할 것인지는 당신이 결정해야 한다.

이제는 참된 진실에서 허구적인 쓰레기를 솎아내 버리고 자신의 진정한 모습을 찾아내서 그것에 따라 살아가야 할 때다.

명심할 것은 자신의 역할을 솔직한 마음으로 능동적으로 선택하기 위해 그동안 수동적으로 받아들였던 역할의 일부를 거부한다고 해서 주위 사람들이 분노하는 것은 아니라는 사실이다.

이 과정을 빨리 처리하고 싶다면 자신의 자아개념이 형성된 방식에 대해 그동안 알게 된 사실을 한번 찬찬히 되새겨 보자. 그러면 당신은 이제 앞으로 나아갈 만반의 준비가 된 것이다.

SELF MATTERS
진짜 나답게 살기 위한
5단계 실천 매뉴얼

우리는 자신을 구차한 존재로도 만들 수 있고 강한 존재로도 만들 수 있는데
그때 들이는 공은 똑같다. – 카를로스 카스타네다

이제 진정한 나로 거듭나기 위한 계획의 구체적인 부분을 살펴보자. 일단 이 5단계 계획을 간단하게나마 살펴본 뒤 옛날에 내 환자였던 어떤 여성의 인생사와 그녀의 인생 사슬에 대한 이야기를 나눠볼까 한다.

우리는 그녀가 어떻게 이 다섯 단계를 자신의 삶에서 적용해 나갔는지를 살펴볼 것이다. 그 다음은 당신의 차례다.

1단계 : 인생 사슬의 첫 고리를 찾는다.

계획을 실행에 옮기기 위해서는 궁극적으로 오늘날과 같은 자아 개념을 만들어낸 인생 사슬에서 가장 강력한 첫 고리가 어떤 것인지를 이해하는 것이 중요하다. 이 사슬에서 첫 고리에 해당하는 것

은 우리가 이미 다루었던 외적인 요인들로 결정적 사건이 있고, 중요한 선택이 있고, 중심 인물이 있다.

언급한 바와 같이 이미 일어난 외적인 사건들을 바꿀 수는 없다. 그렇다고 해서 절망할 필요는 없다. 진정한 힘은 당신의 내적인 요인에 있기 때문이다.

내적인 반응의 다섯 가지 영역에서 모든 왜곡이 사라지고 진정한 자신의 모습과 일치하는 쪽으로 스스로의 자아개념과 삶을 다시 정의할 수 있는 도구와 기회를 찾을 수 있다.

2단계 : 그 사건에 대해 자신이 어떻게 생각하는지 살펴본다.

일단 계기가 된 사건을 가려냈다면 그것에 주의를 집중하여 자신이 그 사건에 대해 어떻게 반응했고 어떻게 그것을 내재화시켰는지를 살펴본다. 한꺼번에 인생 전체에 대해 생각하는 일은 부담스러운 것이지만 우리는 이와 같은 개인적인 감사勘査와 분석을 한 번에 한 단계씩 처리할 것이다.

"코끼리를 어떻게 먹지?" 대답은 이렇다. "한 번에 한 입씩." 당신에게는 다 먹어치워야 하는 코끼리 한 마리가 있다는 것을 명심하라. 이제 당신이 할 일은 코끼리의 귀를 잡고 먹어 치우기 시작하는 것이다. 당신은 스스로가 알아차리기도 전에 많은 진척을 보게 될 것이다.

여기서도 마찬가지다. 한 번에 한 사건씩 우리는 자신의 역사를 해체해 나갈 것이다. 그리고 오늘날 자신의 모습이 어떻게 해서 생겨나게 됐는지에 대해 그 베일을 하나씩 벗길 것이다.

하나의 사건을 따로 떼어놓은 뒤에 우리는 그 사건이 일어나고 나서 자신 안에서 어떤 일들이 벌어졌는가를 아주 자세히 들여다 볼 것이다.

그 사건이 자신의 자아개념을 어떻게 바꾸었는가? 그 사건은 자신의 신념을 흔들어놓았는가? 자신감을 앗아가 버렸는가? 아니면 순결함의 끝이었는가?

바로 이 지점에서 다섯 가지 내적인 요인들이 활동하게 된다. 나는 당신에게 그와 같은 결정적 사건이 어떻게 오늘날까지 당신의 자기대화에 영향을 미쳤는지를 따져 보도록 할 것이다.

그것이 정말 결정적 사건이라면 지금도 그것에 대해 스스로에게 말하고 있을 것이다. 자기대화는 당신이 결정적 사건을 구체적으로 생각하고 있지 않을 때에도 간접적인 영향을 미칠 수 있다.

마찬가지로 당신의 통제위치는 그 사건이 일어난 데 대한 책임을 묻거나 비난을 하는 부분을 관할하고 있는가? 당신이 결정적 사건과 상관관계가 있다고 보는 꼬리표는 어떤 것인가? 이 사건이 만들어 냈거나 거기에 기여한 테이프는 어떤 것인가? 이러한 결정적 사건으로 인해 당신이 만들어 놓은 고정된 믿음은 무엇이며 어떻게 해서 고정된 믿음이 인생 대본에서 한몫을 하게 되었는가?

당신은 이들 각각의 내적인 과정들에 대해 글로 적었던 것을 다시 읽어 보게 될 것이다. 그렇게 되면 당신은 어떤 영향을 받았는지를 알게 될 뿐만 아니라 어디서부터 손을 봐야 하는지도 알게 될 것이다.

3단계 : 자신의 내적인 반응의 진정성을 평가한다.

자, 이제 무엇을 할 차례인가? 1, 2단계에서 얻게 된 지각 내용이 과연 보존할 만한 가치가 있는지, 혹은 자신이 내내 스스로를 속여 왔는지를 알아보기 위한 검사가 필요하다. 합리성, 진실성, 진정성을 기준으로 그것을 따져 보고 적용해 보는 것이 이 세 번째 단계에서 해야 할 일이다.

4단계 : 참되고 정확한 대안을 생각한다.

3단계를 통과하지 못한 내적인 반응은 간직할 필요가 없다. 자신의 지각과 자기대화와 고정된 믿음과 같은 것을 검사한 결과 그것들이 비합리적이고 사실과 거리가 있으며 전혀 진정성을 갖지 않는다면 그것을 폐기처분하고 진정성 없는 내적인 반응을 쌓아두는 나쁜 습관을 없애야 한다.

습관화된 행동을 없애기 위해서는 전혀 다른 행동으로 그것을 대신해야 한다. 그처럼 새로운 내적 반응의 패턴을 만들어 내는 것이 바로 이번 단계에서 해야 할 일이다.

4단계에서 당신은 내가 3A사고라고 부르는 '참되고 정확한 대안(Authentically accurate alternative: 세 단어가 각각 A로 시작하기 때문에 3A라 부르고 있다-역주)'을 실행에 옮기게 된다.

즉 진정성에 입각한 정확한 대안이 될 수 있는 반응을 유도하기 위해서는 진정성 검사를 통과해야 한다는 것이다. 자신의 참된 자아를 뒷받침해 주지 못하는 반응은 그럴 수 있는 것으로 바꿔야 한다. 고민과 고통을 안겨주는 반응은 당신이 원하고 바라고 그만한 값어치가 있다고 여기는 곳으로 당신이 옮겨갈 수 있도록 해주는 반응으로 대체되어야 한다.

5단계 : 최소 효과 반응(MER)을 찾아 실행에 옮긴다.

마지막 단계에서는 감정을 정리하고자 할 때 종종 행동이 필요하다는 것을 인정하도록 한다. 따라서 질문은 "가장 효과적으로 내 감정을 정리할 수 있는 행위는 무엇인가?"와 같은 것이 된다.

최소한을 요구하지만 효과가 있는 반응을 찾기 때문에 우리는 그것을 약자로 MER(minimal effective response)이라고 한다. 당신을 큰 위험에 빠뜨리지 않고, 고통을 해결해 주고, 자유롭게 만들어주며, 원하는 것을 더 많이 창출해 줄 수 있는, 실제 세상을 향해 내디딘 당신의 발걸음은 어떤 것인가?

이상이 우리의 행동 계획에 관한 대략적인 설명이다. 이제는 좀 더 구체적으로 들어가서 그 계획을 실행에 옮긴 사례를 살펴볼 때다.

5단계 계획을 실현한 론다의 이야기

이 5단계 계획에 앞서 우리가 이미 했던 작업을 되돌아보기 바란다. 앞으로 접하게 될 연습들은 자신이 이미 닦아놓은 바탕 위에서 더 나아가는 것이다. 처음부터 다시 해나가야 한다는 생각을 가질 필요는 없다.

만약 앞에서 자신의 문제들을 충실히 풀어나갔다면 이 계획에 있는 몇 가지 기법들이 이미 익숙할 것이다. 또한 이 책을 처음 폈을 때의 자신과 지금의 자신은 일부분 달라졌을 것이다.

스스로에 대한 당신의 인식은 A라는 지점에서 B라는 지점으로 옮겨 왔다. 이제까지 당신이 해왔던 작업들을 통해 여러모로 유용한 확실성을 얻고, 자신에게 지워졌던 부담도 한결 가벼워졌기를 바란다. 또한 그렇게 됐으리라고 믿고 싶다. 이 5단계 계획을 통해서 당신은 여기서 더 먼 곳까지 안내받을 것이다.

나는 어떤 계획을 추진하려고 할 때 이처럼 의지할 수 있는 틀이나 예가 있으면 도움이 되리라 믿어 의심치 않기 때문에 내가 치료했던 한 환자의 일화를 들려주고자 한다.

미리 얘기하지만 내 환자였던 론다는 지금은 대학에 다니는 두 아들을 둔 행복하고 자상한 어머니로 여생을 보내고 있다. 그녀는 행복한 결혼생활을 하고 있고 자신이 좋아하는 여러 다양한 일을 하느라 바쁜 시간을 보내고 있다.

오늘날 그녀는 자신이 참된 자아의 모습으로 살고 있다고 자신있게 얘기할 것이다. 하지만 몇 년 전만 해도 상황은 그렇지 않았다. 내가 론다의 옛날이야기를 하는 것은 당신을 놀라게 하려는 것이 아니라는 점을 이해해 주었으면 한다.

사실 따지고 보면 당신의 지난 이야기가 그녀의 것보다 더 파란만장할 수도 있다. 대략적이나마 론다의 이야기를 하는 목적은 한 인간이 어떻게 이 5단계 계획을 자신의 삶에 적용시킬 수 있는지 보여주기 위해서다.

처음 내 상담실을 방문했을 때 그녀는 삼십대 초반의 나이였다. 론다가 말을 시작하자마자 나는 그녀의 참된 자아가 철저히 무너졌다는 것을 알 수 있었다.

그녀는 노골적으로 자신을 혐오했으며 자신감이라든가 자기 가치를 인정하는 모습은 전혀 찾아볼 수 없었다. 그녀는 자신이 남에게 해줄 것은 전혀 없으며 따라서 다른 사람으로부터 뭔가를 받을 자격도 없다고 생각했다. 심지어 그녀는 내가 자신을 상담하느라 내게 더 큰 보람을 느끼게 해줄 수 있는 환자를 상담할 시간을 빼앗은 것에 대해 미안함을 가졌다.

론다는 허구적 자아개념에 휩싸인 끔찍한 인생을 살고 있었다. 그녀는 갈피를 잃었으며 수많은 세월을 덧없이 보냈다.

이 끔찍한 인생 사슬의 첫 고리를 찾는 일은 그리 어렵지 않았다. 감수성이 예민한 열두 살 때부터 그녀는 자신의 아버지로부터 매맞고 성적으로 유린당하고 폭행당했다. 그런 끔찍한 경험에 대한 이야기는 내가 그녀와 몇 차례 상담을 거듭할 때까지도 다 끝나지 않았다.

놀라운 것은 그런 이야기를 나눈 상담 초반에 그녀가 자신을 괴롭힌 아버지를 두둔하기까지 했다는 것이다.

큰 제조 회사의 지방 영업 담당자인 그녀의 아버지는 여름방학이 되면 종종 그녀에게 세일즈 여행을 가자고 했다. 그 여행은 몇 개 주에 흩어져 있는 고객들을 만나러 가는 수백 마일의 자동차 여행이었다. 그녀의 아버지는 술만 마시면 정신적으로 문제가 있는 천하고 거친 사람이 되었다.

그는 자신이 접대한 고객들과 저녁 내내 술을 마시고 떠들고 놀다가 밤늦게 술에 취해 비틀거리면서 고객들을 데리고 호텔 방으로 왔다. 그들은 방에서 노름을 하고, 소리를 지르고, 싸움을 하기도 하고, 매춘부나 술집에서 데려온 여자들과 성관계를 맺었다. 많은 경우 이 술에 취한 인간 망나니들은 론다를 강제로 범하곤 했다. 그때 그의 아버지는 술로 인사불성이 된 채 옆에서 그 모습을 바라보고만 있었다.

론다가 조금이라도 반항하면 그의 욕지거리와 주먹질이 시작되었다. 그녀가 비명을 지르거나 도망치려 하면 그는 무자비하게 딸을 때리면서 다음과 같은 말로 모든 게 그녀의 탓이라고 주장했다.

"자기밖에 모르는 이기적인 계집애야, 내 사업을 망쳐놓을 셈이냐? 이 사람들이 결국 너를 먹여 주고 네가 잠 잘 곳을 마련해 주는 사람들이란 말이다. 네 엄마랑 동생들이 굶는 꼴을 봐야겠냐? 넌 별수 없는 창녀야. 이들이 너를 먹여 살리는 동안 넌 아무짝에도 쓸모없는 남자 친구들이랑 차안에서 뒤엉키지. 넌 우리 식탁에 먹을 것을 갖다 주는 사람들과 그 짓을 해야 해."

이 고귀한 아이는 아버지와 떠난 첫 여행의 첫 여름날 밤에 아버지에 의해 순결을 잃고 말았다. 그의 가증스런 행위가 자행된 뒤 론다가 생각하는 스스로의 가치와 희망, 밝은 미래, 자존심 등은 나락으로 굴러떨어져 버렸다.

아버지에게서 숱한 학대를 받으면서 그녀는 영혼의 상처를 안고 허구적 자아개념을 진정한 자신의 모습이라 받아들이게 되었고, 그때부터 고통스런 인생의 대본이 제 역할을 하기 시작했다.

상처를 헤집기라도 하려는 듯이 최근 그녀의 아버지는 세상을 떠났다. 그로 인해 론다의 감정은 다시 격랑에 휩쓸리게 되었다. 한편으로 그녀는 이 악마 같은 사람이 더 이상 활보하고 다니지 않는다는 사실에 안도감을 느꼈고, 또 다른 한편으로는 자신이 슬퍼하지 않는다는 사실에 죄책감을 느꼈다. 또한 그가 자신의 행동에 대해 아무런 변명도 하지 않고 죽어버렸다는 것에 대한 분노와 좌절감이 그녀를 휩쌌다.

아버지로부터 매일 주입받아 그녀가 내재화한 가증스러운 내용은 그릇되고 왜곡된 정보였다. 어리고 예민한 나이에 그녀의 참된 자아개념은 속절없이 무너졌으며 그 자리에 전혀 엉뚱한 자아개념이 자리를 잡았다.

우리가 해야 할 일은 고통과 의혹과 자책과 분노와 증오, 그리고 비통함으로 범벅이 된 론다의 자아개념을 씻어 내는 것이었다. 목표는 론다가 어린 시절 이후로 느껴 보지 못했던 자신의 참된 자아로 다시 돌아갈 수 있게 해주는 것이었다.

나는 그녀가 자신을 존귀하고 가치 있고 가능성이 있는 사람으로 볼 수 있도록 이끌고 싶었다. 그녀의 진정한 힘이 놓여 있는 내적인 요인들은 모두 제자리를 벗어난 상태였다. 그녀의 내적인 요인들은 끔찍할 정도로 비틀려 있었고, 그것은 정신적 상처를 안고 살아가야 하는 허구적 자아에나 필요한 모습이었다.

아버지라는 사람과 떠났던 첫 여행과 그때의 유린 행위 이후로

20여 년이 흘렀지만 그녀의 내적 대화는 여전히 그녀를 괴롭혔다. 머릿속에서 격렬하게 반복해 돌아가는 테이프는 자신이 아무런 가치도, 희망도 없다는 것을 끊임없이 들려줄 뿐이었다. 그녀의 꼬리표는 '더러움, 창녀, 헤픈 계집애'였다. 그녀의 통제위치는 어이없게도 내부를 향하고 있었으며, 그녀의 인생 대본을 규정하고 있는 고정된 믿음은 아무런 탈출구도 보여주지 않았다. 이런 끔찍한 일들이 일어났으니 그녀는 사는 것이 두려웠다.

론다의 상황에 대해 알게 된 만큼 당신은 그녀가 이 5단계 계획을 자신의 삶에 적용하려고 할 때 느꼈을 막막함과 부담감을 이해할 수 있을 것이다.

자, 이제 론다의 비극적이고 비틀린 인생 사슬을 예로 삼아 그 계획을 당신의 삶에 적용시켜 보도록 하자.

내 삶에 5단계 실천 매뉴얼 적용하기

이 작업은 당신이 앞서 했던 모든 작업을 한데 모으고 그 각각의 작업에 특별한 의미를 부여하는 연습이므로 이 일을 제대로 하는 것이 당신에게 얼마나 중요한지를 굳이 설명하지 않겠다.

서두를 필요는 없다. 만약 이 일을 서두르느라 솔직하고 철저하게 자신을 평가하지 않고 어떤 정보는 허술하게 건너뛴다면 당신은 피상적인 결과만 얻을 것이다.

지금이야말로 당신의 집중력과 노력을 이 일에 100퍼센트 쏟아부어 진정한 자신을 발견해야 할 때다.

앞에서와 마찬가지로 노트를 갖고 조용하고 은밀한 때와 장소를 고른다. 한 사건을 가지고 이 5단계 과정을 거치기 위해 온전히 한 시간 이상을 할애할 수 있다면 더할 나위 없다. 어떤 특별한 사건을 다루느냐에 따라 그 과정은 며칠이라는 시간을 필요로 할 수도 있다.

여기서 중요한 것은 자신의 내적인 반응의 맨 밑바닥을 파헤치는 것임을 명심하기 바란다. 자신에게 큰 타격을 입혔거나 뇌리에서 지워지지 않는 부분을 피해 가서는 안 된다. 하나도 빠짐없이 정면으로 그 부분을 대면하고 자신의 감정 밑바닥까지 철저하게 파고들겠다는 마음을 가져야 하며 그럴 수 있어야 한다.

그리고 자신의 삶에 영향을 미치는 각각의 요인들을 서서히 하나씩 엮어 나가야 한다. 일단 한 사건을 가지고 그 과정을 마쳤으면 다음 사건을 돌아보는 데는 한 시간이 채 안 걸려도 상관없다. 계속 그런 식으로 나아간다.

사례로 든 론다의 상황과 그녀의 반응이 참고가 될 것이다. 당신의 답변은 삶에 대한 차분한 반성과 솔직한 평가의 결과여야 한다. 만약 당신에게 일어났던 사건이 론다의 경우보다 덜 비극적인 것이라고 해서 (그렇다면 얼마나 다행인가!) 이 과정을 그만두는 일이 있어서는 안 된다.

당신에게 중요한 어떤 사건이 있다면 그것으로 당신이 노력을 기울일 이유는 충분하다. 자, 이제 시작하도록 하자.

1단계 : 인생 사슬의 첫 고리를 찾는다.

　자신의 호흡을 가만히 생각하면서 마음과 몸의 긴장을 이완시키고 스스로를 여기까지 이끌어온 인생의 사슬을 생각해 본다.

　지금 이 순간의 당신의 모습을 만들어 놓은 사건과 상황들, 그리고 반응들이 존재할 것이다.

　초기에 당신이 찾을 수 있었던 중요한 사건들 가운데서 어떤 사건이 가장 유해한 요인이었는지를 결정하는 것에서부터 시작하자. 이 부분에서는 외적인 요인들 각각에 대해 당신이 이미 기술했던 내용들을 돌아보면 도움이 될 것이다.

　자, 이제 첫 고리가 되는 그 사건에 대해 간단하게 서술하도록 한다. 이 서술은 몇 개의 문장으로 충분하며 예전에 썼던 내용 가운데 이미 언급되었는지도 모른다.

　하지만 그 사이 당신의 생각이 바뀌었을 수도 있으며 만약 그 답변을 다시 수정하거나 새로운 것을 첨가하고 싶다면 지금 그렇게 하도록 한다.

　론다가 1단계에서 쓴 내용을 예로 살펴보도록 하자.

　"6월의 첫 번째 화요일 아침, 그는 차에다 물건을 실으면서 나보고 짐을 싸고 여행 갈 준비를 하라고 했다. 나는 그가 어떤 사람인지를 알고 있었고, 그를 증오했다. 나는 그와 함께 그 차를 타고 가서는 안 된다는 것을 잘 알고 있었다. 어떤 일이 일어날지는 몰랐지만 나는 내가 후회하게 될 것이라는 사실을 이미 알고 있었다. 나는 부엌으로 달려가 어머니에게 그냥 집에 있게 해달라고 조를 수도 있었다. 도망칠 수도 있었다. 어머니에게 같이 가자고 해서 나를 지켜달라고 설득할 수도 있었다. 하지만 나는 그가 시키는 대로 했다. 그 일은 이후 가장 유해한 첫 번째 결정적 사건이 되었으며 나를 가장 황폐하게 만든 중요한 선택이 되었다. 그것은 내가 취했던 선택 중에 가장 끔찍한 것이었다."

이 글을 읽으면서 당신은 아마도 이런 생각을 할지도 모른다.

'말도 안 되는 소리다. 어떻게 그녀가 이 역겨운 인간 망나니가 했던 일에 대해 책임을 지고 해명할 수 있단 말인가?'

당신의 말이 옳다. 하지만 명심할 것은 이것은 론다의 혼란스럽고 자책감을 유발시키는 내적 반응이라는 것이다. 그리고 그녀가 그 사건 이후 가지고 살았던 허구적 모습을 드러내 보여주는 것이다. 이것은 분명 불합리한 일이지만 두려움에 떨며 자책감에 시달리는 열두 살 난 소녀에게 그런 얘기를 한들 무슨 의미가 있겠는가.

자, 그녀의 예를 보았으니 이제 당신의 답변으로 돌아가자. 당신은 가장 유해한 계기를 찾았는가? 그리고 그것을 솔직하게 묘사하고 있는가? 우리가 하고자 하는 일은 이 혼란을 정돈하고, 자신의 삶을 왜곡시키던 힘으로 작용했던 것을 제거하는 것이다. 사소한 흔적이라도 놓쳐서는 안 된다. 자신의 삶 속에 있는 불쾌한 존재를 남겨둘 필요는 없다.

2단계 : 그 사건에 대한 자신의 내적인 반응을 살펴본다.

이 단계에서 당신의 대답이 다섯 가지 내적 요인 가운데 하나 혹은 그 전부를 다룰 수 있다는 것을 명심하도록 한다. 생각을 일깨우기 위해 1단계에서 당신이 묘사한 사건을 바탕으로 다음의 질문을 활용해 보자.

❶ 그 사건에 대한 통제위치를 어디에 둘 것인가?

나는 처음에 론다에게 "이 사건에 대한 책임을 누구에게 묻고 싶은가? 열두 살 난 당신이 정말로 그 차를 타지 않겠다는 선택을 할 수 있었을까? 당신이 그가 폭행을 하도록 만들었는가? 당신은 자신의 아버지와 그가 데리고 왔던 다른 인간들의 야만성을 자신의 탓이라고 생각하는가?"라고 물었다. 1단계에서 그녀가 한 답변을 보건대 그녀는 분명히 자신에게 책임을 돌리고 있다.

나는 어떤 사람이 다른 사람에게 자신을 성폭행하도록 만든다는 얘기를 들어본 적이 없다. 따라서 론다가 당연히 "아니오."라고 대답해야 한다고 생각했지만 우리의 시각과 아버지 눈치를 보게 되는 열두 살 난 소녀의 시각은 달랐다.

다음 질문 역시 책임 소재를 어디에 두느냐 하는 문제와 관련이 있었다. "당신에게 상처를 주는 말을 하면서 이 사건에 대해 당신이 어떻게 반응해야 할지를 결정한 사람은 누구인가?"라는 질문에 대해서는 그 반응을 하는 과정에서 외부에서 개입할 수 있는 사람이 없었으므로 론다의 대답은 "내가 그랬어요."가 되었다.

다음의 질문은 "당신은 그 상황을 통제할 수 있었는가?"였다. 이것은 책임과 부끄러움을 직접적으로 자극하는 질문이다. 자신이 가해자가 아닌 피해자인 사건에 대해서 스스로 부끄러워하는 사람이 많은 것은 놀라운 일이다.

게다가 대부분의 집안에서는 그러한 사건들이 잊혀지기를 간절히 바라기 때문에 피해자가 남들에게 공공연히 그 사건을 알리는 것은 이기적인 행동이라며 그에 대한 양심의 가책을 느끼도록 하거나 어떤 방식으로든 그것을 억지로 매듭지으려 한다.

자신에게 일어난 사건에 대한 통제위치에 관해 이와 같은 질문을 해보고 그 답변을 적도록 한다. 주의할 것은 마음속에서 우러나온 답이 아닌, 으레 그렇게 말해야 된다고 생각하는 답을 써서는 안 된다는 것이다. 사회적으로 인정받을 만한 답변이 어떤 것일지는 쉽게 가늠할 수 있다. 하지만 그것은 내가 원하는 것이 아니다. 자신의 삶에서 가장 유해한 사건을 겪었을 때 당신이 실제로 생각한 바를 적는 것이 핵심이다.

❷ 그 사건 이후 자기대화의 어조와 내용은 어떤 것이었는가?

당신이 그 사건에 영향을 미쳤을 경우, 당신은 자신에게 어떤 말을 하는가? 당신이 그 사건에 직접적인 영향을 미치지 않았지만 그로 인해 죄책감과 부끄러움을 느낄 경우, 당신이 자신에게 하는 말은 또 어떤 것인가?

론다의 답변에서도 알 수 있듯이 많은 성폭행 피해자들의 증언에 따르면 처음에 그들은 자신에게 어떤 일이 일어나고 있는지를 지각하지 못하거나 지각한 내용을 인정하지 않으려 한다.

또 다른 예로 따돌림으로 고통을 받은 많은 피해자들에 따르면 처음에 그들은 자신들이 사람들로부터 특별한 관심을 받고 있다고 여기다가 나중에야 비로소 사람들이 자신에게 해를 끼치려는 의도를 갖고 있다는 것을 알게 된다고 한다.

어떤 사람들은 다른 사람의 공격으로부터 자신을 보호하기 위해 일부러 다른 지각 내용을 만들어내기도 한다. 특히 그러한 경향은 가족 안에서 공격이 이루어질 때 강하다. 예를 들어 남자 형제들로부터 괴롭힘을 당한 여자아이는 그것이 특별한 형태의 우애라는 식으로 지각한다.

당신의 사건이 론다의 사건과 유사하든 전혀 다르든 간에 그것에 관한 질문은 다음과 같을 것이다.

"당신의 행위에 대한 당신의 지각 내용은 어떤 것인가? 그 상황에 대한 다른 사람들의 의도 혹은 행위에 대해 당신은 어떤 지각 내용을 갖고 있는가? 지금에 와서 볼 때, 당신은 그것들에 대해 자신에게 어떤 말을 할 것인가? 당신이 이 사건에 대해 꼬리표를 붙이고 반응한 방식이 세상을 살아가는 당신의 자신감과 자세에 어떤 영향을 미쳤는가?"

어떤 경우에든 이와 같은 사건의 결과로 부정적인 자기대화가 나타난다면 그 대화를 글로 묘사해 본다. 그리고 이런 자기대화가 구체적으로 그 사건에 대한 것이 아닌 의심과 자격지심일 수도 있다는 점을 이해할 필요가 있다.

❸ 그 사건으로 인해 스스로에게 붙인 꼬리표는 어떤 것인가?

그 사건이 일어난 후 자신에 대해 스스로에게 어떤 말을 하였는가? 론다는 과거의 그녀가 자신에게 '더러운 것, 만신창이가 된 살덩어리, 내세울 것 없는 존재, 부끄러운 존재, 없어져 버려도 그만인 존재, 다른 사람의 쾌락을 위한 도구일 뿐인 존재'라는 꼬리표를 붙였다는 것을 깨닫게 되었다.

당신도 이와 같은 구체적인 사건이 일어난 뒤 스스로에게 어떤 꼬리표를 붙였는지를 생각해 보라. 꼬리표에 관한 장에서 당신이 적어 넣은 꼬리표들을 다시 한 번 읽어보고, 그 목록에서 더할 게 있으면 더하고 뺄 게 있으면 빼도록 한다.

❹ 그 사건으로 인해 어떤 테이프가 만들어지거나 보완되었는가?

그 사건에서 '학습한' 내용으로 인해 당신은 어떤 자동 반응을 만들어 내게 되었는가?

론다는 그녀가 시도했던 모든 인간관계에서 어떤 유사한 결과를 기대하고 있다는 사실을 깨달았다. 그녀는 남자와의 관계에 대해서, 그리고 다른 사람에게 이용당한다는 것에 대해서 수많은 테이프를 갖고 있다는 것을 발견했다. 그녀는 어떤 사람과 사적인 관계를 맺게 될 때면 철저히 버림받기를 기대했다.

당신에게 일어난 외적인 사건의 결과로 당신의 마음에서 좀처럼 사라지지 않는 어떤 결과에 대한 예상에 대해 살펴보고 가능한 자세하게 그 구체적인 테이프가 어떤 것인지를 찾아보자.

❺ 그 사건의 결과로 당신이 만들어 놓은 고정된 믿음과 그에 따른 인생 대본은 어떤 것인가?

당신은 자신이 이 사건에서 유래된 인생 대본에 따라 살고 있다는 것을 의심하는가? 당신은 이 사건으로 인해 자신에게 어떤 제한을 두었는가? 당신은 아무 생각 없이 세상이 당신을 다른 식으로 대해 주리라는 기대를 포기했는가? 당신은 자신을 제한하여 지금의 모습으로 만들었는가?

예를 들어 론다는 제아무리 안전하고 평화로운 상황에서 남자를 사귈 수 있다 하더라도 그 기회를 거부하는 인생 대본에 따라 살았다. 남자를 사귄다는 것은 론다에게 예견된 삶의 방식을 거스르는 일이 될 수 있기 때문이었다.

그녀는 난잡한 성행위와 사무치는 부끄러움 속에 허탈해하는 모습 사이를 오가며 자신의 믿음에 따라 살았다.

이런 식으로 자신이 생각하는 사건과 자신의 고정된 믿음 사이에 서로 연관된 것이 있으면 모두 찾아보도록 한다.

여기서 잠시 작업을 멈추고 론다가 이 부분에서 어떤 상태에 있었는지 생각해 보자. 5단계 계획 중에서 2단계를 마쳤을 무렵 그녀는 매우 뚜렷한 내적인 행위들을 찾아낼 수 있었다.

다른 사람과 마찬가지로 론다도 지금에 와서 자신의 인생에서 일어난 외적인 사건들과 그 잔인한 학대가 벌어지고 난 뒤 그녀가 취했던 선택을 바꿀 수 없다. 그녀가 되돌릴 수는 있는 것은 지금 그것에 대해 그녀가 하는 말과 행동이다. 마치 공허한 승리같이 보일지는 모르지만 그것이 삶 속에서 펼쳐질 때 당신은 그것이 공허한 것이 아님을 알게 될 것이다.

나는 당신이 이미 자신의 자기대화를 바꾸고 있는 중이라고 믿는다. 나는 우리가 앞으로 나아갈수록 당신이 무언가를 배우고 향상되어 가고 있다는 것을 믿는다.

당신은 스스로 되돌아보고 있는 그 사건에 대한 책임이 자기에게 없을 수도 있다는 것을 깨달았을 것이다. 이 작업을 하는 대부분의 사람들이 난생 처음으로 자신에게 일어났던 결정적인 사건을 성숙한 어른의 시선으로 바라볼 수 있게 된다. 오랜 세월 동안 어린 시절의 시선으로 그 사건을 보고 있었다는 것을 처음으로 깨달음으로써 이같은 새로운 시각으로 자신에 대해 새로운 판단을 내릴 수 있게 된다.

자신이 무책임하다고 끊임없이 말하던 한 남자가 생각난다. 그는 자신의 남동생이 익사한 사건이 있고 난 뒤 어떤 일에 있어서도 자신을 신뢰하지 않았다.

그는 그 사고가 일어난 시각에 학교에 있었지만, 만일 그가 집에 있었다면 그 일은 일어나지 않았을 거라고 어머니가 말하는 것을 우연히 듣게 되었다.

그 결과 그는 평생을 동생의 죽음에 대해 어떤 면에서 죄책감을 느끼며 살았다.

하지만 그 사건을 객관적으로 따져본 결과 그는 어머니의 말이 그의 투철한 책임감을 칭찬하는 말이라는 것을 알게 되었다. 어머니가 하고자 했던 말은 그가 거기에 있었으면 동생의 목숨을 구할 수도 있었을 텐데 그렇게 되지 않은 것이 한이라는 것이었다. 이런 사실을 깨닫고 얼마 되지 않아서 그는 어머니를 찾아뵈었다. 그의 어머니는 이 새롭고 성숙한 해석이 맞다는 것을 입증해 주었다. 어머니는 아들이 얼마나 심각하게 자신의 말을 오해했는지를 알고는 경악을 금치 못했다.

당신은 그가 얼마나 큰 안도감과 기쁨을 얻었는지 상상할 수 없을 것이다. 우리는 자신의 자기대화에 귀를 기울여 진정한 나를 발견해 가는 과정을 통해 자신에 대해 매우 놀라운 사실들을 알 수 있다. 그의 동생은 다시 살아올 수는 없지만 그 일에 대한 그의 해석과 인식은 극적으로 바뀌었고 그의 삶 역시 바뀌었다.

3단계 : 자신의 내적인 반응의 진정성을 평가한다.

방금 살펴보았듯이 우리가 자신에게 하는 말들을 자세히 살펴보는 것만으로도 치료의 효과를 거둘 수 있다. 하지만 진정성을 회복하기 위해서는 그보다 좀 더 많은 것이 필요하다. 이번 단계는 당신이 진정성에 대한 명확한 기준을 갖추는 단계다.

론다가 자신이 이룬 모든 성과에 대해서 다음과 같은 말을 하리라는 것은 어렵지 않게 짐작할 수 있다.

"그래요, 그 성폭행 사건이 나를 심리적으로 왜곡시켰다는 것을 알겠어요. 그리고 그것에 대한 나의 반응이 오히려 더 큰 역효과를 가져왔다는 것도 알겠어요.

나의 내적 요인에 대해 살펴봤고, 결정적 사건들에 대해 내가 어떻게 반응했는지도 알겠어요. 나 자신에 대해 왜 그토록 좋지 못한 감정을 가졌는지도 알겠어요. 이제 모든 게 분명해졌어요. 자, 나는 이제 무엇을 하면 좋을까요?"

음, 이제 당신이 해야 할 것은 참된 자기평가를 하기 위한 네 가지 기준을 익히는 것이다. 그렇게 되면 당신은 그 기준에 맞춰 믿음, 대화, 꼬리표 등의 내적인 반응을 각각 평가할 수 있을 것이다.

이와 같은 진정성의 기준이 있으면 당신은 자신의 대응과 반응이 참된 자아에 부합하는 것인지, 아니면 허구적 자아개념으로 자신을 이끄는 것인지를 판단할 수 있다. 이 네 가지 기준은 길이를 재는 자와 같은 것으로 당신은 그것을 가지고 참된 자아와 부합하는지의 여부와 꼬리표, 자기대화, 테이프, 고정된 믿음 등을 비교 판단할 수 있다.

그리고 이 모든 반응들은 그 기준을 통과하거나 못하거나 둘 중 하나다. 만약 기준 통과를 못하면 당신은 새로운 가능성에 마음을 열어야 할 필요가 있다는 것을 알게 될 것이다.

다음의 네 가지 질문들을 이용해서 자신의 모든 생각과 지각 내용을 평가한다면 자신의 내적 사고가 어떻게 참된 것인지, 혹은 어떻게 허구적인 것인지를 명확히 알 수 있을 것이다.

❶ 그 사실은 모든 사람들이 동의할 수 있는 것인가?

당신이 생각하고, 느낀 것은 객관적으로 볼 때 입증할 수 있는 사실인가? 예를 들어 당신의 자기대화를 제3의 인물이 살펴보았을 때, 그리고 아무런 이해관계가 없는 사람이 그 자기대화를 들었을 때 그들은 당신의 자기대화에 동의하는가, 그렇지 않은가? 그것은 당신이 그때도 그렇다고 믿었던 것처럼 지금도 당신이 그렇다고 믿을 수 있는 것인가?

많은 경우 우리는 그릇된 믿음에 기반해서 행동하고 그것들을 제대로 평가하지도 않는다. 사실이라고 믿으며 붙들고 있는 믿음들은 세 살 혹은 일곱 살 적의 사실일 뿐이거나 전혀 사실이 아닐 수도 있다.

그것을 검증해 볼 마음도 없이 그저 되는 대로 사실이라고 받아들이고 그에 따라 행동해서는 안 된다.

❷ 그러한 생각이나 태도를 견지하는 것이 당신에게 이로운 것인가?

이따금 우리는 그 믿음을 견지함으로 인해서 고통을 느끼고 힘들어하면서도 그것을 손에서 놓기가 두려워 계속 유지할 때가 있다. 이 기준은 간단한 것이다. 만약 자신이 생각하고 느끼고 행하는 바가 자신에게 맞지 않는다면, 즉 자신이 진정으로 되고 싶고 하고 싶은 일을 하는 데 도움이 되지 않는다면 그것은 이 기준을 통과하지 못한 것이다.

그 믿음은 나를 행복하고 차분하고 평화롭고 충만하게 하는가? 이것은 중요한 문제다. 이 기준을 적용하게 되면 삶의 질은 변하게 된다. 그것도 지금 당장 말이다.

자신에게 맞지도 않는 생각과 믿음과 행동과 침묵을 그대로 참고 산 이유에 대해 스스로 정당화하는 말에는 더 이상 귀를 기울여서는 안 된다. 그것이 자신에게 맞지 않는다고 느낀다면 이제 과감하게 그만두어야 한다.

❸ 자신의 생각과 태도는 자신을 건강하게 지켜주는 것인가?

우리에게는 정작 필요하지도 않은 상황에서 자신을 보호하려는 이기적인 믿음이 있다. 자신이 붙잡고 있는 생각이 자신의 몸 안에서 육체적으로 조화를 이루고 있는 것인가? 아니면 기진맥진하게 하여 병에 걸리게끔 뒤흔들고 자극하는 것인가?

지금이야말로 그러한 믿음을 견지하는 것이 자신에게 도움이 되는지를 판단할 때이다. 자신에게 도움이 되지 않는 믿음은 실제로 몸을 다치게 할 수도 있다.

❹ 이러한 태도나 믿음은 내가 원하고, 필요로 하고, 그럴 자격이 된다고 생각하는 것 이상의 것을 내게 요구하는가?

이 질문은 보는 바와 같이 매우 직설적이다. 당신의 목적은 무엇인가? 당신의 목표는 무엇인가? 당신은 "내 목표는 내 안의 평화를 느끼는 것이다. 내 자신의 가치 인식에서 나오는 흔들리지 않는 평정 상태를 느끼는 것이다."라고 할지도 모른다. 더 나은 결혼생활 혹은 직장에서의 승진이 될 수도 있다. 그것이 어떤 것이든 간에 이 기준에 맞춰 자신의 내적인 반응을 검사해 본다.

그 태도와 믿음과 생각이 자신으로 하여금 원하는 것에 더 가깝게 해주는가? 아니면 자신이 원하지 않는 상황으로 끌고 가거나 그 곳에 묶어두는가?

론다가 생각하고 있는 사건을 예로 삼아 이 기준들을 실제 상황에 적용해 보자. 론다는 자신이 다른 사람이 보기에 더럽고, 구역질이 나고, 멸시를 받을 만한 존재라는 고정된 믿음을 가졌었다. 그녀는 이 믿음이 과연 참된 것인지, 아니면 허구적인 것인지를 판단하기 위해 그것을 진정성의 기준에 맞춰 보았다.

론다의 예

내적인 반응의 진정성 평가

|질문 1| 그 사실은 모든 사람들이 동의할 수 있는 것인가?

그것은 사실이 아니다. 이제 알겠다. 성숙하고 객관적인 어른의 시선으로 볼 때 나는 이용당했고 학대당했다. 나는 내가 아닌 다른 사람에 의해 피해를 입었다. 사람들은 내 삶에서 일어난 그 일을 모른다. 그리고 누가 내 삶에 그런 영향을 미쳤는지는 더더욱 알지 못한다.

|질문 2| 그러한 생각이나 태도를 견지하는 것이 당신에게 이로운 것인가?

그것은 가치가 없을 뿐만 아니라 내 삶을 제한한다. 그런데 내가 왜 이런 믿음과 태도를 견지하고자 하는가? 그것이 내게 용기를 주는가? 아니면 나약함을 안겨주는가? 그것은 나를 행복하게 만드는가 아니면 슬프게 만드는가? 내가 원하는 것이 내 자신에 대해 회한만 가득하게 하는 것이라면 차라리 그것을 버리는 것이 나을 것이다.

|질문 3| 자신의 생각과 태도가 자신을 건강하게 지켜주는 것인가?

내 자신을 역겨운 존재라고 주장한다고 해서 바로 고통스러운 죽음에 이르지는 않을 것이다. 하지만 그것은 분명 나의 건강을 지켜주지는 않을 것이다. 그것은 내 행복과는 정반대에 위치하며 종종 나의 건강에도 좋지 않은 그런 판단을 내리도록 만들 것이다.

| 질문 4 | 이러한 태도나 믿음은 내가 원하고 필요로 하고, 그럴 자격이 된다고 생각하는 것 이상의 것을 내게 요구하는가?

그렇지 않다. 나는 깨끗하고 건강하고 행복하다는 것을 느끼고 싶다. 나는 고귀하고 존중받을 가치가 있는 사람이란 것을 느끼고 싶다. 그리고 나의 반응과 지각과 믿음 중에서 내가 진정으로 원하는 곳으로 나를 데려다 주는 것은 없다.

2단계에서 당신이 답한 내용을 다시 보면서 우리가 방금 얘기했던 네 가지 기준을 가지고 각각의 답변을 검사해 본다. 당신의 답변에 대해 글로 서술한 부분을 읽어보는 것도 도움이 될 것이고, 그것이 어떻게 해서 진정성 검사를 통과하지 못했는가를 간단히 써보는 것 역시 도움이 될 것이다.

이 작업은 꼼꼼히 수행할 필요가 있다. 언제든 이 네 가지 질문을 적용할 때는 냉정해야 한다. 결론은 더 이상 자신의 허튼 소리에 귀를 기울이지 말라는 것이다. 그것이 진정성 검사를 통과하지 못하면 가차없이 버려야 한다. 그것도 지금 당장 말이다.

4단계 : 참되고 정확한 대안을 생각한다.

당신은 자신에게 이런 말을 할 것이다.

'이 사건을 과거로 보내기 위해서 나는 무엇을 해야 하는가?'

우선 내가 통제할 수 없는 일에 대한 책임감을 벗어던져야 한다. 세상을 살아가면서 매일 나 자신에게 하는 말인 자기대화를 바꿀 필요가 있다. 또한 나의 꼬리표가 어떤 것인지를 알고 그것이 과연 참된 것인지를 따져볼 필요가 있으며 나를 과거에 붙잡아 두는 테이프가 어떤 것인지를 알 필요가 있다. 나를 무력하게 만드는 내 자신에 대한 믿음과 판단이 어떤 것인지도 알아야 한다.

자신의 허구적 자기대화를 검사했는데, 그것이 검사를 통과하지 못하면 이제 우리가 앞에서도 언급한 3A사고, 즉 '참되고 정확한 대안'이라고 부르는 것을 찾을 때가 된 것이다.

허구적 답변을 대체하기 위해서는 참되고 정확한 대안이 될 수 있는 행위 유형을 만들어 내야 하며 이것은 진정성의 네 가지 기준을 충족시켜야 한다.

론다의 자기대화가 '나는 더럽고 타락했다. 나는 쓰레기에 불과하다.'라고 가정해 보자. 그녀가 자신의 자기대화를 합리적인 진정성 기준에 맞춰 검사해 보고 그것이 통과되지 못하면 론다는 좀 더 수위를 높여서 참되고 정확한 대안을 만들어야 한다.

자신은 불량품이라는 믿음을 견지하는 대신 론다는 자신을 소중한 존재로 바라볼 수 있는 새로운 관점을 받아들여야 한다. 그녀는 어느 누구도 그녀를 심판할 수 없다는 믿음을 생각해 볼 필요가 있으며 다음과 같은 참되고 정확한 대안을 만들어 내야 한다.

"나는 내 자신을 단죄하는 것을 그만두어야 한다. 내가 잘못한 것은 없다. 지금 나는 내 자신을 위해 그 위치에 서서 나를 유일하고 특별하게 만들어 주는 특징들을 받아들여야 한다."

여기서 참되고 정확한 대안을 찾는 데 도움이 되는 간단한 방법을 하나 소개하겠다. 다음과 같은 도표를 하나 만든다. 우선 수직으로 면을 나눈다. 왼쪽 면에는 현재 갖고 있는 허구적 믿음을 적는다. 이미 네 가지 검사를 하면서 어떤 생각과 느낌과 믿음이 그 검사를 통과하지 못했는지 알고 있기 때문에 무엇을 적어야 할지 알 것이다. 오른쪽 면에는 현재 가진 믿음에 대해 가능한 많은 대안적 믿음들을 적어 넣는다.

론다가 만든 도표를 예로 보면 다음과 같을 것이다.

현재의 믿음	대안적 믿음
나는 불량품이다.	1. 나는 한때 고통을 겪었으나 지금은 치유된 품위 있는 사람이다. 2. 나는 고귀함과 존엄성을 갖고 살아가는 가치 있는 사람이다. 3. 나는 과거에 받았던 고통의 노예가 아닌 스스로 결정하는 가운데 현재를 살아가고 있다.

그리고 나서 각각의 대안적 믿음의 진정성 정도를 검사한다. 그 검사를 통과한 믿음은 더할 나위 없이 참된 것이다.

이제 예로 든 대안들을 한번 살펴보자. 결론적으로 말해서 위 세 개의 대안 모두가 참된 것이다. 따라서 론다는 기꺼운 마음으로 선택할 수 있다. 그녀는 이 대안 중 한 개 내지 두 개를 취할 수도 있고 세 개 모두를 취할 수도 있다.

- 이 대안들은 진실인가? 그렇다.
- 이런 믿음을 견지하는 것은 나에게 가장 이로운 것인가? 그렇다.
- 이 대안들은 나를 건강하게 지켜주는 것인가? 그렇다.
- 이 대안들은 나로 하여금 내가 진정으로 원하는 것을 갖도록 해주는 것인가? 그렇다.

이제 당신도 도표를 갖고 작업을 해보자. 4단계에서는 이를 위해 필요한 충분한 시간을 갖도록 한다.

4단계의 마지막 부분에서는 당신의 선택에 실수가 없도록 하기 위해 검사를 통과한 참되고 정확한 대안에 동그라미를 치도록 한다. 당신은 당신이 선택한 인생 사슬의 고리들을 버리기 시작했다.

5단계 : 최소 효과 반응(MER)을 찾아서 실행에 옮긴다.

MER이라고 명명된 이 단계에서는 자신이 행동을 취해야 할 필요가 있다면 그 행동은 어떤 것인가에 대해 질문한다.

MER이라는 말에 '최소'라는 의미가 포함되어 있다는 것을 주목하길 바란다. MER은 감정적 정리를 하는 데 있어 당신이 할 수 있는 최소의 것을 말한다.

5단계의 목표는 감정적 정리다. 이 말의 의미는 자신이 처했던 상황과 그와 관련된 아픔이 적혀 있는 책을 서가에 다시 꽂아 버리고 더 이상 일과처럼 그것을 꺼내 우울한 기분으로 내용을 읽어 나갈 필요가 없다는 것이다.

나는 때로 고통을 겪고 있는 사람들이 자신들의 감정이 해소되는 것을 느끼기 위해 해명과 변명으로 다른 사람들마저 혼란에 빠뜨리는 것을 본 적이 있다. MER이라는 개념은 이처럼 새로운 문제를 일으키지 않고 당신의 필요를 충족시켜 주기 위한 것이다.

자신의 MER을 생각하면서 네 부분으로 나뉘어진 다음의 검사를 실시하도록 한다.

---

1. 이 고통을 해결하기 위해 어떤 행동을 취할 수 있는가?
2. 만약 성공적으로 이 행동을 완수했다면 어떤 기분을 느낄 것인가?
3. 내가 느낄 감정은 당신이 느끼고 싶어했던 감정과 일치하는가?
4. '최소'라는 말을 명심하자. 나의 감정적 해소를 마련해 줄 수 있는 좀 더 경제적인 행동은 없을까?

론다의 이야기로 다시 돌아오면, 그녀는 감정의 감옥에서 자유로워지고 정의로움을 느끼고 자신의 정당함을 입증했다는 것을 느끼기 위해 스스로 할 수 있는 최소한의 것은 무엇일까라는 물음을 던지며 가능한 MER들을 생각해 봤을 것이다.

그녀의 아버지는 최근에 세상을 떠났다. 하지만 그녀는 아버지의 '친구들' 중 한 사람의 소재를 알고 있었다. 론다의 MER은 그 사람을 찾아가 그의 눈을 똑바로 쳐다보면서 이렇게 말하는 것일 수도 있다.

"당신은 잠시라도 당신이 내게 한 짓을 내가 모를 것이라고 생각했나? 당신의 대답이 듣고 싶어. 당신은 당신이 내게 가한 고통이 어떤 것인지를 알아야만 해. 그게 나에게 어떤 영향을 미쳤는지를 알아야 해. 이 더러운 자식아!"

아마도 그녀는 이런 말을 함으로써 카타르시스를 얻으려 했는지도 모른다. 다른 한편으로 그것은 그녀에게 별 효과가 없을지도 모른다. 론다는 법원에 가서 고소장을 제출하여 그를 감옥에 집어넣어야겠다는 생각을 했을지도 모른다.

지금과 같은 모습으로 있게 한 그 최초의 사건과 당신이 견뎌왔던 고통의 질과 정도를 생각해 볼 때 당신의 MER은 무엇인가? 당신이 해야겠다고 생각한 것은 편지를 쓰는 것 정도일 수도 있다. 그것이 당신에게 알맞은 것인지 모른다. 만약 당신에게 일어난 일에 다른 사람도 관련이 돼 있다면 당신은 그 편지를 부쳐야 할 필요성을 느낄 수도 있다.

론다의 경우에서처럼 만약 편지를 부칠 형편이 되지 못한다면 당신은 그 가해자의 무덤에 가서 묘지에 누워 있는 그를 향해 편지를 읽을 수도 있다.

이것이 론다가 실제로 한 일이었다. 처음에 그녀는 스스로의 감정을 표현하기 위해 자신의 MER은 어머니에게 그 편지를 읽어주는 일이라고 생각했다. 하지만 그녀는 곧 그 방법을 포기했다. 그것이 오히려 '최대 효과 반응maximal effective response'이라는 것을 깨달았기 때문이다.

그녀가 그렇게 행동할 경우 이번에는 심각한 병을 앓고 있는 어머니 쪽에서 죄책감, 슬픔, 분노, 부정과 같은 예기치 않은 부작용을 겪을 수 있었던 것이다.

결국 그녀는 아버지가 묻혀 있는 무덤으로 가서 그 편지를 읽기로 했다. 그녀의 이런 행동이 무의미한 것이라고 생각할 사람도 있을 것이다. 하지만 그것은 론다에게 주효했다.

이미 저 세상 사람인 그녀의 아버지를 향해 편지를 읽으면서 그녀는 비명을 지르고 울부짖으며 가장 강렬한 분노를 있는 그대로 표현하였다.

나중에 술회하길 그렇게 편지읽기가 끝나자 그녀는 1,000파운드의 짐을 가슴에서 덜어 낸 느낌을 받았다고 했다.

당신의 MER이 어떤 것이든 간에 그것을 찾아서 실행할 필요가 있다. 당신은 다음과 같이 말할 수 있을 때까지 자신의 감정을 표출해야 한다.

"좋아. 이제 됐어. 이것으로 충분해. 뿌옇던 머릿속도 정리되고 내 감정의 분란도 잦아들었어. 나는 이제 자유롭게 내 본연의 모습으로 돌아갈 수 있어."

감정의 감옥에서
탈출하려면

비록 상황마다 다르다 할지라도 내가 관찰한 바에 따르면 용서는 성공적인 MER의 한 부분을 차지하고 있다. 용서는 매우 어려운 과정이지만 감정을 정리하는 데 있어 핵심적 요소다.

내가 '용서'라는 말을 사용할 때 과거 당신의 삶에서 어떤 일이 일어났든 간에 지금은 괜찮다는 식의 태도를 취하는 것은 결코 아니다. 내가 용서를 아주 중요한 요소라고 믿는 이유는 그것이 없다면 분노와 비탄과 증오로 얼룩진 인생에서 벗어날 길이 없기 때문이다. 이런 감정 상태에서는 오로지 비극적인 종말밖에 구할 수 없다. 자신이 그런 부정적인 감정을 지니고 있으면 그 대가를 치러야 하는 것은 바로 자신이다. 그것은 삶의 모든 부분을 오염시킨다.

용서는 자기 스스로가 분노와 증오와 비탄이라는 감정의 감옥으로부터 자유로워지도록 만들어 주는 선택이다. 나는 그 선택이 쉽다고 말하려는 것이 아니다. 다만 필수적이라고는 할 수 있다.

론다는 자신을 학대하고 폭행하고 영문도 모른 채 착취당하도록 내버려둔 그의 아버지를 용서해야 할까? 이에 대한 답은 주저 없이 '그렇다'이다.

그녀가 용서할 아량이 있기 때문에 용서를 하는 것이 아니라 자유로워질 자격이 있기 때문에 용서를 하는 것이다.

많은 사람들이 용서하기를 주저한다. 자신을 불명예스럽게 만든 사람을 용서하면 자신이 불명예스러워지는 것이고 그동안 자신이 겪은 일을 사소한 것으로 치부하는 것이라고 생각한다.

진실을 넘어설 수 있는 것은 없다. 하지만 분노라는 멍에를 지고 사는 사람들은 한결같이 이런 말을 한다. 그들이 분노를 간직하는 이유는 다른 누군가의 손아귀에서 놓아난 것에 대해 도저히 감정적으로 정리를 할 수 없기 때문이라는 것이다.

우리가 여기서 얘기하고 있는 감정이란 마무리되지 않은 심정적인 일로 인해 아물지 않은 상처를 말한다. 그러고 나서 당신이 다음과 같은 말을 해야 하는 시점이 도래한다.

"나를 힘들게 하는 것은 이제 여기서 그만! 나는 이 모든 것을 접고 앞으로 나아가겠다. 만약 그와 동시에 이 역겨운 인간 망나니가 내게서 도망쳐 나간다 하더라도 그렇게 하도록 내버려 둘 것이다. 그들에 대한 심판은 더 큰 힘에 맡기고 나는 내 상처를 치유하는 쪽을 택하겠다."

특정한 상황에서 용서를 할 수 있는 힘과 용기를 찾는 방식은 각자 개성적인 모습을 띤다. 앞에서 대략 설명한 5단계 계획이 그러한 힘을 찾는 데 도움이 될 수 있다.

당신의 분노와 반응에 대해 생각해 보자. 나는 당신에게 그것을 마치 아무 일도 없었던 듯이 여기라고 요구하는 것이 아니고 별일도 아닌 것이라고 생각하라는 것도 아니다.

당신은 이런 질문을 던져 볼 필요가 있다. 분노의 감정을 갖고 있느라 당신은 얼마만큼 자신을 힘들게 했는가? 이러한 생각을 하는 것이 자신에게 가장 이로운 행동이었는가? 이런 생각을 한다고 해서 부모님에 대해 상대적인 만족감을 느낄 수 있는 것도 아니고 오히려 부정적인 의미에서 스스로에게 마음의 짐만 될 뿐이다. 따라서 당신의 지각과 반응은 진정성의 두 번째 기준을 통과하지 못하고 거부된다. 분노와 복수는 우리의 영혼뿐만 아니라 우리의 육체도 갉아먹는다.

이와는 대조적으로 진정성 검사를 통과해 살아남는 믿음이란 다음과 같은 것이다. 즉 자기 스스로가 정서적 생활의 질적인 부분을 다스린다는 믿음이며 그 누구도 파괴적인 굴레에 자신을 묶어둘 수 없다는 믿음이다. 당신은 증오, 두려움, 원한과 같은 감정으로 그들에게 집착하는 것에서 벗어나기 위해 진정성의 기준에 합당한 선택을 할 수 있다. 자기대화를 통해 그들에게 힘을 실어주던 것을 거부할 수 있다.

북미 원주민들이 그릇된 행위를 벌주는 데 사용했던 방법을 한 번 생각해 보자. 북미 원주민들은 잘못을 저지른 사람이 나타나면 부족 전체가 뜻을 모아 그를 아는 체도 하지 않으며 그와 일체 단절된 생활을 했다고 한다.

잘못을 저지른 사람은 말 그대로 '투명 인간'이다. 용서할 수 없다는 분노의 감정을 갖고 그에게 반응함으로써 그에게 더 큰 힘을 쥐어주는 대신 아예 그를 무시해버렸던 것이다. 원주민들은 자신들의 힘을 더 중요한 일을 위해 남겨 두었다.

바로 이것이 내가 용서에 대한 얘기를 하면서 말하고자 했던 자유이며 해방인 것이다.

이제는 자신에게 해를 입힌 사람에게 쏟았던 힘을 딴 데로 돌려야 한다. 그렇게 되면 그들은 희미해지다가 마침내 당신의 레이더 화면에서 사라지게 될 것이다.

MER의 목적은 당신의 자아개념을 깨끗하게 만드는 것이다. 노여움과 함께 충동적으로 반응하게 하고 짐짓 과장되고 부적절한 반응을 일으키는 대신 자신의 내적인 반응을 깨끗이 청소하고, 지각 렌즈를 깨끗이 닦아낸다면 자신의 자아개념은 좀 더 건설적인 방향으로 나아갈 것이다.

행복한 삶과 성공적인 인생을 위하여

자신을 고통과 분란의 길로 이끌었던 것이 무엇인지 기억하자. 그것은 다양한 형태의 부정적인 사건들과 그 사건들에 대한 자신의 내적인 반응으로 이루어져 있었다.

이 사건들은 인생이라는 도로 위에서 일어난 교통사고와 같았다. 그로 인해 당신이라는 자동차는 망가지고 당신의 참된 자아는 삶의 경험이라는 폐차장 속에 묻히고 말았다.

참된 자아를 다시 찾아내기 위해서는 현재의 삶과 스스로에 대한 관점을 오염시키고 있는 감정의 찌꺼기들을 청소해야 한다. 영사기의 렌즈를 닦아 초점 조절 버튼을 누르고 다시 한 번 자신의 영상을 선명하고 뚜렷하게 만들어야 한다.

이 책에서 말한 원칙들을 적극적으로 적용하고 필요에 따라 자신만의 언어로 인생 대본을 써나간다면, 자신이 성공의 길을 향하고 있다는 것을 깨닫게 될 것이다. 참되고 정확한 대안과 함께 자신의 삶에서 일어난 모든 갈등을 검사하게 되면 억눌림과 답답함이라는 감정이 사라지는 것을 느끼게 될 것이다. 자신의 목적을 위해 더 많은 힘을 찾을 수 있고, 기쁨과 평화의 약속이 거짓이 아니라는 것을 알게 될 것이다.

처음에는 이 과정이 어색하게 느껴질 수 있다. 그러다가 자기대화에 스며 있는 부정적 믿음을 검사하게 되면서 허구적인 꼬리표와 테이프 속으로 미끄러져 들어가는 자신을 붙잡을 것이다.

우리는 자신에게 꼬리표를 붙이는 방법을 바꿀 수 있다. 자신이 만들어놓은 테이프를 꺼냄 버튼을 눌러 시원하게 빼낼 수 있다. 그리고 자신을 항상 과거에 묶어 두는 고정된 믿음에서 벗어나 그것을 넘어서서 자유로워질 수 있다.

우리는 이 모든 내적 반응에 대해 그 진정성 여부를 판단할 수 있다. 그리고 검열에 통과하지 못한 것들 대신 참되고 정확한 대안을 제시할 수 있다.

우리에게는 오랜 시간 학습된 내적인 반응이라는 습관의 역사가 있다. 그것은 쉽게 사라지지는 않을 것이다. 하지만 참되고 정확한 대안을 선택한다는 것은 자기가 앞으로 참된 습관을 획득하고, 자신의 진정한 모습에 따라 살 수 있다는 것을 의미한다. 그렇게 되면 그릇된 자기 정체성을 위해서가 아닌 참된 자신의 모습에 따라 인생을 살아갈 수 있다.

당신의 참된 자아는 확신에 차 있고, 희망에 넘치고, 미래를 꿈꾸고, 기쁨에 넘치며, 가야 할 길이 뚜렷하다. 이제 그렇게 살아갈 때가 되었다.

참된 삶을 향하여 나아가고 그 책임을 받아들일 사람은 바로 지금 그 길을 나선 당신이다. 자신이 원하는 새로운 인생의 사슬을 창조해 내야 하는 것은 바로 당신이다. 당신에게 도구가 마련되었다. 이제 그것을 사용하도록 하자.

지은이 필립 맥그로 Phillip C. McGraw

인간의 행동과 심리를 연구해서 전략을 세우는 인생 전략가이자 법심리학자, 철학박사이다. 〈오프라 윈프리 쇼〉에서 라이프 카운슬러로 명성을 얻기 시작해, 현재 미국 최고 인기 토크쇼인 〈닥터 필 쇼 Dr. Phil Show〉의 진행자로 활동 중이다.

탁월한 인생 전략가로 정평이 난 그의 책들은 수차례 〈뉴욕타임스〉 베스트셀러 순위에 올랐으며, 37개 언어로 번역되어 2천 3백만 부 이상의 판매량을 기록했다. 대표 저서로는 《똑똑하게 사랑하라》, 《인생의 전략》 등이 있다.

인생 멘토링

1판 1쇄 인쇄 2009년 4월 25일
1판 1쇄 발행 2009년 4월 30일

지은이 필립 맥그로
옮긴이 장석훈
발행인 고영수
발행처 청림출판
등록 제406-2006-00060호
주소 135-816 서울시 강남구 논현동 63번지
     413-756 경기도 파주시 교하읍 문발리 파주출판도시 518-6 청림아트스페이스
전화 02)546-4341 **팩스** 02)546-8053

www.chungrim.com
cr1@chungrim.com

ISBN 978-89-352-0780-0 03320

가격은 뒤표지에 있습니다.
잘못된 책은 교환해 드립니다.